GRUPPE experiment
exkursion KASSEL

AF393231

Die Herausgeber

Dr. Andrea Gerhardt (M.A.), geboren 1971 in Kassel, studierte Erziehungswissenschaften, Soziologie und Wirtschafts- und Sozialgeographie und war von 2003-2009 wissenschaftliche Mitarbeiterin am Fachbereich 05, Lehrstuhl für Anthropogeographie der Universität Kassel. Nachdem sie 2011 den pädagogischen Vorbereitungsdienst für das Lehramt an Gymnasien absolviert hatte, arbeitete sie an unterschiedlichen Kasseler Schulen, bis sie 2014 eine Stelle als Studienrätin an einem Gymnasium in Niedersachsen antrat.

Ulrich Kirsch, geboren 1983 in Kassel, studierte die Fächer Geographie und Sozialkunde für das Lehramt an Gymnasien und absolvierte 2015 erfolgreich den pädagogischen Vorbereitungsdienst. Derzeit arbeitet er als Studienrat an einem Kasseler Gymnasium und ist Verbindungslehrer des Stadtschülerrates.

Andrea Gerhardt / Ulrich Kirsch (Hg.)

„Können wir Ihnen etwas anbieten?!"

Auf Exkursion in Kassel und Umgebung mit der
GRUPPE experiment exkursion KASSEL

- Sammelband -

Bibliographische Informationen der Deutschen Nationalbibliothek

Die Deutsch Nationalbibliothek verzeichnet diese Publikation in der Deutschen Nationalbibliographie; detaillierte bibliographische Daten sind im
Internet über http://dnb.d-nb.de abrufbar.

Impressum
© **2017** Andrea Gerhardt und Ulrich Kirsch
Herstellung und Verlag: BoD - Books on Demand, Norderstedt
ISBN: 9783744814508

Dem ersten Band (2007) zum Geleit von Armin Chodzinski

Nun, es ist ja so, dass das alles eigentlich ein Missverständnis ist. Als ich nach Kassel kam und meinen Dienst an der Universität Kassel bei den Geographen begann, war mir vieles unklar, aber bei einer Sache war ich mir sicher: Exkursionen, begleitete Touren, explorative Aneignungen von städtischen Räumen, wie sie in der Kunst seit den 1960iger Jahren oder auch schon immer so beliebt sind, sind von den GeographInnen erfunden, durchdekliniert und tausendfach bearbeitet worden. Exkursionen sind der zentrale Bestandteil des Faches und in ihrer methodischen Vielfältigkeit unüberschaubar, aber kategorisiert, katalogisiert und verfügbar gemacht. Ganz so ist es nicht, aber fast: Eine strukturierte Exkursionsdidaktik gibt es nicht, aber es entsteht eine, wenn einer von Außen kommt, die Stadt kennen lernen will, Seminare gibt und glaubt, es sei die Aufgabe der Studierenden alles über Exkursionen zu wissen. So ließ ich mir ein ums andere Mal die Stadt zeigen – mehr eigentlich nicht – und brauchte fast drei Jahre um der Tatsache gewahr zu werden, dass die theoretische Untermauerung, die ich immer erwartete, nicht kam, weil es sie nicht gibt, weil Exkursion ohne Feldversuch bedeutet, dass einfach alle mal losgehen ... alles hängt also von der Person ab, die voraus geht. Einfach mal losgehen mit jemandem, sich darauf einlassen, zuschauen, zuhören, zulassen – mehr ist es vielleicht wirklich nicht – und dann sortieren, aufschreiben, nachdenken. Das passiert ja hier und ich kann nur gutes Gelingen dabei wünschen. Ich bestell' schon mal ein Exemplar.

Es freute mich sehr, gefragt worden zu sein ein paar Worte des Geleites zu diesem Bändchen beizutragen, gibt es doch neben den guten Wünschen auch die Möglichkeit, sich endlich bei denen zu bedanken, die mir die Stadt und auch andere Städte zeigten, sich viele Sachen einfallen ließen und produzierten. Auch eine Entschuldigung zum Geleit, denn, es war völlig eigennützig und das auch nachhaltig ohne schlechtes Gewissen ....

[k'otʃinski]

Hallo Leserin, Hallo Leser!

In unserem Lesebuch werden sich häufig Bezüge auf die „Verwertbarkeit" von Exkursionen in der Schule finden. Aspekte der Bildung sind der GRUPPE experiment exkursion KASSEL immer ein zentrales Anliegen, da sich dieses, vornehmlich studentische Projekt zu einem großen Teil aus (angehenden) Lehrerinnen und Lehrern zusammensetzt. Wir hoffen, dass es uns dennoch gelungen ist, ein facettenreiches Leseangebot zusammenzustellen, welches sowohl für Bewohnerinnen und Bewohner unseres schönen Städtchens, als auch für alle interessierten Besucherinnen und Besucher neue, manchmal ungewöhnliche Einblicke bereithält.

Die Herausgeber

- und jetzt geht's immer noch nicht los, denn wir möchten uns vorab schon einmal bei

- o *den Engagierten*
- o *den Wagemutigen*
- o *den Interessierten*
- o *den Kooperativen*
- o *den Kreativen*
- o *den Fördernden*
- o *den Vordenkenden*
- o *den Querdenkenden*
- o *den Zuhörenden*

und allen, die auf ihre Art einen Beitrag geleistet haben, bedanken.

Man findet euch an der Universität Kassel, als Gäste auf Exkursionen, im Beirat der documenta 12 und natürlich auch in der GRUPPE selbst. Ohne euch wäre Vieles nicht möglich gewesen.

INHALT

HESSISCHER SCHMANDKUCHEN

Bevor Sie loslaufen und / oder nachdem Sie losgelaufen sind: Eine ideale Stärkung schnell gemacht und in Kassel sehr gern gegessen.

Man nehme

4 ganze Eier
2 Tassen Zucker
3 1/2 Tassen Mehl
1 Tasse Öl
1 Tasse Selters (Fanta geht auch)
1 Päckchen Backpulver

Eier und Zucker mit dem Schneebesen verrühren; Öl und Selters (oder Fanta) dazu geben. Backpulver mit Mehl mischen und nach und nach unterheben. Masse auf ein Backblech geben. Den Teig im Backofen (Ober-/ Unterhitze) auf der mittleren Schiene bei 180°C ca. 25 Min. / oder bei 200°C ca. 20 Minuten backen. Der Boden ist fertig, wenn sich die Ränder leicht vom Backblech lösen und die Oberfläche goldbraun gebacken ist. In der Zwischenzeit

2 Becher Schlagsahne und
4 Becher Schmand (24% Fett)

miteinander verrühren. Wenn der Kuchenteig aus dem Backofen kommt, sofort den Schmandbrei auf den Kuchen geben und verteilen. Sofort mit einer Mischung aus Zucker und Zimt bestreuen und dann abkühlen lassen.

Dieses Rezept kommt ohne Waage und ohne Messbecher aus, die Mischung stimmt immer. Bei kleineren Tassen wird der Teig weniger und man kann ein Ei sparen. Bei Verwendung sehr großer Tassen besteht die Gefahr, mehr Teig zu produzieren als ein normales Kuchenblech fassen kann ... Experimentieren Sie!

Für das Rezept bedanken wir uns herzlich bei Frau Hannelore Kirsch.

VORWORT

Die GRUPPE experiment exkursion KASSEL ist im Herbst 2004 aus einem offenen Arbeitszusammenhang heraus entstanden, mit dem die sehr unterschiedlichen Wahrnehmungen bezogen auf das Bild der Stadt Kassel erkundet und gemeinsam diskutiert werden konnten. Auf Initiative von Prof. Dr. Dagmar Reichert, Armin Chodzinski und Andrea Gerhardt haben sich interessierte Studentinnen und Studenten mit dem Ziel zusammengefunden, gemeinsam die Stadtlandschaft Kassels zu erkunden.

Fest stand zu Beginn, dass das individuelle Erleben von Stadt und darüber hinaus ihre Symboliken in diesem Projektzusammenhang eine Bearbeitung finden sollten. Der sehr offene organisatorische Charakter der GRUPPE war von Beginn an Programm. Daran hat sich bis heute nichts geändert – auch wenn die Arbeit der Mitglieder der GRUPPE sich zunehmend auf Exkursionen mit Schülerinnen und Schülern verschoben hat. Die Erarbeitung eines theoretischen Unterbaus für Exkursionen ist dabei immer weiter in den Hintergrund getreten; die praktische Arbeit und die tatsächlichen Erfahrungen sind und bleiben im Fokus der Aufmerksamkeit.

Was regt uns zum Experimentieren an? Verändert (Vor-) Wissen und konkrete Anleitung auf einer Exkursion den zu erkundenden Ort? Eine reflektierte Herangehensweise, bei der die Teilnehmerinnen und Teilnehmer selbst einen Bezug zum Ort herstellen, findet in vielen durchgeführten Exkursions-Experimenten bis heute ihren Ausdruck. Ein erklärtes Ziel in Bezug auf die Experimente besteht daher auch im Entwickeln verschiedener Konzepte, die eine reflexive Zugangsweise zur Stadt und zum Stadtraum ermöglichen. Wir können uns selbst nie „zu Hause" lassen, haben unsere eigenen Perspektiven und sehen häufig nur das, was uns gezeigt wird.

Bereits im Wintersemester 2005/2006 gab die Veranstaltungsreihe „*Gestaltung von Stadtgestaltung*" im Salon Elitaer an der Fuldabrücke einen ersten Impuls für die Schaffung eines Diskussionsforums, mit dem explizit auch ein außeruniversitäres Publikum angesprochen werden sollte. Die Vortragsreihe verstand sich als ein Angebot, sich im Schnittfeld zwischen der Stadt Kassel und der Universität mit Themen der Stadtgestaltung auseinanderzusetzen. Mit der Vortragsreihe *„Men in Rubberboots?"* zum Thema Exkursionen, erweiterten wir dieses Angebot im Sommer 2006. Aus den sehr unterschiedlichen Gastvorträgen ergaben sich vielfältige Anregungen für eigene Vorhaben in Kassel, und sie waren ein wichtiger Baustein in der konzeptionellen Weiterentwicklung von Exkursions-Experimenten der GRUPPE.

Innerhalb dieser konzeptionellen Weiterentwicklung stand der direkte Lebensbezug zur Stadt Kassel immer im Mittelpunkt des Erkenntnisinteresses. Der Alltag, das Vergessen von Orten, das Festlegen von Lieblingsplätzen oder eine persönliche Betroffenheit, bildeten so individuelle Zugänge zum Stadtraum und seinen Konstruktions- und Konstitutionsbedingungen. Um die Flexibilität zu erreichen, die manchmal nötig ist, um ausgetretene Pfade verlassen zu können, sind wir bis heute Projekt geblieben. Ein Verein würde uns etwas nehmen, was wir erst im Projekt finden können. Es geht bei den Exkursionen der GRUPPE experiment exkursion KASSEL nicht um die Abfertigung von Massen. Das Gegenteil ist der Fall. Es ist uns sehr bewusst, dass sich viele der gemachten Erfahrungen und ausprobierten Methoden wenig für die Ausarbeitung zu „alternativen Stadtführungen" eignen. Zudem bedingt die Betonung individueller (und subjektiver) Erkenntnisse sehr häufig einen hohen organisatorischen Aufwand in Bezug auf die Vor- und Nachbereitungen der Exkursionen. Vor diesem Hintergrund wird die von uns bevorzugte Exkursionspraxis wohl auch in Zukunft ein exklusives Angebot bleiben, das mit touristischen Angeboten weder vergleichbar, noch in solche transferierbar ist.

Der Erfahrungsaustausch und die Reflexion des Erlebten sind zentrale Aspekte des Konzeptes der GRUPPE. Das, was die Teilnehmerinnen und Teilnehmer unserer Exkursionen zu berichten haben – ihre eigenen Gedanken, Bilder und Erklärungsversuche – sind ein wichtiger Bestandteil unserer Arbeit. Es kann daher nicht verwundern, dass den Berichten der Teilnehmerinnen und Teilnehmer in der vorliegenden Dokumentation entsprechend Raum gegeben wird. Ausgewählte Berichte von dem, „was wir taten und tun" halten Sie nun in der Hand.

Darüber hinaus bot die nun vorliegende Zusammenfassung der bereits erschienen Bände die einmalige Gelegenheit, alle Beiträge neu zu ordnen und thematisch zu gliedern. Einige neue – bislang noch unveröffentlichte – Beiträge konnten erfolgreich in den neuen Band integriert werden. Darunter beispielsweise die „Kleingärtnerische Spurensuche" als Beispiel der Übertragung der im Rahmen der GRUPPE gemachten Erfahrungen auf die Arbeit mit Schülerinnen und Schülern.

Abschließend ist zu sagen, dass sich die Arbeit der meisten Mitglieder der GRUPPE von damals auf die Schule verlagert hat. Da aber die gemachten Erfahrungen unserer Ansicht nach in den vergangenen zehn Jahren nicht an Wert verloren haben, widmen wir uns einer intensiven Rückschau, bevor wir weiter nach vorn schauen.

In der Hoffnung, dass Sie uns wohlwollend dabei begleiten, wünschen wir viel Vergnügen!

Ulrich Kirsch und Andrea Gerhardt
Kassel im Frühjahr 2017

WAS IST EINE EXKURSION?

[excursio = aus lat. ex = (her)aus + currere = laufen]

Unter einer EXKURSION wird im Allgemeinen ein Ausflug unter (wissenschaftlicher) Anleitung und Zielsetzung verstanden. Wir erkunden dabei den Ort, an dem wir uns bewegen, beziehungsweise die „Dinge" auf die wir stoßen oder auf die wir hingewiesen werden. EXKURSIONISTEN werden von der Suche nach Erkenntnissen angetrieben. Wir wollen lernen. Lebenslang. Eine gute Vor- und Nachbereitung einer solchen Erkundung durch die Exkursionsleitung kann dabei helfen, den Blick zu fokussieren, die Gedanken zu ordnen und die gesammelten Erfahrungen begreifbar zu machen. Ohne einen methodisch gegebenen Rahmen und ohne eine Intention gerät jedes Heraus-Laufen prinzipiell in den Verdacht der spielerisch-spaßigen oder auch spaziergängerischen Beliebigkeit.

Im Vorfeld einer solchen Unternehmung, die wir mit EXKURSION meinen, sind also zahlreiche Dinge zu bedenken, zu organisieren und vorzubereiten. So ist beispielsweise ein einfaches „Loslaufen" für uns nur dann sinnvoll, wenn es mit einer anschließenden Reflexion in Verbindung steht und damit gewissermaßen zum Konzept der jeweiligen Exkursion gehört.

Eine EXKURSION soll nicht ausschließlich der Veranschaulichung oder Illustration von Sachverhalten dienen. Fotos und Filme können das unter Umständen viel besser. Begibt man sich jedoch hinaus in die Welt, ändern sich die Bedingungen, unter denen wir über Orte sprechen, vollkommen. Eindrücke und Erfahrungen verselbstständigen sich und wirken zunächst „ungeordnet" auf alle Sinne der EXKURSIONISTEN ein. Die Blicke schweifen und das Unerwartete ersetzt die relativ fest gefügten, geordneten und regulierten didaktischen Rahmenbedingungen im Klassen- oder Seminarraum. Plötzlich spielt es also durchaus eine Rolle, wie es „da draußen" riecht und dass sehr viel mehr zu sehen ist als auf Fotos oder Filmaufnahmen. Für eine erkundende Zugangsweise ist von entscheidender Bedeutung, dass wir unsere leiblichen „Befindlichkeiten" vor Ort ernst nehmen. Mit einer entsprechenden Sensibilität für

18

das Dazwischen, welches in einer touristischen Zugangsweise häufig keinen Platz hat, entdecken wir auch uns bereits bekannte Orte neu.

Die Trennung von wissenschaftlich aufbereitetem Wissen und subjektiv-biographischen Erfahrungen, welche für das Lernen in pädagogischen Institutionen als Ideal angestrebt wird, kann gerade und insbesondere auf einer EXKURSION nicht aufrechterhalten werden. Denn die „erkundenden Subjekte" können sich im wahrsten Sinne des Wortes nicht von „sich selbst befreien". So wirkt sich beispielsweise die bereits gesammelte Erfahrung als Interpretationsgrundlage aus. Wir haben bereits in früher Kindheit ein gewisses Verständnis für die Welt, in der wir uns bewegen, ausgebildet. Bei klassischen Exkursionen wird meist vorausgesetzt, dass die so genannte „Begegnung mit dem Realobjekt" eine wirklichkeitsgetreue Abbildung im Betrachter hervorruft. Doch die „wirkliche Welt" kann nicht objektiv erfasst werden, da unsere Erkenntnisfähigkeit immer von bereits gemachten Erfahrungen und von bereits erworbenem Wissen abhängt. Der erkennende, wahrnehmende Mensch ist stets unabdingbar verbunden mit der eigenen Biographie, die ihn erst zum Subjekt und somit eigenständig handlungsfähigen Menschen macht. Jeder von uns ist somit bereits „kontextualisiert"; d.h. durch ganz spezifische Erfahrungen zum Individuum herangewachsen.

Wir haben gelernt, in einer bestimmten Art und Weise zu sehen und zu denken. Diese ist uns in der Regel so selbstverständlich geworden, dass wir nicht mehr darüber nachdenken. Die vielschichtigen (sinnlichen) Erfahrungen, die auf Exkursionen gemacht werden können, bieten eine gute Möglichkeit, dieses nicht mehr reflektierte Selbstverständnis ein wenig zu erschüttern. Eine kleine Verunsicherung reicht oft schon aus, um genügend Abstand von den Dingen zu bekommen, die wir im Alltag gar nicht mehr sehen, weil wir uns so sehr an sie gewöhnt haben. Dieser Abstand ist aber nötig, um wieder neu hinschauen zu können und somit eine neue Perspektive einnehmen zu können.

Wenn sich unser Versuch zu Erkenntnis zu gelangen, bei Exkursionen unreflektiert auf die so genannten „Realobjekte" und damit auf eine äußerliche „Ding-Welt" richtet, werden mindestens zwei weitere Ebenen vernachlässigt. Oft genug ist das, was wir sehen, genau das, was uns gezeigt wird. Doch Erkenntnis kann nur in uns selbst entstehen. Wie wir gerade gesehen haben, müssen wir bei jeder exkursionistischen Unternehmung auch danach fragen, wer wir als „erkennende Subjekte" sind, welches Vorwissen und welche bisherigen Erfahrungen in diesen Erkenntnisprozess einfließen und mit welcher Motivation wir uns dem zu erkundenden Ort nähern. Wir selbst sind – neben dem zu erkundendem „Objekt" – eine zweite Ebene, die in das Nachdenken über die exkursionistische Unternehmung einfließen muss. Selbstverständlich kann nicht auf jeder Exkursion die Reflexion der subjektiven Ebene in gleicher Weise betont werden – sonst kämen wir vor lauter Selbst-Reflexion gar nicht mehr zum Staunen und Schauen! Dennoch gehört die angemessene Berücksichtigung dieser Ebene in jede Vor- und Nachbereitung einer Exkursion. Es lassen sich sogar Experimente entwerfen, die ganz bewusst auf den Aspekt der subjektiven Reflexion mit besonderer Aufmerksamkeit auf biographisches (Vor-) Wissen, angelegt sind. Bestehende Vorurteile und Klischees können mit Hilfe von Exkursionen sehr gut erkundet werden.

Der dritte wichtige Bereich, der in unsere Reflexion mit einbezogen werden muss, bezieht sich auf die Art und Weise unserer Annäherung an einen Ort. Die Frage, wie wir uns einem zu erkundenden Gegenstand nähern, muss ebenfalls Beachtung finden und in der Vorbereitung auf eine Exkursion möglichst gewissenhaft geklärt werden. Wir sind der Meinung, dass die Art und Weise, *wie* etwas gezeigt wird, einen starken Einfluss darauf ausübt, *was* gesehen wird. Wir können eigentlich gar nicht anders, als uns einem Ort mit einer Methode zu nähern. Die Reisefreudigen unter unseren Lesern wissen, was das bedeutet: Vor Reiseantritt werden Reiseführer gewälzt und im Internet recherchiert, die Prospekte aus dem Reisebüro werden aufmerksam gelesen und so entsteht nach und nach ein ganz bestimmtes Bild in unserem Kopf. Sind wir dann am Reiseziel angelangt staunen wir (meist in negativem Sinne) über das, was uns der Reiseprospekt *nicht* gezeigt hat.

Unserer Ansicht nach, ist über eine Exkursionspraxis, die über die Form der historischen Stadtführung oder auch des noch aus der Schule bekannten Klassenausfluges hinausgeht, bislang zu wenig nachgedacht worden. Aus diesem Grund haben wir ein Modell entwickelt, welches uns dabei behilflich sein soll, über Exkursionen in einer strukturierten Art und Weise nachzudenken, gemachte Erfahrungen einzuordnen und damit besser vergleichen zu können, sowie neue Experimente zu entwickeln. Anhand dieses „Drei-Ebenen-Modells" wird deutlich, dass sich ein Erkenntnisinteresse nicht ausschließlich auf das zu erkundende WAS richten kann. Die Dinge, die wir uns ansehen, die Orte, die wir besuchen, sind nur ein einzelner Baustein in diesem „Erkenntnis-Puzzle." Wir müssen eben auch danach fragen, WER mit welcher Absicht in die Welt hinausgeht und WIE dies geschieht.

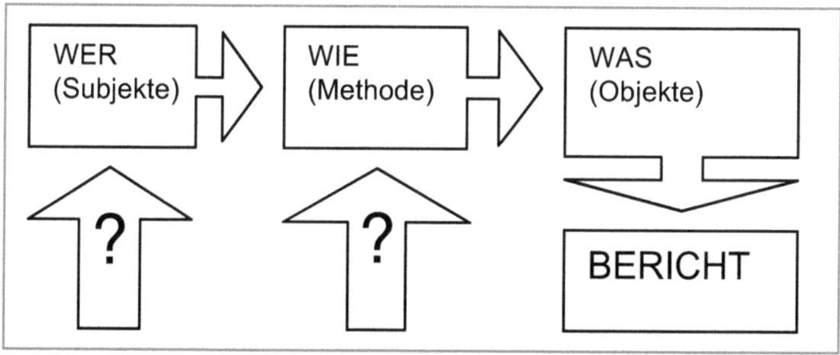

Aus diesen Überlegungen folgt weiter, dass nun auch Exkursionen zu den anderen „Bausteinen" denkbar werden (im Schaubild ist dies mit den Fragezeichen markiert). Wenn der Ort, das zu erkundende „Objekt", nicht mehr das einzig Wichtige ist, über das sich etwas lernen lassen kann, dann müssen auch Exkursionen mit anderer Schwerpunktsetzung möglich sein. Auf Exkursionen begegnen wir nicht nur „Objekten", die wir uns anschauen (können), sondern auch anderen Menschen und nicht zuletzt uns selbst.

In den Bereich der nötigen grundsätzlichen Überlegungen gehört auch eine begriffliche Klärung dessen, was mit „erkunden" gemeint ist. Das Erkunden ist dabei nicht zu verwechseln mit dem Entdecken. „Entdeckung" ist eng verwandt mit „Auf-deckung" – von etwas bereits Vorhandenem, das zuvor nicht gesehen wurde (oder gesehen werden konnte), wird metaphorisch die Abdeckung genommen und so für uns sichtbar.

Anders verhält es sich mit dem Begriff der Erkundung. Die „Kunde" ist in unserem Sprachgebrauch verwandt mit „kennen" und „künden". Mit einer Erkundung wird der Aufmerksamkeitsschwerpunkt also einerseits auf ein Erkennen und andererseits, sozusagen als zweite Bewegung, auf ein Mitteilen gelegt. Das „Kennen-lernen", das in diesem Begriff ebenso mitschwingt, muss dabei eben nicht ausschließlich auf ein äußerlich gegebenes WAS gerichtet sein. Die Erkundung, im Sinne des Erkennens und Kennenlernens, kann sich auch auf denjenigen beziehen, der erkennt, sowie auf die Art und Weise, *wie* erkannt wird.

In Allgemeinen wird unter „Erkunden" meist das Sammeln und Aufbereiten von Daten und Informationen verstanden, die dann helfen sollen, eine bestimmte Lage oder Situation einzuschätzen. Historisch kommt der Begriff schließlich aus dem militärischen Bereich und bezeichnet hier eine Aufklärungsarbeit. Hier scheint es, dass die Erkundung zentral mit der Idee einer (Auf-)Klärung verbunden ist. Dies verweist darauf, dass die Bewegung der Erkundung zwar zur (Auf-)Klärung eines Sachverhaltes oder einer Situation dienlich sein kann, sie aber, anders als die Entdeckung, nicht für sich in Anspruch nimmt, eine bereits vorhandene „objektive Wirklichkeit" lediglich aufzudecken, die aus welchen Gründen auch immer, bisher verdeckt geblieben ist.

Mit Hilfe des Begriffs der Erkundung kann im näher zu bestimmenden Rahmen dessen, was mit EXKURSION bezeichnet werden soll, also im Sinne einer vorsichtigen Annäherung, sowohl eine Art Lageeinschätzung erfolgen (Aufklärung), als auch eine Zusammenstellung, Aufbereitung und Mitteilung von Informationen. Dabei ist zu beachten – und stets zu reflektieren – dass es sich eben um Informationen handelt und nicht um „auf-gedeckte" objektive Fakten. Auch mit einer reflektierten, methodischen und konzeptionell untermauerten Exkursionspraxis, wie wir sie anstreben, kann die Welt nicht abgebildet werden, wie sie „wirklich" ist. Eine solche Praxis kann uns aber helfen, die Welt, in der wir leben und unsere Eingebundenheit in diese Welt, etwas besser zu verstehen.

Andrea Gerhardt

Die Themenfelder, mit denen wir uns beschäftigen, sind so vielseitig und wechselnd, wie die personelle Zusammensetzung der GRUPPE. Dennoch lassen sich einige Kernbereiche angeben, die in unserer Auseinandersetzung mit Kassel und Umgebung eigentlich immer eine Rolle spielen.

Modernität – Um- und Neudeutungen von gebautem Raum

Die Moderne übt einen großen Einfluss auf die Gestaltungsweise unseres Alltags aus – auch in Bezug auf konkrete Raumbildungsprozesse. Artefakte der Moderne, in Form von gebautem; d.h. architektonisch gestaltetem Raum, sind integraler Bestandteil unserer Raumwahrnehmung. Ob Industriebrachen, die Umnutzungen ehemaliger Fabrikgebäude oder auch noch erhaltene Arbeitersiedlungen: Den architektonischen Relikten der Moderne begegnen wir überall im Stadtraum von Kassel. Die Um- und Neudeutungen dieser Flächen und Gebäude ist ein wichtiger Bestandteil einer versuchten Auseinandersetzung mit unserer alltäglichen räumlichen Umgebung. Die „Konzepte der Moderne" müssen bewusst gemacht und gehalten werden, vor allem dann, wenn wir aktuelle Raumbildungsprozesse verstehen wollen. Zu diesen Konzepten und Ideen gehören vor allem die Rationalität und die Nützlichkeit.

Um sich einer Stadt wie Kassel verstehend nähern zu können, ist eine Auseinandersetzung mit deren Zerstörung und Wiederaufbau unabdingbar. Da der Wiederaufbau von Kassel erst in den 1950er Jahren richtig begann, finden sich in diesem Prozess eine ganze Reihe „moderner" Aspekte verwirklicht, die vor allem mit der exkursionistischen Methode sehr gut erkundet werden können.

Neben den städtebaulichen „Übersetzungsversuchen" moderner Konzeptionen, lassen sich auch mit Blick auf die Zusammensetzung der Bewohnerinnen und Bewohner neue Erkenntnisse gewinnen. Es sieht

23

häufig so aus, als ließe sich Kassels Bevölkerung wie ein „Identitäten-Puzzle" beschreiben. Neben den „alteingesessenen" Bewohnerinnen und Bewohnern, die noch das Vorkriegskassel kannten und das neue Kassel als völlig andere Stadt erleben und beschreiben, wohnen hier auch viele, die als Flüchtlinge erst in das bereits zerstörte Kassel gekommen sind. Deren Blick auf die Stadt unterscheidet sich wiederum bedeutend von der Perspektive der Arbeiterinnen und Arbeiter, die in den 1960er und –70er Jahren in den großen Industriebetrieben Beschäftigung fanden und hier ansässig wurden. All diese Bezüge zur Stadt – und die Bedeutungszuweisungen und Inwertsetzungen unterschiedlicher „Milieus" – können durch Begegnungen und Gespräche dazu beitragen, das Gesamtgebilde, welches wir „Kassel" nennen, etwas besser zu verstehen.

Mein Kassel, dein Kassel, unser Kassel? - Lokale Identität, neue Nachbarschaften und Naturverbundenheit

Im Zuge der Auseinandersetzung mit lokalen und globalen Raumbildungsprozessen, kann am Beispiel von Kassel der Versuch der Herausbildung lokaler Identität(en) mit der zur gleichen Zeit beobachtbaren strukturellen Orientierung an der Idee einer künftigen „Weltgesellschaft" vergleichend in Beziehung gesetzt werden. An dieser Stelle werden von der GRUPPE auch Fragen nach der Zukunft von „Stadt" ganz allgemein angebunden. Was bedeutet zum Beispiel noch „Nachbarschaft", wenn das für die Menschen relevante Bezugssystem eine virtuelle Internetcomunity ist? Ist die „Stadt" künftig vielleicht nur noch die Bereitstellung bloßer Infrastruktur und darüber hinaus eher eine „Behinderung"?

Wir verbinden mit unseren Exkursionen konkret Themen wie Nachbarschaft, Lebensqualität und Wohnqualität. Im Themenfeld „Nachbarschaft" lässt sich beispielsweise die Fragilität von Privatheit zur Sprache bringen. Im Spannungsfeld zwischen „Lust und Frust" bietet die funktionierende Nachbarschaft soziale Sicherheit und Zugehörigkeit, ein gestörtes Verhältnis allerdings die pure Ausgesetztheit des „Terrors" von Nebenan. In allgemeinen Kontexten eher „unwichtige" Themen bekommen in diesem sensiblen System oft eine besondere Bedeutung, wenn sich Betroffenheit, Hilflosigkeit oder verschiedene Interessen überlagern.

Ein besonderes Augenmerk liegt in diesem Themenkomplex für uns auch in der Erkundung des Verhältnisses der Kasselerinnen und Kasseler zur Natur. Die Vorgärten und Kleingartensiedlungen bilden für unsere Erkundungen sowohl ein Substrat von nachbarschaftlichen Verhältnissen, als auch ein Indiz für das, was unter „Wohnqualität" verstanden wird und in den Gärten gestalterisch umgesetzt wird. Kassel wird oft als eine „grüne" Stadt bezeichnet. Der Bergpark und die Aue sind aber nur die metaphorische Spitze des Eisberges. Sehr viel eindrücklicher vermag hingegen der Zustand von (privaten) Gärten und gemeinschaftlich genutzten Grünflächen in den einzelnen Stadtteilen ein Bild davon zu vermitteln, was es bedeuten kann, mitten in der Großstadt ein „Fleckchen Grün" für sich beanspruchen zu können.

Exkursionsdidaktiken und Exkursionsexperimente –
neue Zugangsweisen zu gewohnten Orten

Experimente mit der Ausgesetztheit und Verletzlichkeit menschlichen Lebens begleiten unsere Arbeit aber auch hinsichtlich der Entwicklung neuer Methoden für unsere Exkursionen. Immer wieder versuchen wir, die Teilnehmerinnen und Teilnehmer in für sie ungewohnte Situationen zu bringen, um die übliche Perspektive auf die Welt gerade genug verschieben zu können, damit der so sicher geglaubte feste Boden unter unseren Füßen samt seiner Konstruiertheit sichtbar werden kann. Mittelpunkt solcher Experimente ist die Erkundung des Verhältnisses zur Normalität und das Aufdecken impliziter und expliziter Erwartungen. Wir bewegen uns dabei im Spannungsfeld zwischen Konformität und Nonkonformität, um Mechanismen von Teilnahme und Abgrenzung sichtbar machen zu können.

Aus unserer Sicht bietet der Ansatz der „exkursionistischen Bildung" eine echte Alternative zu rein kognitiv orientierten Klassenzimmer- und Schulpädagogiken. Ein erklärtes Ziel unserer Arbeit ist, neue Konzepte für den Schulunterricht zu entwickeln und auszuprobieren. Wir versuchen, eng mit Lehrerinnen und Lehrern zusammen zu arbeiten, um dem

– ein wenig in Verruf geratenen – Wandertag wieder eine eigene didaktische Qualität zu verleihen. In Abgrenzung zur Klassenzimmer- und Schulpädagogik ergeben sich aus der Arbeit der GRUPPE Chancen für eine ganzheitliche Wahrnehmung und einer tatsächlichen „Begegnung mit dem Realobjekt". Zudem werden die eigenen Erfahrungen von Schülerinnen und Schülern mit unserem Ansatz als eine Grundlage für das Verstehen von Zusammenhängen ernst genommen.

Der „gewohnheitsmäßige" Blick, in dem wir alle sozialisiert sind, lässt sich vor Ort sehr viel nachhaltiger irritieren als das im Klassenzimmer oder Seminarraum möglich wäre. Zudem erforschen wir Exkursionen als Sozialformen – der Einfluss von sozialen Dynamiken und Gruppenbildungsprozessen auf individuelle Lernprozesse ist noch weitestgehend unbekannt.

Abkehr vom „touristischen" Blick

Indem wir auf unseren Exkursionen touristische Highlights stets mit kritischer Distanz besichtigen und die Produktionsstrategien von touristischen Konzeptionen aufdecken, wird immer wieder sichtbar, dass Orte keine Kulissen sind, die lediglich konsumiert werden können. Die Exkursions-Experimente der GRUPPE richten sich tendenziell gegen eine Standardisierung und Reproduzierbarkeit von „Orten". Dahinter steht die Beobachtung, dass die Tourismus-Industrie häufig damit befasst ist, Orten eine (konsumierbare) Warenform zu verleihen, um diese besser vermarkten zu können. Am „touristischen Blick" reiben wir uns mit unseren Exkursionen gern und häufig. Während die Vermarktung von Stadt und Region heute für diese als (über-) lebensnotwendig gelten kann und der Tourismus für diese Vermarktung bestimmte „Merkpunkte" mit Alleinstellungsmerkmalen setzen muss, will auch der Tourist die wichtigsten Attraktionen und Eindrücke „mitnehmen". In vielen Exkursions-Experimenten werden gerade Orte thematisiert, die keinerlei touristische Attraktionskraft besitzen. Damit befassen wir uns häufig mit einer Neuentdeckung des bereits Bekannten und Gewohnten.

Die ersten Beiträge dieses Sammelbandes beschäftigen sich mit den Auseinandersetzungen der GRUPPE mit der „documenta-Stadt" Kassel. Wir starten mit einer „Übersetzung" der Leitmotive, die von der künstlerischen Leitung der documenta 12 herausgegeben wurden, für die exkursionistische Arbeit der GRUPPE.

Die eher theoretischen Erwägungen werden im Anschluss gleich mit einem Exkursions-Experiment illustriert. Die Sache mit Klaus war – im Vorfeld der documenta 12 – wirklich eine Sache für sich...

Auch die ‚Seilschaft' hat direkt mit der documenta 12 zu tun, da die Bildung einer Hochgebirgsseilschaft in der Kasseler Innenstadt im Rahmen des Begleitprogramms der documenta 12 erfolgte. Die GRUPPE war nämlich während der Dauer der documenta zu einer der täglich abgehaltenen „Lunch Lectures" in die documenta-Halle eingeladen worden. Und in diesem Rahmen haben wir dann zu einem Exkursionsexperiment eingeladen.

DOCUMENTA BEIRAT

Erstmals hat die künstlerische Leitung einer documenta in Kassel mit der Formulierung von „Leitmotiven" für diese Ausstellung ein Gesprächsangebot für die Kasseler Zivilgesellschaft gemacht, welches den rein künstlerischen Kontext dieser Ausstellung deutlich überschreitet und in die Stadt hineinwirkt. Dieses Angebot soll im Folgenden von uns aufgenommen werden. Wir werden uns an einer „Übersetzung" der von Roger M. Buergel formulierten Leitmotiven versuchen und aufzeigen, wie diese mit den innerhalb der GRUPPE behandelten Arbeitsfeldern und Themengebieten in Beziehung stehen.

Ist die Moderne unsere Antike?

Wie in dem Abschnitt „Arbeitsfelder der GRUPPE" bereits beschrieben, bildet die Auseinandersetzung mit der Modernität einen Kernbereich der Arbeit der GRUPPE. Wenn nun gefragt wird, ob die Moderne unsere Antike ist, dann impliziert diese Frage unterschiedliche Haltungen und Herangehensweisen an die „typischen" modernen Ausdrucksformen in der Architektur und der Stadtentwicklung. Wie bereits beschrieben, interessieren uns Industriebrachen, die Umnutzungen ehemaliger Fabrikgebäude oder auch noch erhaltene Arbeitersiedlungen sowieso schon: Und zu unserer Vergangenheit gehören sie auch – sind sie aber bereits „antik"? Wie passen die Ideen und Konzepte der Antike zu den

„Konzepten der Moderne"[1]? Betreiben wir mit unseren Erkundungen eine Art Archäologie?

Nehmen wir die sozialräumliche Dimension in den Blick, dann ist zunächst zu bemerken, dass sich die Moderne durch zunehmende Auflösung sozialer Beziehungen und familiärer Bindungen auszeichnet. Wahrnehmungen verändern sich und Identitäten beginnen sich zu entkoppeln. Ist der Vergleich von Wahrnehmungen von alteingesessenen Bewohnerinnen und Bewohnern von Kassel und denjenigen, die nach Kassel in den verschiedenen Phasen migriert sind, heute schon „antik" – im Sinne von überholt? Wenn wir die Moderne wie die Antike behandeln – heißt das, dass wir alles „musealisieren"? Klar ist, dass die großen Industriebetriebe im Kasseler Stadtgebiet heute nur noch als Relikte auftauchen und teilweise erhalten werden können, weil Platz für neue Museen benötigt wird.

Als „antik" lassen sich eventuell auch die Kommunikationsformen bezeichnen, die wir erproben; das Forum und die freie Rede. Wenn die Moderne unsere Antike ist, dann bedeutet das vielleicht, dass diese kommunikativen Formen wieder modern sind.

Das bloße Leben?

Folgt man den Ausführungen von Roger M. Buergel, soll es in diesem Themenbereich um die „Verletzlichkeit" und „Ausgesetztheit" menschlichen Lebens gehen. Wir verbinden damit konkret Themen wie Nachbarschaft, Lebensqualität und Wohnqualität, wie oben bereits ausgeführt. Was aber ist das Leben bloß? Was macht das Leben bloß? – der Ausdruck „Das bloße Leben", vor allem mit dem Fragezeichen, lässt alle möglichen Interpretationen zu. Sich eine Blöße geben – Nackt sein – Pur. Was ist das Leben, wenn man allen Schnickschnack weglässt?

Wie oben schon ausgeführt, verknüpfen wir dieses Leitmotiv mit einem Arbeitsfeld der GRUPPE und richten unsere Aufmerksamkeit vor allem

---

[1] Roger M. Buergel fasst darunter z.B. „Identität" und „Kultur": vgl. www. documenta 12.de / leitmotive

auf die Erkundung des Verhältnisses der Kasslerinnen und Kassler zur Natur. Vorgärten, Kleingartensiedlungen, öffentliche Parks und Grünflächen, ja selbst das Straßen-Abstandsgrün lassen Rückschlüsse auf dieses elementare Verhältnis zu. Die „grüne" Stadt Kassel gehört für alle hier zum „bloßen" Leben mit dazu.

Die ungewohnten Situationen, in die wir uns selbst bei unseren Experimenten zu bringen versuchen, verweisen ebenso auf unsere Bereitschaft, uns mit dem „bloßen" Leben auseinander zu setzen. In metaphorischer Hinsicht stehen wir häufig am Rande des Abgrundes und beobachten fasziniert, wie die bodenlose Tiefe zurückstarrt. Bewusst und mit spielerischer Leichtigkeit versuchen wir, die Gewissheiten zu erschüttern. Damit geben wir uns eine Blöße – wir entblößen, dass wir nicht alles wissen, dass wir nicht alles unter Kontrolle haben. Wir bewegen uns im Spannungsfeld zwischen Konformität und Nonkonformität, um Mechanismen von Teilnahme und Abgrenzung sichtbar machen zu können.

Bildung – Was tun?

Roger M. Buergel formuliert in seinen Ausführungen der Leitmotive zu diesem Punkt, dass in der ästhetischen Bildung die Hoffnung auf eine Alternative zum Akademismus einerseits und zum Warenfetischismus andererseits liege. Dies können wir aus unserer Perspektive lediglich umformulieren und behaupten, dass die „exkursionistische Bildung" eine echte Alternative zu rein kognitiv orientierter Klassenzimmer- und Schuldidaktik bietet und sich kritisch mit dem Tourismus auseinandersetzt, der daran arbeitet, den Ort und die „lokale Besonderheit" zu einer Ware zu machen.

Darüber hinaus fragen wir uns – nicht zuletzt als angehende Lehrerinnen und Lehrer – was genau wir tun können, um zu bilden. Es ist richtig und wichtig, dass wir uns selbst bilden. Lautet die Frage also „Bildung – was tun?" ist unsere Antwort unter anderem „Mit offenen Augen da raus gehen!"

Zudem gilt es immer, den „gewohnheitsmäßigen" Blick, in dem wir alle sozialisiert sind, möglichst nachhaltig zu irritieren. Dazu gehört auch, dass wir gezielt danach fragen, inwiefern unsere Gefühle und sinnlichen Wahrnehmungen in Erkenntnisse transformiert werden können.

Die Auseinandersetzung mit den Leitmotiven der documenta 12 brachte innerhalb der GRUPPE viele Diskussionen hervor und wir waren meist nicht sicher, ob die künstlerische Leitung allgemein und Roger Bürgel insbesondere, sich einen kleinen Scherz erlaubt hat. War das wirklich sein Ernst?! In der Rückschau lässt sich sagen, dass wir uns nur teilweise auf dieses Spiel eingelassen haben. Ja, die documenta ist für Kassel schon wichtig. Ja, okay, es war schmeichelhaft, dass wir im BEIRAT mit dabei sein durften. Auf diese Weise erhielten wir die Chance, international bekannte Künstlerinnen und Künstler kennen zu lernen. Einigen von ihnen durften wir sogar „unser" Kassel zeigen! Als eine Gruppe, die aber fest im akademischen Betrieb verankert ist, kann man sich aber schlecht von jeglicher Form akademischer Bildung verabschieden. Das klappt einfach nicht. Der Hauptgrund ist, dass uns die Suche nach Erkenntnis antreibt. Bloßes (Er-)Leben reicht uns einfach nicht.

1.2 Martin Scharvogel / Andrea Gerhardt: Und dann war da noch die Sache mit „Klaus"...

Would you like to participate ...

Ja, wir wollten partizipieren. Ricardo Basbaum hatte da eine wundervolle Idee und wir erklärten uns bereit, für eine gewisse Zeit die „Patenschaft" für eines seiner Objekte zu übernehmen. Da wir eine Exkursionsgruppe sind, war eigentlich auch schon von Beginn an klar, dass „unser" Basbaum-Objekt mit auf Exkursion gehen sollte. Was lag näher, als dem hier in einer Kassler Lehrwerkstatt „geborenen" Objekt, seine Heimat zu zeigen!? Nun hatte unsere GRUPPE also ein neues Mitglied. Als eine „Quasi-Person" sollte es zunächst auch einen Namen bekommen. Das Ansprechen fällt so erheblich leichter. Wir entschieden uns schließlich für „Klaus" – und zwar aus unterschiedlichen Gründen. Zum einen sollte der Name unser Vorhaben mit dem Objekt widerspiegeln. Mit dem Begriff „Klaus" lässt sich auf die lateinische Wurzel *claustrum* verweisen, was einen geschlossenen Raum bezeichnet, aber auch auf *claudere* – (ver-)schließen. In das Objekt wollten wir unsere Exkursionserfahrungen „einfüllen" und es damit versehen, schließlich weitergeben. Ein weiterer Grund für die Namensgebung war, dass das Hochdruckgebiet über Deutschland, welches zur Zeit unserer Übernahme des Objektes herrschte, ebenfalls „Klaus" genannt wurde – ein herrlich „geographischer" Grund ...

Klaus musste einige Tage auf seinen ersten „Einsatz" warten. Während dieser Zeit hat er für unsere GRUPPE viel Gesprächsstoff geliefert. So war beispielsweise auch eine Exkursion zum Hauptfriedhof geplant und wir diskutierten, ob man Klaus da wohl mitnehmen konnte. Würden sich die Leute auf dem Friedhof vielleicht durch dieses Objekt gestört fühlen? War es überhaupt „erlaubt", Klaus dorthin mitzunehmen? Was würden wir sagen, wenn uns das Friedhofspersonal auffordern würde, mit dem Objekt diesen Ort zu verlassen? Konnte man mit Klaus die „Totenruhe" stören?! – Wir haben die Entscheidung darüber, ob Klaus nun mit auf den Friedhof soll, schließlich verschoben. Zunächst stand eine Exkursion nach Lohfelden in das neue Gewerbegebiet an der Autobahn an. Die

Frage, wie Klaus am besten zu transportieren sei, wurde ebenfalls im Vorfeld besprochen. Für unwegsames Gelände schien er nicht gerade geeignet zu sein – klar war, dass mindestens zwei Leute während der Exkursion mit Tragen vollauf beschäftigt sein würden. Also wurde eine Sackkarre organisiert, Klaus probehalber einmal um den Block gefahren und man kam zu dem Schluss, dass es das wohl tun würde.

Alles war für die erste Exkursion mit Klaus vorbereitet. Sogar ein Auto wurde extra ausgeliehen, denn die Beförderung von Klaus mit öffentlichen Verkehrsmitteln war bei künftigen Vorhaben sowieso unumgänglich und wir wollten es mal langsam angehen lassen.

Sie ahnen – oder wissen vielleicht bereits – was jetzt kommt: Klaus ist verschwunden, er ist weg, einfach so und das zu Beginn einer Reise, welche gerade erst begonnen hatte. Das ist tragisch. Hat man nicht mit der nötigen Sorgfalt auf ihn aufgepasst? Oder hat man seine öffentliche Bekanntheit unterschätzt?

Eine Verlustgeschichte

Es geschah es in Kassel am Sonntag, 1.10.2006 um 17.30 Uhr direkt vor dem ikea-Verkaufsgebäude, mitten im Gewerbegebiet. Für ein paar Minuten musste Klaus auf die Exkursionsgruppe warten, die pflichtbewusst den herrenlosen ikea-Einkaufswagen (der als Transportmittel für Klaus gedient hatte, nachdem die extra organisierte Sackkarre an ihre mechanischen Grenzen gestoßen und diese sogar überschritten hatte) an seinen angestammten Platz zurückbrachte.

*Klaus mitsamt Trans-
portmittel. Es sollte eine
ereignisreiche Exkursi-
on werden, doch es
wurde eine tragische
Verlustgeschichte...
Aus diesem Grund ist
dieses Foto auch das
vermutlich letzte dieses
Objektes.*

Als die GRUPPE nach etwa zehn Minuten zurückkam, war das Entsetzen groß. Klaus war weg! – wie, Klaus war weg? – gibt's doch gar nicht!
– aber doch, ja, hier haben wir ihn zurückgelassen und jetzt ist er nicht
mehr da! Klaus war weg. Einfach so. Hatte ihn die GRUPPE zu lang
allein gelassen? Fühlte er sich verlassen und ist einfach gegangen?!?

Aufgeregtes Hin- und Herlaufen. Zwei potenzielle Augenzeugen wurden
ermittelt. Jawoll, wir haben gesehen, dass ein Mann das Teil in seinen
Wagen verfrachtet hat. Er war allein und hatte große Schwierigkeiten,
das Ding in sein Auto zu bekommen. Erst versuchte er es mit dem Kof-
ferraum, doch schließlich hat er diese Wanne auf die Rücksitzbank
gelegt ... war das nicht so ein Kunst-Ding-Bums von der documenta?! –
wir haben da so einen Bericht in der HNA gelesen .... Den Kidnapper
beschreiben? Puh, das ist nicht so einfach, Sie wissen ja, wie das ist –
so genau schaut man ja dann doch nicht hin ... Also, es war ein Mann,
allein, schon etwas älter, glaube ich; ich glaube, mit grauen Haaren und

einem Bart ... hatte er einen Bart? Personen beschreiben, das ist schwierig, wissen Sie.

Unter den Exkursionisten: Entsetzen, Ratlosigkeit. Aber auch Klarheit. Offene Fragen quälen uns und werden hin- und herdiskutiert: Wer hat Interesse an einer Art Blechwanne, welche weder funktional, noch von (auf den ersten Blick) ansprechender ästhetischer Qualität ist? Dazu in einem Gewerbegebiet, am Sonntag, in einer Sackgasse ... Es ist ja nicht so, dass hier Durchgangsverkehr herrschen würde! – wir müssen schon vorher mit Klaus gesehen worden sein. Der Kidnapper hat nur auf eine Gelegenheit gewartet; anders hätte die Zeit für eine solche Tat überhaupt nicht ausgereicht! Doch es hilft alles nichts. Klaus ist weg.

Tragisch ist, dass Klaus bereits von seinem ersten Exursionsgang nicht mehr zurückgekehrt ist. Es ist tragisch, da Klaus ein stetiger Begleiter verschiedener Exkursionsversuche sein sollte. Unsere Exkursions-Erfahrungen sollten sich in ihm anreichern. Angefüllt mit unterschiedlichen Erfahrungen, hätte er dann zu weiteren Abenteuern aufbrechen können. Nun konnte er nur wenige Erfahrungen sammeln.

Diese Geschichte erinnert an geographische Expeditionen, in denen Mensch und Materie oft den Unwegsamkeiten der Natur und denen fremder kultureller Praktiken ausgesetzt sind. Bekanntlich mussten viele Pioniere ihren Abenteuermut entweder mit humboldtschen Welterfolg, mit ihrer Gesundheit oder sogar ihrem Leben bezahlen. Klaus ist nun einer von ihnen. Auf unbekanntes Terrain hat er sich vorgewagt, wollte die Welt erkunden und – durch seine Erfahrungen reicher geworden – uns allen nach seiner Rückkehr von seinen Reisen berichten. Nun ist er ganz allein da draußen. Auf sich selbst gestellt, verlassen und einsam. Sein Verschwinden erinnert uns daran, dass es ein gefährliches Unterfangen bleibt, sich hinaus in die Welt zu begeben. Klaus ist eines der zahlreichen stummen Opfer geographischer Exkursionspraxis.

Eine weitere Frage ist, wieso diese Wanne wohl ein solches Interesse erzeugt. Warum diese Aufmerksamkeit? Klaus ist im weiteren Sinne auch ein Opfer der Medien. Denn erst die Medienberichte und die Fotos haben dafür gesorgt, dass Klaus (und mit ihm seine geklonten Brüder und Schwestern) solch eine exponierte Bekanntheit erreicht haben.

Ohne die Medien wäre Klaus weitgehend unbekannt und wohl nur als ein merkwürdiges Teil Altblech erkannt worden (- in Zeiten exorbitanter Preise für Rohstoffe hätte das vielleicht aber schon als Grund für seine Entführung ausgereicht – wer weiß...?).

Klaus ist auch, so könnte man mit aller Vorsicht formulieren, ein Opfer des Kunstbetriebes. Nur durch die documenta und die Beziehung zu einem bekannten zeitgenössischen Künstler konnte die Wanne als ein über den Materialwert (von „Gebrauchswert" kann schon gar nicht die Rede sein) hinausgehenden, symbolischen Wert erhalten. Nun ist Klaus selbst bekanntlich kein Kunstwerk; Klaus behauptet von sich nicht, Kunst zu sein. Das eigentliche Kunstwerk entsteht im Prozess, durch die Auseinandersetzung der Menschen mit dem Teil, indem sich rund um die Objekte Geschichten anlagern, Erfahrungen gemacht werden, Erfahrungen geteilt werden, indem seine Geschichten weitergetragen werden und von anderen Menschen (und manchmal auch von anderen Kulturen) weitergestrickt werden. Jede Gruppe und jede Kultur findet ihren eigenen Umgang mit Klaus und seinen Geschwistern. Aus der Zusammenstellung und Dokumentation dieser Umgangsweisen kreiert Ricardo Basbaum schließlich das, was dann Kunst ist. Die Geschichte von Klaus verstummt an dieser Stelle und möglicherweise wird seine weitere Geschichte eine anonyme sein, so anonym wie die Geschichte serieller Produkte meistens abläuft. Klaus ist normalisiert. Adieu Klaus, zurück bleibt deine kleine Geschichte.

1.3 Martin Scharvogel und Kathrin Rost: Eine ‚Seilschaft' auf Exkursion – Eine unvertraute Begegnung mit vertrauten Orten

Im Sommer 2007 konnte in Kassel eine merkwürdige Gruppe beobachtet werden. Mit der linken Hand an ein Seil gebunden bewegten sich etwa 15 Menschen durch die Innenstadt.

Abbildung 1: ‚Seilschaft' in Bewegung (Foto: Ulrike Sitte)

Die Passanten, die diesem seltsamen Trupp begegneten, hielten zumeist einen ‚Sicherheitsabstand' ein und beäugten das Geschehen mit fragendem Gesichtsausdruck. Das Bild der aneinander gebundenen Menschen löste durchaus Irritationen aus. Was im städtischen Kontext als befremdlich wahrgenommen wird, ist im Hochgebirge ein durchaus vertrauter Anblick.

Abbildung 2: Seilschaften im Gebirge

Im Hochgebirge schließen sich Menschen zur Formation der Seilschaft zusammen, da diese den einzelnen Bergsteiger- oder Bergwanderer davor schützen soll, verloren zu gehen oder abzustürzen. Klinkt man sich in einen solchen Trupp ein, dann ist es notwendig, dass Alleingänge zugunsten des Gruppendenkens zurückgestellt werden. Abweichungen des Einzelnen sind in dieser Formation nur begrenzt möglich. Auf diese Weise wird durch den Zusammenschluss zur Seilschaft das Verhalten des Einzelnen im Hinblick auf den gemeinsamen Erfolg diszipliniert wie normiert. Diese geordnete Verbundenheit gibt der Seilschaft ihre Stärke, erfordert aber neben der Beschränkung der Entscheidungskraft des Einzelnen, dass das Verhalten der Gruppe in solch einer Situation des Aufeinanderangewiesenseins ausgehandelt wird.

Was hat eine Seilschaft in der Stadt verloren?[2] Gletscherspalten drohen hier nicht und wenn doch, dann nur im übertragenen Sinne. Allerdings muss auch im Rahmen einer städtischen Seilschaft die Verständigung über Bewegungsrichtung und Bewegungsform ausgehandelt werden.

---

[2] Es sei angemerkt, dass der Begriff im städtischen Kontext eher metaphorisch gemeint wird. In dieser Analogie wird dabei vor allem auf das Verbundensein gezielt, das sich im Rahmen eines wirtschaftlichen oder institutionellen Miteinanders als ein Vorteil erweist und aus einer den Wettbewerb verzerrenden Protektion resultiert.

Die Implementierung einer Hochgebirgsseilschaft in die Kasseler Innenstadt erfolgte im Rahmen des Begleitprogramms der documenta 12. Die ‚Gruppe experiment exkursion Kassel' war zu einer der täglich abgehaltenen Lunch Lectures in die documenta-Halle eingeladen worden. In dieser – frei übersetzt – ‚Lehrstunde zur mittäglichen Zeit' haben wir, dem Anliegen der Gruppe konsequent folgend, zu einem Exkursionsexperiment eingeladen.

Das Szenario einer Exkursion in Form der Seilschaft ebenso wie das regnerische Sommerwetter forderten die TeilnehmerInnen heraus, denn die meisten kannten einander nicht. Das Zusammenfinden und Zusammenbinden machte es erforderlich, dass alle Exkursionsteilnehmer die Nähe zu unbekannten Personen zulassen mussten. Der Abstand zwischen den einzelnen TeilnehmerInnen betrug in etwa einen Meter und lag damit aus Sichtweise der Psychologie in der persönlichen Zone, die mit einer Distanz von 60 cm bis 120 cm bemessen wird. Da wir diese Nähe normaler Weise Freunden gewähren bzw. diesen Abstand zu näheren Bekannten einnehmen, erforderte bereits das Anseilen von den TeilnehmerInnen durchaus eine innere Bereitschaft.

Mit Schirmen und Regenjacken bewaffnet und an der linken Hand angeseilt, machte sich die Gruppe auf den Weg. Von der Exkursion, die ihren Ausgangspunkt an der documenta-Halle nahm, sollen hier exemplarisch zwei Stationen vorgestellt werden.

Der erste Anlaufpunkt war der Kasseler Friedrichsplatz. Wie sollte die Seilschaft diesem altehrwürdigen Platz mit dem imposanten Gebäude des Fridericianums begegnen? Eine Formation des Dreiecks und eines Vierecks wurde als Bewegungsform vorgeschlagen. Die Gruppe nahm die Geometrie des Platzes und die architektonische Klarheit des Fridericianums auf.

Abbildung 3: Die Gruppe in Dreiecksformation (Foto: K.R.)

Die Geometrie der Bewegungsform lässt sich sicherlich mit dem klassizistischen Bau in Beziehung setzen, der in der zweiten Hälfte des 18. Jahrhunderts vom Architekten Simon Louis du Ry als eine symmetrische Dreiflügelanlage errichtet worden war. Auch die Gestalt der Platzanlage basierte ursprünglich auf geometrisch angelegten Wegen, Rasenflächen und Baumreihen.

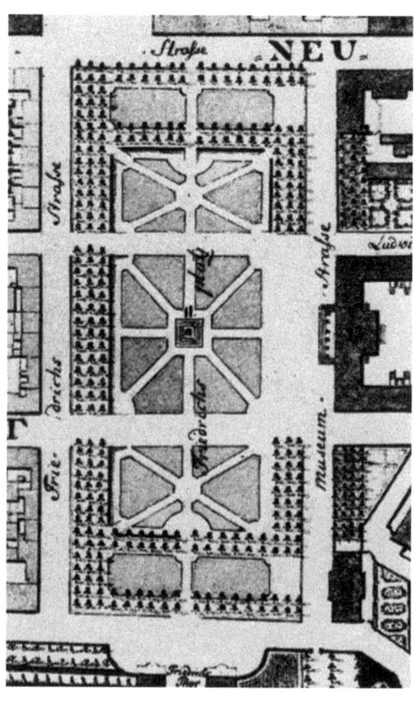

Abbildung 4: Friedrichsplatz in Kassel; Planausschnitt von 1786[3]

Nach einer mehr als 200jährigen wechselvollen Geschichte sind diese Geometrien noch bzw. wieder zu erkennen.[4] Der Platz trägt wie jeder Ort seine Geschichte mit sich, gleichsam verbinden sich mit dem Ort Geschichten und Geschichte. Wenn die ExkursionsteilnehmerInnen eine Bewegungsform finden sollen, die ihre Auseinandersetzung mit der Anlage zeigt, dann gilt es über die verschiedenen Bedeutungszuschreibungen an den Platz zu kommunizieren. Je nachdem, was die Exkursi-

---

[3] http://de.wikipedia.org/wiki/Friedrichsplatz_(Kassel) (4.9.2007); Ausschnitt

[4] Für Details zur Geschichte des Friedrichsplatzes verweisen wir auf: Hinz, Berthold; Tacke, Andreas (2002): Architekturführer Kassel. Berlin

41

onistInnen mit dem Ort in Beziehung setzen, werden andere Bewegungsformen zu finden sein, sei es das spaziergängerische Flanieren, die militärischen Paraden oder die formale Gestalt des Platzes. Im Verband der Seilschaft muss eine gemeinsame Bewegungsform ausgehandelt werden.

Abbildung 5: Regierungspräsidium Kassel (Foto: M.S.)

Die nächste Station der Exkursion führte zum Kasseler Regierungspräsidium. Architektonisch ist das Gebäude den Maximen der Moderne verpflichtet: Sachlichkeit, Klarheit, Strukturiertheit und Transparenz sollte den Ausdruck der neuen Epoche bestimmen. Der Weg zum Regierungspräsidium führte durch einen Teil der Stadt, der von den Konzepten des Wiederaufbaus geprägt ist.

Das ‚neue' Kassel sollte zu einer seriellen, funktionalen, einer autogerechte Stadt werden. Die Straßen wuchsen zu Magistralen und die Fußgänger wurden im Dienste einer Trennung der Verkehrsarten bzw. eines störungsfreien Ablaufs des Verkehrs durch Straßenunterführungen geschickt. Der Steinweg, eine sechsspurige Verkehrsstraße, an der das Regierungspräsidium liegt, ist eine dieser breit angelegten Verkehrsadern, die den reibungslosen Transport von Waren, Gütern und Menschen garantieren sollten. Die Exkursionsgruppe suchte für diesen

Wegabschnitt wieder eine Bewegungsform. Dazu formierten sich die TeilnehmerInnen zu einer Zweierreihe. Im gleichen Tempo und im Gleichklang der Schritte nahm die Exkursionsgruppe die funktionale Präzision einer Maschine an. Besonders beeindruckend war dabei der Gang durch die Fußgängerunterführung, während über der Seilschaft der Verkehr des Steinwegs donnerte: Mit sturer Exaktheit hallten die Marschgeräusche der ExkursionsteilnehmerInnen in der Betonschlucht.

Nach etwa 40 Minuten, einige Experimente später und – so unsere Hoffnung – um einige Erfahrungen reicher, kehrten alle TeilnehmerInnen der Seilschaft wieder zur documenta-Halle zurück.

„Nicht nur ein geographi-
sches, sondern vor allem
ein soziales Experiment.
Man wird Teil von etwas,
ist geschützt, aber auch
behindert."

„Gruppeninteressen
haben Vorrang vor dem
Einzelnen."

„Disziplinierung
innerhalb der Seil-
schaft – positive
und negative
Sanktio-
nen!"

Einige Gedanken zu inszenierten Be-
gegnungen mit Orten

Im Hinblick auf diese zugegebener
Maßen recht befremdliche Annäherung
an vertraute Orte wurde auf der Exkursion versucht, die alltäglichen Routinen in der Begegnung mit Orten zu
‚überlisten'. Zunächst sind Routinen für
unser Zurechtfinden in der Stadt sehr
wichtig, denn wir organisieren unsere
Welt durch Klassifikation und Kategori-
sierung des Gegebenen. Diese Struktu-
rierung ist notwendig für eine praktikab-
le Begegnung mit der schier unbe-
grenzten Vielfalt des Wahrnehmbaren.
Das bloße Ordnen der physischen
Phänomene erleben wir in der Regel
nicht als zeitaufwändige kognitive Pro-
zesse, da wir gelernt haben Informationen auszublenden und im Unbekannten
Bekanntes zu finden. Diese selektive
Wahrnehmung ist im Alltagsleben nützlich, sie hindert uns bisweilen allerdings
auch daran, neue Beobachtungen zu
machen. Auf der Exkursion haben wir
versucht, die stabilisierenden Tenden-
zen unserer Denkbahnen und Begeg-
nungsweisen mit der Welt zu unter-
wandern. Wir haben bewusst die
menschlichen Neigungen angesprochen, die eingekleidet in die Prinzipien
des Spiels den Menschen fordern, nicht
alle Erfahrungen in die schon vorgefertigten Denkkategorien zu stecken,
sondern neue Denk- wie Betrachtungs-
standpunkte einzunehmen.

„Andere Wahrnehmung von Orten, die man sonst nur auf dem Weg von A nach B kennt.“

„WAS ICH GERNE VERSUCHT HÄTTE WÄRE EINE ‚ECHTE‘ BEHINDERUNG DES STÄDTISCHEN LEBENS MIT DER FRAGE, WIE MIT EINEM UNGEHORSAMEN ‚GRUPPENORGANISMUS‘ UMGEGANGEN WIRD.“

„Wenn ich das nächste Mal einem Besucher den Friedrichsplatz zeige, werde ich von der Exkursion berichten – eine schöne und einprägsame Art einen Ort darzustellen.“

In unserem Experiment wurde versucht, durch die Verschiebung von Perspektiven gezielt alte Lesarten zu differenzieren und neue Lesarten eines Ortes zu ermöglichen.

Bei dieser ‚Lesart‘ ging uns nicht primär um unsere Verstandesleistungen. Den häufig bei Stadtführungen gewählten Zugang über das informierende Berichten von Daten, Fakten oder Anekdoten, welcher in erster Linie unseren Verstand anspricht, galt es bewusst im Hintergrund zu halten. Wir begegnen einem Ort immer vielfältig, sinnlich (Wahrnehmungen wie Sehen, Riechen etc.), rational (Wissen und abgespeicherte Erfahrungen), ästhetisch (Wirkung eines Ortes auf uns), emotional und körperlich (Bewegung, Anstrengung etc.). Dabei machen wir unterschiedliche Erfahrungen mit einem Ort, wobei je nach Betonung des einen oder anderen Aspekts, bestimmte Erfahrungsbereiche gefördert, andere untergeordnet sind oder weitgehend sogar aus dem Bewusstsein verschwinden.

Eine weitere Überlegung für die Exkursion ist aus dem konstruktivistischen Denken abgeleitet. Dabei gibt es zwei Blickpunkte: Einerseits sind wir Individuen und bauen unser eigenes Bild von einem Ort auf. Je nach Interesse, Grund des vor Ort seins, unseren Vorerfahrungen und unserem Wissen entwirft jeder ein eigenes und einmaliges Bild eines Ortes.

Nach dieser Sichtweise – dem radikalen Konstruktivismus verpflichtet – konstruiert jeder ein eigenes und individuelles inneres Bild eines Ortes. Nichtsdestotrotz sind wir in vielerlei Hinsicht weniger individuell als dies uns scheinen mag. Unsere Wahrnehmungsweisen werden erlernt, uns wird die Welt schon von frühester Kindheit an ‚erklärt', die Dinge werden mit Begriffen belegt, die längst vor unserem Erscheinen existierten. Wir werden also in eine vorstrukturierte Welt hineingeboren und sozialisiert. Dieses Exkursionsexperiment bietet hier im Austausch von individuellen Vorstellungen in und mit der Gruppe nach unserer Einschätzung vielfältige Möglichkeiten des Weiterdenkens und Experimentierens.

Vielen Dank an alle, die an diesem Exkursionsexperiment teilgenommen und uns ihre Erfahrungen mitgeteilt haben. Besonderen Dank an Frau Ulrike Sitte, die uns freundlicherweise ihre Fotographien zur Verfügung gestellt hat und vor allem natürlich an Andrea Gerhardt, die bei diesem Experiment – wie bei den meisten Exkursionsexperimenten unserer Gruppe – konzeptionell und organisatorisch mitgearbeitet hat.

Der zweite Abschnitt des vorliegenden Bandes befasst sich im Schwerpunkt mit historischen Perspektiven auf die Stadt Kassel. Einleitend stellt uns Ulrich Kirsch einen historischen Stadtspaziergang vor. Es handelt sich dabei um einen Artikel aus einem alten Schulbuch. Das Exkursionistische an diesem Beitrag ergibt sich aus dem Versuch, die Beschreibung von damals nachzulaufen. Und das Brisante ist, dass dieser Weg „in Wirklichkeit" gar nicht mehr existiert. Kontrastiert wird die Beschreibung von damals durch Fotos von heute.

Danach widmen wir uns mit Annegret Luck einer näheren Betrachtung der Rothenberg-Siedlung und damit einer Auseinandersetzung mit einem Erbe aus den Anfängen des sozialen Wohnungsbaus. Die Arbeitersiedlungen entstanden durch die Initiative der Familie Henschel und sind heute Ausdruck einer nicht mehr gekannten Fürsorglichkeit des Firmenpatriarchen gegenüber seinen Arbeitern.

Nicht nur aufgrund der räumlichen Nähe, schließt sich ein Bericht von Andrea Gerhardt über den Kasseler Hauptfriedhof an. Dieser ist von der in der Industrialisierung stark wachsenden Stadt Kassel regelrecht eingeschlossen worden und bildet heute eine „grüne Insel" mitten im Stadtgebiet.

Von hier aus begeben wir uns mit dem Beitrag von Ronald Demme in den Vorderen Westen Kassels. Auch hier ist die Geschichte der Stadt ein wesentliches Momentum im Erkenntnisprozess, denn ohne das Engagement des Herrn Aschrott hätte es dieses Viertel der Stadt so nicht gegeben.

2.1 ULRICH KIRSCH: FUNDSTÜCK. KASSEL ALS (HISTORISCHE) TRAUMREISE?

Bei unseren Recherchen fiel uns ein besonderes Fundstück in die Hände. Ein regionales, auf ein Bundesland ausgerichtetes, Schulbuch. Die Gattung der „Heimatkunde" existiert bis heute. Allerdings ist dieser Artikel aus dem Jahre 1929 besonders lesenswert. Der Stadtsparziergang beschreibt das unzerstörte Kassel, welches nach dem 2. Weltkrieg sein Gesicht im Rahmen des Wiederaufbaus grundlegend wandelte.

Der von uns ausgewählte und leicht gekürzte Artikel beschreibt aus der Sicht eines ortskundigen Reiseleiters die Stadt Kassel und versucht inhaltlich, das Wesentliche der Stadt zu beschreiben. Auffällig ist hierbei, dass wie so oft das Besondere, Schöne und Sehenswerte ausschließlich betont wird. Zynisch gesagt, finden wir eine Art der Traumreise vor, die uns durch die Orte der Vorkriegs-Exzellenz führt. Einige dieser Orte haben bis heute ihre herausragende Position behaupten können. Der Artikel von 1929 sollte zum Einen den Besuch der Stadt Kassel ersetzen können, zum andern einen möglichen Besuch der Stadt Kassel ansprechen um zur näheren Besichtigung inspirieren.

Wir haben eine gewagte Veränderung vorgenommen. Die Bilder, auf die unsere Quelle nicht verzichten will, haben wir durch einige selbst angefertigte Aufnahmen aus dem Jahr 2008 ausgetauscht. Dennoch verlieren die Bilder nicht ihre Funktion. Sie veranschaulichen Orte und regen auf der Basis der Realität die Fantasie an. Gleichzeitig wird die Sehnsucht geweckt, sich außerhalb eines rechteckigen Bildausschnittes zu bewegen, um das „Drumherum" zu einem begreifbaren Ort zu verbinden.

Ob es sich lohnt, den Weg einmal selbst zu gehen, bleibt jedem selbst überlassen. Wir erlagen dem Reiz dieser kurzen Reise, die sich nur teilweise die Orte, aber nicht die Zeit mit uns teilt.

Der folgende Text ist aus: Mein Hessenland. Heimatkunde von Hessen-Nassau. Herausgegeben vom Hessischen Volksschullehrer-Verein.

48

Zweite Auflage. Kassel: Kommissions-Verlag der Hessischen Schul-
buchhandlung Rudolf Röttger 1929, Seiten 51 bis 65.)

Kassel wollen wir einen Besuch abstatten. Mit einer der
Bahnen, die von Süden in das
Kasseler Becken einmünden,
fahren wir in den Hauptbahnhof ein. Es ist ein Sackbahn-
hof. Über den Bahnhofsplatz,
auf dem Autos und die elektrische Straßenbahn zur Auf-
nahme für ankommende
Reisende bereitstehen,
schrei- ten wir zur Kurfürsten-
straße. Sie führt uns zum
Friedrich-Wilhelms-Platz, an
den sich der Ständeplatz
anschließt. An ihm steht noch
das schöne kurhessische
Ständehaus. Vom Stände-
platz führt uns die kurze
Theaterstraße auf den
schönsten und größten Platz
Kassels: es ist der Friedrichsplatz. In der Mitte des vier-
eckigen Platzes, der auf drei
Seiten mit Linden bepflanzt
ist, erhebt sich das Standbild
des Landgrafen Friedrichs II,
der vor etwa 150 Jahren den
Platz anlegte.

Dem Denkmal gegenüber steht die ebenfalls von diesem Fürsten gebaute Landesbibliothek, mit vielen Büchern und mit Handschriften aus

jener Zeit, da man noch nicht drucken konnte. An der Südseite des Friedrichsplatzes erhebt sich ein neuer Prachtbau;

es ist das Staatliche Theater. Am Theater vorbei führen uns steile Treppen hinab in einen großen schattigen Park, wie ihn nur wenige Großstädte besitzen. Er heißt nach seinem Urheber Karlsaue, auch kurz „Die Aue". Mit Bewunderung schauen wir die großartigen Anlagen, von denen hier nur das Orangerieschloss, der große Aueteich und die Insel Siebenbergen genannt seien. Kein Hessenkind aber sollte diesen Park verlassen, ohne das an der Nordseite errichtete „Hessendenkmal" zu besuchen. Ein schlafender Löwe erinnert an die tapferen Hessen, die vor mehr als hundert Jahren hier und auf dem Forst erschossen wurden, weil sie sich gegen die Franzosenherrschaft aufgelehnt hatten. Nicht weit davon hat man in einer Terrassenanlage den Gefallenen des Weltkriegs ein Ehrenmal errichtet.

In der Voraue hat man eine mustergültige Anlage geschaffen, die der körperlichen Übung und dem Sport dient, die Hessenkampfbahn (Stadion). Über den hochgelegenen Nordrand der Aue führt eine Straße, die wegen ihres schönen Ausblicks bis zum Meißner hin, mit Recht „Schöne Aussicht" heißt.

An ihrem Ende liegt ein Sandsteinbau, der die weltberühmte Gemäldesammlung Kassels umschließt. Sie enthält über 800 Bilder berühmter, namentlich niederländischer Maler. Am Nordrande steht das Auetor (Siegesdenkmal von 1870/71). Hier sehen wir rechts vor uns das über dem steilen Fuldaufer errichtete Regierungs- und Gerichtsgebäude. Nach links führt ein kurzer Weg am Theater vorbei zurück nach dem Friedrichsplatz. Wir überschreiten diesen, um in der Königsstraße unseren Gang fortzusetzen. Die Königsstraße ist die schönste und belebteste Straße Kassels. Sie hat ihren Namen nach dem Landgrafen Friedrich I, der zugleich König von Schweden war. Sie führt uns rechts nach dem kreisrunden Königsplatz. (Sechsfaches Echo.)

Wir verlassen den Platz an der Hauptpost und betreten nun die Untere Königsstraße. Wo diese in die Holländische Straße übergeht, erblicken wir rechts die gewaltige Fabrikanlage von Henschel. Die Untere Königsstraße wird von der Hedwigstraße gekreuzt.

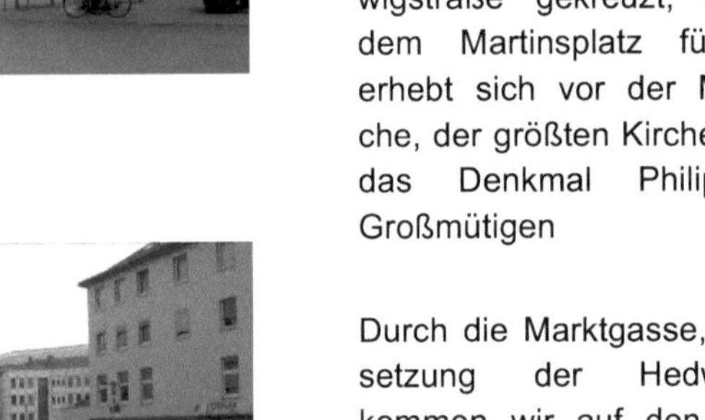

Wo diese in die Holländische Straße übergeht, erblicken wir rechts die gewaltige Fabrikanlage von Henschel. Die Untere Königsstraße wird von der Hedwigstraße gekreuzt, die nach dem Martinsplatz führt. Hier erhebt sich vor der Martinskirche, der größten Kirche Kassels, das Denkmal Philipps des Großmütigen

Durch die Marktgasse, der Fortsetzung der Hedwigstraße, kommen wir auf den Altmarkt, den Mittelpunkt Alt-Kassels. Die mittelalterliche Städtebauart ist in diesem Stadtteil mit seinen engen Gassen gut erhalten. Vom Altmarkt führt die Fuldabrücke in die am rechten Fuldaufer gelegene Unterneustadt. Doch gehen wir zurück auf den Königsplatz. Von hier führt uns nach Südwesten die Obere Königsstraße an dem neuen Rathaus vorbei.

Es ist eines der schönsten Rathäuser in Deutschland. Den Abschluss der Oberen Königsstraße bildet der Wilhelmshöher Platz, an dem das Landesmuseum und das Oberpräsidium (Verwaltungsgebäude des Oberpräsidenten) stehen.

Das Landesmuseum enthält kostbare Sammlungen aus allen Zeiten. Da sieht man Fahnen, Waffen und Uniformen der früheren kurhessischen Armee, auch wertvolle Porzellan-, Gold- und Silbersachen, die einst im Besitz hessischer Fürsten waren. Wenn man durch die vielen Säle und Zimmer schreitet, sieht man, was die Menschen früherer Zeiten Wertvolles geschaffen haben. Zwei Zimmer sind genau so eingerichtet worden wie die Stuben in einem Schwälmer Bauernhause.

Vom Wilhelmshöher Platz führt nach Westen die Wilhelmshöher Allee in schnurgerader Linie durch den Stadtteil Wehlheiden (Strafanstalt) zum Schloss Wilhelmshöhe.

Nicht zu allen Sehenswürdigkeiten Kassels führte uns unser Rundgang. Erwähnt sei noch folgendes: Kassel hat 16 evangelische und 4 katholische Kirchen, eine Akademie der Bildenden Künste und etwa 50 Schulen.

Kassel ist eine alte Stadt. Im Jahre 1913 haben die Bewohner das Fest des tausendjährigen Bestehens gefeiert. In einem Schriftstück König Konrads I vom Jahre 913 wird zum erstenmal der Königshof Chassalla genannt. Er lag wahrscheinlich da, wo heute das Regierungs- und Gerichtsgebäude steht. Das war der Anfang der heutigen Großstadt Kassel. Ums Jahr 1200 war diese Siedlung schon zu einem Landstädtchen angewachsen. Als bald darauf die Landgrafen Kassel zu ihrer Residenz wählten, ging es rasch aufwärts. Die kunstsinnigen hessischen Fürsten habe sehr viel dazu beigetragen, dass sich Kassel zu einer der schönsten Städte Deutschlands entwickelte. Besonders hat es dies dem Landgrafen Karl zu danken. Die Namen der einzelnen Stadtteile (Altstadt, Unterneustadt, Freiheit, Oberneustadt) deuten das allmähliche Anwachsen der Stadt an.

Jetzt, nachdem die Orte der Umgebung (Wehlheiden, Wahlershausen, Kirchditmold, Rothenditmold und Bettenhausen) eingemeindet worden sind, ist es eine Großstadt mit mehr als 162 000 Einwohnern. Neben der Fürsorge seiner Fürsten verdankt Kassel sein Emporblühen besonders

seiner günstigen Lage. Im Kasseler Becken stoßen natürliche Verkehrswege von allen vier Himmelsrichtungen zusammen. An die alten Handelsstraßen erinnern uns noch folgende Straßennamen in Kassel: Leipziger Straße (von Sachsen und Thüringen kommend), Frankfurter Straße (von Süddeutschland durch die hessische Senke), Holländische Straße (von Westfahlen her) usw. Heute laufen aus der Richtung dieser natürlichen Verkehrswege Eisenbahnen (im ganzen neun Bahnlinien) nach Kassel. Dazu liegt Kassel an einem schiffbaren Flusse. Der Wasserweg der Fulda ist seit 1895 von Kassel bis Münden ausgetieft (kanalisiert), so dass jetzt Weserschiffe bis zu 360 t und 1,40 m Tiefgang bis zum Kasseler Hafen fahren können (Edertalsperre!).

Talgüter (also von Kassel nach Bremen) gehen ab: 1. Ton und Tonwaren (Großalmerode-Waldkappeler Bahn-Hafenbahn!) 2. Kalisalze, Schwerspat (Kaliwerke im Werratal!) 3. Pflastersteine („Kasseler Basalt-Industrie", Habichtswald, usw) Berggüter (also von Bremen nach Kassel) kommen an: 1. Getreide (namentlich Mais aus Amerika),

2. Holz (aus Russland). Zündholzindustrie Kassels! 3. Jute (Indien). Spinnereien in Kassel. 4. Petroleum und Kolonialwaren. Die günstige Verkehrslage und die reichen Braunkohlenlager in der Nähe Kassels, sowie die leichte Verbindung mit den westfählischen Kohlenlagern haben Kassel auch zu einer bedeutenden Industriestadt werden lassen. Namentlich das Nord- und Ostviertel sind der Sitz der Industrie. Auch der große Forst ist dafür bereitgestellt. Eine große Munitionsfabrik wurde während des Krieges hier errichtet. Die vielen Gebäude dienen jetzt anderen Zwecken.

Die große Salzmannsche Segeltuchfabrik und eine bedeutende Jutespinnerei führen jährlich Waren für viel Millionen aus. Die Kasseler Zündholzindustrie ist allerwärts bekannt.

Die Fabrik von Henschel ist die größte Lokomotivfabrik Europas. Erwähnt seien noch die beiden Wagonfabriken Credé (Niederzwehren) und Wegmann (Rothenditmold), die größte Lokomotivfabrik Europas.

Die Entwicklung der neuesten Zeit hat Kassel auch einen neuen Industriezweig gebracht. Es sind die Raab-Katzenstein Flugzeugwerke. Hier werden Flugzeuge, Kleinluftschiffe, Motoren und Stahlmöbel hergestellt. Die Erzeugnisse haben einen guten Ruf und gehen ins Ausland, sogar bist Ostasien.

Zu dem Werk gehören Fliegerschulen in Kassel, Düsseldorf und Berlin. Flugveranstaltungen im In- und Auslande machen die Erfindungen der Firma (Schleppzug der Luft) und die Namen ihrer kühnen Flieger (Fieseler) bekannt.

Von Bedeutung ist auch die Luftbildabteilung, der unser Buch manche Aufnahme verdankt. Die Firma Henschel und Sohn in Kassel ist aus einer im Jahre 1810 von Georg Christian Karl Henschel gegründeten Stückgießerei und Maschinenfabrik hervorgegangen und hat sich seit ihrem Bestehen stets vom Vater auf den Sohn vererbt.

Im Jahre 1848 wurde die erste Lokomotive „Drache" an die damalige Friedrich - Wilhelm - Nordbahn geliefert. Unter ständiger Erwerbung von Nachbargrundstücken und Gebäuden zur Erweiterung der Werkstätten stieg im Laufe der Zeit die Zahl der Angestellten und Arbeiter ganz erheblich. Im Jahre 1890 betrug die Zahl der Beschäftigten 1 900, 1910 waren es 5 000, und im Jahre 1922 sogar über 10 000. Im Jahre 1878 wurde die tausendste, 1910 die zehn-tausendste und 1923 die zwanzigtausendste Lokomotive abgeliefert.

Anfang des vergangen Jahres wurde die 21 000. Lokomotive fertig gestellt. Die Lokomotivfabrik ist mit einer jährlichen Leistungsfähigkeit von etwa 1200 großen Rollbahn-Lokomotiven die größte in Europa.

Außer Lokomotiven werden in den ausgedehnten Werken Lastkraftwagen, Omnibusse und Straßenbaumaschinen hergestellt. In letzter Zeit wurden die Werke durchgehend nach neuzeitlichen Grundsätzen ausgebaut.

Außerdem wurde 1904 das Eisen- und Stahlwerk Henrichshütte in Hattingen (Ruhr) erworben und für die Bedürfnisse der Lokomotivfabrik nach den neuesten Gesichtspunkten umgebaut. Es ist heute eines der größten und besteingerichtetsten Eisen- und Stahlwerke des Ruhrgebietes. Durch den Besitz des eigenen Hüttenwerks ist die Firma Henschel und Sohn in der Lage, die Beschaffenheit und Lieferung der Rohmaterialien und Halbfabrikate selbst zu überwachen. Sie erhält dadurch auch eine gewisse Unabhängigkeit. In gleichem Sinne wirkt der Besitz eigener Kohlen- und Erzgruben. Die Kasseler Werke zerfallen in drei Abteilungen, das Kasseler, Rothenditmolder und das Werk Mittelfeld. Sie sind zwar räumlich getrennt, haben jedoch Gleisanschluss untereinander und Anschluss an die Staatsbahn. Die Firma ist seit dem 1. Januar 1929 eine Aktiengesellschaft.

Im Westen von Kassel liegt Wilhelmshöhe. Dort ist ein ganzer Berg des Habichtswaldes, der Karlsberg, in einen herrlichen Park umgewandelt worden, in dem man neben unseren Waldbäumen auch allerlei fremdländische Bäume sieht, wie Platanen, Zedern und echte Kastanien. Doch oben auf dem Berge thront der Herkules, „der große Christoffel". Gar manches Hessenkind hat den Riesen schon von den Aussichtspunkten seiner Heimat gesehen, auch wenn es viele Stunden von Kassel entfernt wohnt. Schon 200 Jahre steht er auf seinem Riesenschlosse. Von Kassel aus hat man es bequem hinaufzukommen.

Eine elektrische Bahn fährt vom Königsplatz durch die Wilhelmshöher Allee bis zum Schloss Wilhelmshöhe. Von da hat man noch über eine halbe Stunde zu gehen, bis man am Herkules ankommt. Wer den ganzen Weg fahren will, steigt am Kirchweg in eine andere Elektrische, die Herkulesbahn. Sie fährt durch das schöne Druseltal und steigt immer höher bis hinter das Riesenschloss. Auf einem 30 m hohen, achteckigen Bau, dem Oktogon, erhebt sich eine 30 m hohe Spitzsäule oder Pyramide, auf dieser steht der Herkules. Er ist aus Kupferblech getrieben und beinahe 10 m hoch. Man kann in dem Bau in die Höhe steigen und sogar auf einer Leiter in die Keule des Riesen gelangen. Sie ist so groß, dass sie sechs Personen aufzunehmen vermag, und hat ein Fensterchen, von dem man einen herrlichen Blick in die Umgebung und in die weite Ferne hat.

Wer an einem Sonntag im Sommer die Wilhelmshöhe besucht, kann von ½ 4 Uhr ab die Wasserkünste bewundern, die am Herkules beginnen. Über eine gewaltige Steintreppe, die tischhohe Stufen hat und 250 m lang ist (Kaskaden), lässt man einen mächtigen Wasserstrom fließen. Die Zuschauer gehen meist auf den 842 Treppenstufen zu beiden Seiten der Riesentreppe mit dem Wasser. Wenn man der Menschenmenge folgt, dann gelangt man nach einigen Minuten an den Steinhöferschen Wasserfall. Von da geht es über die Teufelsbrücke zum Aquädukt, der Nachbildung einer römischen Wasserleitung, deren Wasser über 40 m tief in eine Felsenschlucht hinabstürzt. Einen prachtvollen Anblick gewährt die große Fontäne, ein mächtiger Springbrunnen, der sein Wasser über 50 m hoch emporschleudert. Den Schluss der Wasserkünste bildet der neue Wasserfall. Auch an jedem Mittwoch im Sommer sind die Wasserkünste (außer den Kaskaden und dem neuen Wasserfall) zu sehen. Inmitten der Anlagen, umgeben von frischen Rasenteppichen und farbenprächtigen Blumenbeeten, liegt das Schloss Wilhelmshöhe, das seinen Namen dem Erbauer, Kurfürst Wilhelm I verdankt. Sehr sehenswert ist auch die Löwenburg, von der man denken könnte, sie stamme aus dem Mittelalter. Doch ist sie nicht viel über 100 Jahre alt. Auch sie entstand unter Kurfürst Wilhelm I, der in der Burgkapelle seine letzte Ruhestatt gefunden hat.

Wegen seiner herrlichen Anlagen und der erquickenden Waldluft ist Wilhelmshöhe als Luftkurort ein Hauptanziehungspunkt für Fremde, für Gesunde und Erholungsbedürftige. Die Elektrische bringt uns aus tiefster Waldesstille in kurzer Zeit wieder mitten hinein in das Getriebe der Großstadt.

Der Vorort Niederzwehren ist fast ganz mit Kassel verschmolzen. Vor etwa hundert Jahren lebte hier die „Märchenfrau" Dorothea Viehmann. Die Brüder Grimm haben während ihres Aufenthaltes in Kassel all die schönen Märchen, welche diese einfache, aber hoch begabte Frau aus dem Volke ihnen erzählte, aufgeschrieben. Das frühere ländliche Kirchdorf ist heute ein blühendes stadtähnliches Gemeinwesen und durch elektrische Bahn an Kassel angeschlossen.

Bekannt ist die große Waggonfabrik der Gebrüder Credé. Währen des Krieges war bei Niederzwehren ein großes Gefangenenlager. Von Bedeutung für das nördliche Hessen ist die Obstbauanstalt in Oberzwehren. Harleshausen, im Nordwesten von Kassel, hat eine landwirtschaftliche Versuchsstation. Dort kann man z.B. das Trinkwasser, die Milch, das Viehfutter und die Düngemittel untersuchen lassen. Auch wird Auskunft erteilt, wie die verschiedenen Bodenarten am besten ausgenutzt werden können, wie man Pflanzenkrankheiten bekämpft usw. Wo die Fulda das Kasseler Becken verlässt, liegt Wolfsanger. Mit einem vielbesuchten landwirtschaftlichen Seminar. Auf der Höhe bei Sandershausen war im Siebenjährigen Kriege (23. Juli 1758) eine Schlacht zwischen Hessen und Franzosen.

2.2 ANNEGRET LUCK: ARBEITERSIEDLUNGEN – EINE EXKURSION ZUM ROTHENBERG

Wohin wird die Exkursion gehen?

Die Exkursion sollte im Rahmen des Seminars *„Arbeitersiedlungen – räumliche und soziale Strukturen von urbanem Raum"*, im Sommer 2005 an der Universität Kassel unter der Leitung von Armin Chodzinski, stattfinden. Wir haben zunächst recherchiert, wo es in Kassel Arbeitersiedlungen im klassischen Sinne geben könnte. In der Literatur werden zahlreiche Siedlungen erwähnt, auf die der im Seminar entwickelte und konkretisierte Begriff zutreffen könnte[5].

Arbeitersiedlungen lassen sich unterteilen in solche, die durch Kasseler Firmen und solche, die durch Genossenschaften (oft auch im Auftrag der Stadt) gebaut wurden. Zur ersten Gruppe gehören Salzmannshausen und durch die Firma Salzmann gebaute Häuser entlang der Sandershäuser Straße. In Rothenditmold, am Wolfsanger, am Ostring und in der Nähe des Holländischen Platzes sind noch Reste der Henschelsiedlungen zu finden. In Vellmar West soll sich auch eine von Krupp gebaute Siedlung befinden. Durch Genossenschaften sind Arbeitersiedlungen an der Eisenschmiede, an der Ysenburgstraße, in der Heinrich-Heine-Straße und am Rothenberg in der Nähe der Wiener Strasse entstanden.

Durch die Vorbereitungen für die Exkursion sind wir aufmerksamer bei unseren täglichen Wegen durch die Stadt geworden. In unserer Gruppe wurden auch Stadtteile oder Gebiete als Exkursionsziel diskutiert, die nicht unbedingt als Arbeitersiedlungen im engeren Sinne verstanden werden können. So nahmen wir bei einer Besichtigung auch die Unterneustadt, die erst ab Ende der 90er Jahre, lange nach der Zerstörung im Zweiten Weltkrieg wieder bebaut wurde, unter die Lupe. Die Unterneustadt entspricht überhaupt nicht dem Bild einer Arbeitersiedlung und ist

---

[5] vgl. Berensmeyer, G. / Köppe, H.J. (1979): *Die Siedlungs- und Wohnungsbauentwicklung in Kassel*. Gesamthochschule Kassel

auch nicht als solche geplant. Vielmehr hat man hier ein recht aktuelles Beispiel für ein Wohnkonzept, das gerade nicht auf eine bestimmte Bevölkerungsschicht zugeschnitten sind, sondern Luxuswohnungen und Sozialwohnungen mehr oder weniger unter einem Dach unterbringen soll. Hier, in der „neuen" Unterneustadt, hätte man untersuchen können, inwieweit dieses Konzept aufgeht, wie die Gestaltung der Wohnungen und Häuser mit einem möglichen heutigen Lebensstil zusammenpasst, für wen Wohnen in dieser Lage (direkt an der Fulda, zentral) attraktiv sein könnte, und so weiter ... In diesem Sinne wäre eine Exkursion in die Unterneustadt dann eher eine Transferexkursion geworden.

Schließlich entschieden wir uns aber dann doch für das Wohngebiet am Rothenberg, wobei uns hier nicht die relativ bekannten, denkmalgeschützten Stahlbauten interessierten, sondern die zweistöckigen hufeisenförmig um größere Wiesen-Hinterhöfe gebauten Mietshäuser an der Wiener Straße. Bei der ersten Besichtigung der Anlage waren wir von dem Aufbau der Anlage und ihrer Abgeschlossenheit und von den im Hinterhof teilweise abgegrenzten Privatgärten beeindruckt. Wir erfuhren von einem Anwohner, dass die Privatgärten wohl zu den Häusern gehören, welche die Wohnungsbaugenossenschaft verkauft hat. Einige der Häuser gehören auch heute noch der Genossenschaft, von welcher die Gebäude 1926 gebaut wurden und werden auch heute noch von ihr verwaltet. Die Wohnungen und Häuser, die nicht in Privatbesitz übergegangen sind, werden heute noch, wie ursprünglich geplant, vermietet.

Unsere Recherchen zur Wohnanlage am Rothenberg haben ergeben, dass sie 1926 von den Architekten Karl Wittrock und Baecker & Sirrenberg im Auftrag der 1918 gegründeten *„Casseler Wohnungsfürsorge GmbH"* mit der Stadt Kassel als Gesellschafter gebaut wurden. Diese Gesellschaft trägt heute den Namen GWG – Gemeinnützige Wohnungsbausgesellschaft der Stadt Kassel mbH – und diese verwaltet neben der Wohnanlage am Rothenberg nach wie vor zahlreiche ähnliche Anlagen in und um Kassel.

Der Bau der Rothenbergsiedlung kann vor dem Hintergrund des Gedankens verstanden werden, dass die Arbeiter mit günstigem Wohnraum durch die Stadt versorgt werden sollten. Der durch die Industrialisierung entstandene Wohnungsmangel, vor allem in Bezug auf bezahlbare

Wohnungen, im 19. und beginnenden 20. Jahrhundert in der Stadt Kassel führte dazu, dass die Masse der Arbeiter in den denkbar schlechtesten Wohnverhältnissen leben musste. Die alte Wohnbebauung in der Altstadt war beengt, feucht, dunkel und kalt. Die bereits im 19. Jahrhundert aufgekommene „Wohnungsfrage", führte neben der Gründung von Arbeiterbauvereinen und dem oben erwähnten Bau von Werkswohnungen zur Entwicklung des städtischen Wohnungsbaus.

Für den Bau von Arbeitersiedlungen gab es unterschiedliche Motive, die sich auch in der Gesamtgestaltung und der Architektur niederschlagen. Für den *städtischen* Arbeitersiedlungsbau stand der Begriff der „Sozialhygiene" im Vordergrund. Ein Schwerpunkt lag hier auf einer ausreichenden Versorgung der Wohnungen mit sanitären Anlagen, Belüftungsmöglichkeiten und hellen Räumen, die der Gesundheit der Bewohner förderlicher sein sollten, als die feuchten, dunklen Kellerwohnungen in den engen Altstadtquartieren. Daneben versuchte man, durch den Bau von günstigen Kleinwohnungen die gängige Praxis der „Schlafgänger" einzudämmen. Über die Hälfte aller Metallarbeiter in Kassel hatte keine eigene Wohnung, sondern mietete sich lediglich eine Schlafstätte. Diese Praxis widersprach allen bürgerlichen Wertevorstellungen.

Die Häuser der Rothenbergsiedlung sind zweigeschossig und bieten pro Etage eine recht kleine Wohnung von ca. 40 qm, die über eine Treppe im Hausflur zugänglich ist. Dahinter könnte das Ziel gestanden haben, Arbeiterfamilien preiswerte kleine Wohnungen zu bieten. Die Aufteilung der Wohnung, mit grundsätzlich einem Zimmer als Durchgangszimmer, scheint auch nur für Familien oder Paare geeignet zu sein. Für eine Nutzung als Wohngemeinschaft ist eine solche Aufteilung eher weniger günstig. Im Wohnungszuschnitt spiegelt sich so eine christlich-bürgerliche Vorstellung von privatem Ehe- und Familienleben.

Die Häuser der Siedlung sind hufeisenförmig um eine gemeinsame große Wiesenfläche, die früher dem Wäschebleichen dienen sollte, angelegt. Diese kahle, von allen Häusern aus einsehbare Fläche ist heute zum Teil mit Garagen bebaut. Als wirkliche „Gemein-Fläche" wird dieser Zwischenraum nicht mehr genutzt, denn durch die Parzellen einzelner Hauseigentümer, die der GWG außer dem Haus auch ein Stück umgebende Rasenfläche abgekauft haben, wird „privat" von „öffentlich" wieder fein säuberlich getrennt. In einem zweiten Teil der Siedlung ist die Freifläche zwischen den Häusern anscheinend schon vor einiger Zeit durch üppige Anpflanzungen von Bäumen umgestaltet worden.

Konkrete Planung der Exkursion

Durch ein Gespräch mit Angestellten der GWG stellte sich auch bald heraus, dass die Wohnungsbaugesellschaft uns ermöglichen konnte, leerstehende Wohnungen eines Hauses mit der gesamten Studentengruppe zu besichtigen. Somit mussten wir nicht auf abstrakte Grundrisszeichnungen und Quadratmeterzahlen zurückgreifen, um uns Gedanken und Vorstellungen über mögliche Formen der Nutzung zu machen. Von einer direkten Begehung der Wohnung versprachen wir uns einen tieferen Einblick in die materiellen Rahmenbedingungen dieser Form des Wohnens. Befanden wir uns in der Wohnung, konnte man sich vielleicht besser eine Vorstellung davon machen wie das Wohnen hier stattfand.

Im Seminar lag der Schwerpunkt der Betrachtung eher darauf, wie bestimmte Denkweisen und Vorstellungen in konkrete Architektur „übersetzt" werden. Mit der Exkursion wollten wir genau das Gegenteil versuchen: Vielleicht ließ sich in Erfahrung bringen, wie sich die festen Mauern einer Wohnung in die Vorstellungen und Lebensweisen potenzieller Mieter einfügen.

Hierzu sollten die Teilnehmerinnen und Teilnehmer der Exkursion in die Rolle von wohnungssuchenden Mietern schlüpfen und wir als Exkursionsleiter in die Rollen der Vermieter. Angeregt durch die Räume der Wohnung sollten die Exkursionisten ihre Version einer Möblierung, in einen vorbereiteten Plan einzeichnen.

Die Wohnung, die wir zur Besichtigung zur Verfügung gestellt bekommen hatten, war leer und noch nicht saniert worden. Uns erwarteten verschimmelte Wände, schmutzige Böden und sanitäre Anlagen aus den 1950er Jahren. Für die Besprechung der Ergebnisse konnten wir uns aber in die obere Etage zurückziehen. Die Wohnung im ersten Stock war im Gegensatz zum Erdgeschoss komplett saniert. Erst hier wollten wir den rollenspielartigen Beginn der Exkursion aufheben. Die Teilnehmerinnen und Teilnehmer sollten dann beide Wohnungen miteinander vergleichen und wir wollten darüber reden, wer hier 1930 hätte wohnen sollen. Wir wollten auch „abfragen", ob und aus welchen Gründen sich die Exkursionisten vorstellen könnten, selbst hier zu wohnen.

Mit der ersten Aufgabenstellung, dem Einzeichnen der Möblierung in den Plan, verlangten wir von den Teilnehmerinnen und Teilnehmern also eine konkrete Beobachtung in Verbindung mit einer Kartierungsübung. Die Frage nach der Wohnsituation um 1930 sollte direkt an bearbeitete Inhalte des Seminars anknüpfen. Dieser Teil der Exkursion diente also der „Sicherung" von bereits Gelerntem. Der letzte Teil der Aufgabenstellung, die Aussage darüber, ob man sich selbst vorstellen könnte, hier zu wohnen, sollte auch dazu dienen, die heutigen Ansprüche an Wohnraum sichtbar zu machen.

Zum Abschluss wollten wir die Teilnehmerinnen und Teilnehmern der Exkursion vorschlagen, sich auf einem bestimmten Weg durch den Hof der Siedlung zu bewegen. Sie sollten sich selbst und die Umgebung dabei beobachten. Bei unserer Vorbereitungsbesichtigung ist uns die Gestaltung dieses Geländes besonders aufgefallen und der „offene" Innenhof sollte zum Abschluss noch dem mit Bäumen bepflanzten Hof nebenan vergleichend gegenübergestellt werden.

Die Durchführung der Exkursion

Die Vorbereitungsgruppe traf sich am Tag der Exkursion schon vor dem offiziellen Beginn, damit wir unsere GWG - Namensschilder anstecken und in unsere Rolle als Vermieter schlüpfen konnten. Außerdem mussten wir uns ja die zu besichtigende Wohnung vom wirklichen GWG - Mitarbeiter öffnen lassen. Die Exkursionisten, jetzt ja aus unserer Perspektive „Mieter", sind (wie das zu einem Wohnungsbesichtigungstermin üblich ist) selbständig erschienen. Wenn nicht eine Woche vorher bereits eine Exkursion in die Nachbarschaft stattgefunden hätte, wäre der Aspekt der „Wohnungssuche" vielleicht noch etwas deutlicher geworden.

Nach einer förmlichen Begrüßung unsererseits begaben sich die Studierenden, ausgestattet mit einem Plan, in den sie ihre Möblierungsvorschläge einzeichnen sollten, in die Wohnung. In den spontanen Gesprächen untereinander kamen teilweise Ekel und Erschütterung über den Zustand der Wohnung zum Ausdruck. Uns schien es, als würde der Ort durch den Verstoß gegen gewohnte Hygienevorstellungen eine noch stärkere Wirkung bekommen. In der oberen Etage schien man sich wohler zu fühlen. Gewissenhaft wurden die Aufgaben in Zweiergruppen abgearbeitet. Auf dem Dachboden angelangt, wurden zunächst die eingezeichneten Möblierungs- und Funktionsvorschläge für die unteren Wohnungen verglichen. Auffällig war dabei, dass die Vorschläge recht ähnlich waren. Fast alle waren sich einig, welcher Raum dem Schlafen und welcher dem Wohnen und Arbeiten vorbehalten sein sollte. Meist wurde dies durch die Lichtverhältnisse begründet. Die Küche wurde grundsätzlich in dem zum Teil mit Wandfliesen versehenen Raum gesehen. Bei dem schriftlich zu beantwortenden Vergleich beider Wohnungen sind ausgesprochen viele Details entdeckt worden, demnach hat also eine genaue Beobachtung stattgefunden. Dass die grobe Einteilung der Wohnung kaum verändert worden ist, ist vielleicht nicht so deutlich zum Ausdruck gekommen.

Aus den Antworten auf die zweite Aufgabenstellung ergab sich ein sehr starker Kontrast zwischen der Vorstellung, wer 1930 hier gewohnt haben könnte und wer heute hier einziehen könnte. Für 1930 überwog die Vorstellung von Arbeiterfamilien mit zwischen zwei und vier Kindern, man konnte sich sogar vorstellen, dass der Keller bewohnt gewesen ist. Heute dagegen sah man die besichtigte Wohnung von Alleinstehenden, Paaren oder Studenten bewohnt. Die obere Wohnung wurde als eher für Familien (mit zwei Kindern) geeignet beschrieben, da Kinder im Dachgeschoss ihr eigenes Zimmer hätten haben können. Bei dieser Einschätzung spielte es sogar eine Rolle, dass die beiden Zimmer im ausgebauten Dachgeschoss in etwa gleich groß waren, da sich so Streitigkeiten zwischen den Geschwistern umgehen ließen. Auch ein „Drei-Generationen-Haus," mit Großeltern im Erdgeschoss, den Eltern in der Mitte und Kindern im Dachgeschoss, wurde vorgeschlagen.

Ich war erstaunt, dass die Kluft zwischen der „Wohnungsbelegung" früher und heute als so groß dargestellt wurde. Vielleicht kam es auch daher zu Diskussionen, wie groß Kinderzimmer zu sein hätten oder ob jedes Kind ein eigenes Zimmer haben müsse. Während mir persönlich der rohe, noch sehr gut veränderbare Zustand der untersten Wohnung besser gefallen hätte, als die bereits renovierte Wohnung im oberen Stockwerk, haben fast alle Exkursionisten in der Auswertungsphase erzählt, dass sie lieber in die obere Wohnung einziehen würden. Als Gründe hierfür wurden sowohl der bessere bauliche Zustand der Wohnung (vorhandene Heizung und funktionstüchtiges Badezimmer) angeführt, als auch die besseren Lichtverhältnisse und die bessere Raumaufteilung. Außerdem könne hier leichter eine WG eingerichtet werden.

Auf dem Arbeitsblatt zur Wirkung der Wiesenfläche im Innenhof wurden von den Teilnehmerinnen und Teilnehmern zusammenfassend folgende Stichpunkte notiert:

Wäscheleinen - keine Sitzgelegenheiten im Innenhof - „Stadtmauer" - Garagen - Fußballplatz - bereits privat angeeignet - jeder stellt seinen Jägerzaun auf => weniger Gemeinschaftsfläche – zum Teil aber auch Gestaltung durch Pflanzen, offener

Im anschließenden Gespräch wurde vor allem die Abgrenzung der jetzt zu Privateigentum umgewandelten Flächen durch Zäune thematisiert, aber auch die als „leer" und „offen" wahrgenommene Wiesenfläche. Als Kontrast hierzu wurde dann im Folgenden auch der benachbarte, mit Bäumen bepflanzte Innenhof dargestellt. Nach dem Ende der Exkursion hielten sich einige der Teilnehmerinnen und Teilnehmer selbstständig noch eine Weile hier in der Wohnsiedlung auf, um dann gemeinsam zur Bushaltestelle zu gehen.

Ein kritischer Rückblick

Beim nächsten Mal könnten wir etwas mutiger sein, und nach genauer Absprache einen „echten" GWG - Mitarbeiter die Rolle übernehmen lassen, die wir als Vorbereitungsgruppe gespielt haben. Dadurch wäre der Besuch des Hauses vielleicht authentischer gewesen.

Die Kartierungsübung der unteren Wohnung hätten wir besser direkt „vor Ort" besprochen, da sich herausgestellt hat, dass die angefertigten Pläne doch sehr unterschiedlich waren. Einzelne Teilnehmer hätten direkt in der unteren Wohnung ihre „Einrichtungsvorschläge" viel besser veranschaulichen können.

Die Vorstellungen über Hygiene, die wirklich häufig während der Exkursion geäußert wurden, hätten besser an die Seminarinhalte rückgekoppelt werden müssen. Man hätte zeigen können, dass unhygienische Zustände erst im Verlauf des 19. Jahrhunderts als Ursache von Krankheiten erkannt worden sind. Mit dem Begriff der „Sozialhygiene", diesem wichtigen Thema des städtischen Siedlungsbaus, wurde ja vor allem den großen Volkskrankheiten und der hohen Säuglingssterblichkeit der Kampf angesagt. Mit unserem persönlichen Ekel vor Stockflecken hat das nur bedingt etwas zu tun.

Im Rückblick finde ich es eher ungeschickt, dass wir nach den Vorstellungen der Wohnnutzung um 1930 gefragt haben und dabei keine weiteren Informationen vorher hatten finden können, somit auch nicht zur Verfügung stellen konnten. Wir hatten überhaupt keine Vorstellung davon, in welchen Verhältnissen die meisten Familien *vor* dem Einzug in die Arbeitersiedlungen gewohnt haben. Es wäre gut gewesen, wenn wir ein paar Zahlen hätten liefern können – und wenn es auch nur Quadratmeter gewesen wären. Die von den Teilnehmerinnen und Teilnehmern geäußerten, zum Teil sehr festen Vorstellungen über „angemessene" Wohnungs- und vor allem Kinderzimmergrößen, fand ich persönlich interessant und überraschend. An dieser Stelle hätte man gut noch tiefer in die Thematik des „guten" Wohnens einsteigen können.

Generell lässt sich sagen, dass die Exkursion eine Verbindung zwischen den theoretischen Texten, die im Seminar besprochen wurden, und einem real existierenden Raum geschaffen hat. Dass sich die von uns bereits vorgefundene Gestaltung von Wohnraum auf dessen mögliche Nutzungen auswirkt, haben die Ergebnisse aus der Kartierungsübung deutlich belegt. Fast alle Teilnehmerinnen und Teilnehmer sind zu ganz ähnlichen Ergebnissen gekommen.

Es war sehr sinnvoll, die leerstehenden Wohnungen zu besichtigen, da weder die Größe, noch beispielsweise die Lichtverhältnisse anhand von Fotos oder Plänen wirklich „erfahren" werden können. Die „Atmosphäre" der Wohnung lässt sich nun einmal nicht durch den Einsatz von Medien vermitteln. Eine persönliche Vorstellung von Wohnen lässt sich vor Ort viel besser erzeugen und in das eigene Nachdenken einbinden, als völlig vom betreffenden Ort losgelöst irgendwo in einem Seminarraum. Zudem denke ich, dass ganz persönliche Einstellungen über „richtiges" Wohnen dabei viel eher in die Gespräche eingeflossen sind, als das in der Uni der Fall gewesen wäre.

Die Auswahl des Exkursionsziels halte ich für sehr wichtig. Neben der zu bearbeitenden Thematik würde ich bei der Wahl des Exkursionsortes auf den Grad der „Wirkungsintensität" achten. Demnach ist gerade die halb verschimmelte, unrenovierte Wohnung für eine Besichtigung besonders geeignet. Sie ist zwar weniger behaglich und lädt vielleicht noch nicht wirklich zur Einrichtung einer Wohnsituation ein, macht die Besucher aber eher betroffen und bietet somit einen anregenden Störfaktor.

Vielleicht hätte man noch versuchen können, mehr Kontakt zu Bewohnern dieser Siedlung herzustellen. Als sehr anregend empfand ich auch das Gespräch über die Gestaltung des Hofes. Die kahle, aus allen Fenstern der Wohnungen rundum einsehbare Fläche erschien mir wie eine räumliche Umkehrung des durch Michel Foucault analysierten Panopticums von Jeremy Bentham. In dieser panoptischen Konzeption werden die Insassen der Zellen, die sich im Außenring des Gebäudes befinden, von einem „unsichtbaren" Beobachter im Zentrum gesehen[6]. Die Wie-

---

[6] vgl. Foucault, M. (1994): Überwachen und Strafen. Von der Geburt des Gefängnisses. Suhrkamp: Frankfurt a.M.

senfläche der Wohnanlage ist dagegen aus jedem Wohnhaus komplett zu überschauen, ohne dass die Bewohner hinter ihren Gardinen von draußen gesehen werden können. Das Thema der „sozialen Kontrolle" hätte hier gut angeknüpft werden können, denn an den Garagenwänden sind beispielsweise keine Grafitti zu sehen.

Allgemeine Rückschlüsse auf meine Vorstellung von Exkursionen

Theoretischen Hintergründen, wie denen über Sozialhygiene oder die soziale Kontrolle, kann mit einer Exkursion kaum erschöpfend nachgegangen werden. Die Bearbeitung solcher Themen kann kaum als ein Punkt unter vielen anderen Mal so „nebenbei" angegangen werden, weil dann kein wirkliches Interesse an diesem Thema hervorgerufen werden kann. Vielmehr sollte die Exkursion als Anregung fungieren, sich mit solchen Themen eingehender zu beschäftigen.

Damit müsste nun auch die Funktion einer Exkursion zur „Absicherung" von bereits Gelerntem in Frage gestellt werden. Auch eine so genannte *Sicherungsexkursion* wirft meiner Meinung nach so viele neue Fragen auf, dass ich mir schlecht vorstellen kann, wie das Erfahren der realen Umgebung theoretische Überlegungen „bestätigen" kann. Mit einer Exkursion kann eine Sensibilisierung für die Wirkung der räumlichen Umgebung angestrebt werden. Hieran können sich dann auch Fragen nach deren möglichen Hintergründen anschließen. Dafür darf die Exkursion aber nicht als reine Sicherungsexkursion aufgebaut sein, bei der alles durch gelernte Modelle erklärt wird. Exkursionen sollten offenbleiben, um persönliche Erfahrungen zuzulassen und diese auch in weiteres Nachdenken über ein Thema einfließen lassen zu können.

2.3 Andrea Gerhardt: Der Kasseler Hauptfriedhof als Naherholungsgebiet

Im Rahmen meiner Dissertation habe ich mich mit Friedhöfen auseinandergesetzt. Dabei ist mir aufgefallen, dass vor allem von planerischer Seite her die Friedhofsflächen im Stadtgebiet gern mit einer Doppel- oder Zusatzfunktion belegt werden. Es ist dann in diesem Zusammenhang beispielsweise die Rede vom Friedhof als „Nordstadtpark" (Kassel) oder als „grüne Insel" im dicht bebauten Stadtraum, usw. In diesem Sinne konkurrieren die Friedhöfe in den (Groß-) Städten also mit den Grünanlagen und Parks; vor allem, weil Stadtplanerinnen Friedhofsflächen gern als „Ausgleichsflächen" und „Naherholungsgebiete" ganz selbstverständlich in ihre Kalkulationen einbeziehen.

Was aber bedeutet diese Belegung der Friedhofsfläche mit einer „Zusatzfunktion"? Warum sollen Friedhöfe als Grünflächen zum Zweck der Erholung nutzbar sein? Von „außen" und „oben" betrachtet, ist doch gar nichts dabei. Jeder von uns ist wahrscheinlich schon einmal einfach nur so auf einem Friedhof spazieren gegangen.

Das Experiment

In dem von mir durchgeführten Exkursions-Experiment habe ich mich mit den Teilnehmerinnen und Teilnehmern vor dem Haupteingang des Kasseler Hauptfriedhofs verabredet. Ich habe einen kurzen Text vorgelesen, in dem es um den Erholungswert von öffentlichen, städtischen Grünanlagen ging und die Teilnehmenden mit einem Übersichtsplan des Friedhofs ausgestattet. Außerdem hatte ich einen Experten eingeladen (einen Baumpfleger der Friedhofsgärtnerei) und Pflanzenbestimmungsbücher dabei. Ich lenkte den Blick der Teilnehmenden explizit auf die Vielfalt der Bepflanzung und achtete darauf, das Wort „Friedhof" während meiner Einführung überhaupt nicht zu erwähnen.

Die Exkursionisten wurden in Kleingruppen (drei, max. vier Personen) eingeteilt und erhielten den Arbeitsauftrag, innerhalb der nächsten Stunde konkrete Vorschläge zu erarbeiten, wie sich der Erholungswert der Grünanlage steigern ließe. Wir vereinbarten einen Treffpunkt, und ich schickte die Kleingruppen ins Feld.

Der Treffpunkt war von mir absichtlich mitten auf dem Friedhofsgelände gewählt worden. Zur vereinbarten Zeit trafen die Kleingruppen nach und nach aus verschiedenen Richtungen ein (nebenbei bemerkt: ruhig und sehr nachdenklich).

Ich stellte die Frage, welche Gruppe uns nun ihre Verbesserungsvorschläge vorstellen wolle und wiederholte den Arbeitsauftrag mit der Formulierung *„Es geht um die Steigerung des Erholungswertes der Grünanlage"* zwei oder dreimal. Die versammelten Exkursionisten scharrten (bildlich gesprochen) mit den Füßen und niemand wollte sich so recht äußern. Nach einer Weile meinte einer der Studenten schließlich: „Vielleicht sollten wir noch einmal darüber reden, was mit „Erholung" eigentlich gemeint sein soll?!"

Zögerlich kam ans Licht, dass sich einige der Teilnehmerinnen und Teilnehmer sehr unwohl hier auf dem Friedhofsgelände fühlten. Einige begründeten ihr Unwohlsein damit, dass sie es für „unangemessen" erachteten, in kleinen Arbeitsgruppen, mit Übersichtsplan und Pflanzenbestimmungsbuch ausgestattet, über den Friedhof zu gehen. Besonderer „Stein des Anstoßes" war das Fotografieren von Gräbern. Ein Teilnehmer empfand es als ausgesprochen „ungehörig", als er beobachtete, wie einer seiner Kommilitonen eine Kindergrabstätte fotografierte. Dies führte fast zu einem Streit unter den Teilnehmerinnen und Teilnehmern. Während der Diskussion wurde deutlich, dass sich bei weitem nicht alle Exkursionisten wirklich vorstellen konnten, auf dem Friedhof mit einem Buch auf einer Bank in der Sonne zu sitzen, einen freien Nachmittag zu genießen und dabei eventuell einen Trauerzug an sich vorbeiziehen zu sehen (ein Student wörtlich: „da passt doch was nicht ganz zusammen!").

Ich bin mir sehr sicher, dass das Thema „Friedhof als Naherholungsgrün im dicht besiedelten Stadtgebiet" im Seminarraum ganz anders diskutiert worden wäre. Im pädagogisch-wissenschaftlich abgeschotteten Milieu der Universität hätten sich innerhalb einer halben Stunde zahlreiche „Verbesserungsvorschläge" für diese „Grünanlage" ergeben. Es wäre den Studierenden sicher nicht sehr schwer gefallen, sich der Sprache und Denkweise der Planerinnen anzuschließen. Ganz anders vor

74

Ort: Die Exkursionisten standen quasi auf den Gräbern und die Anwesenheit der Toten ließ sich nicht „wegrationalisieren".

Die Exkursion hat gezeigt: Für eine Diskussion um die Gestaltungs- und Redeweisen rund um den Friedhof reicht es oft nicht, zu „wissen", dass auf dem Friedhof tote Menschen bestattet werden. Zusammen mit der körperlichen Erfahrung, sich tatsächlich auf einem Friedhof zu „befinden", werden halbbewusste Erfahrungen, Erinnerungen und Selbstverständlichkeiten quasi „heraufgespült" und brechen sich an dem „unpassenden" Arbeitsauftrag. Aus meiner Sicht ist das Experiment erfolgreich gewesen ...

Ulrich Kirsch: Nachrichtliches und Nachdenkliches: Erholung auf dem Hauptfriedhof?

Friedhöfe besuche ich selten. Wenn, dann um an Beerdigungen teilzunehmen oder Andacht zu halten. Es war für mich neu, als Andrea Gerhardt das Thema unserer Exkursion vorstellte. Wir sollten uns überlegen, wie der Naherholungswert auf dem Hauptfriedhof zu steigern ist. Ich wusste zwar, dass Friedhöfe gerade in städtischen Lagen auch in dieser Form genutzt werden können. Doch hatte ich mich zuvor noch nie mit dieser Thematik auseinandergesetzt.

Als ich nun den Friedhof unter diesem Blickwinkel betrat, kamen mir sofort einige Ideen. Die Wiesen am Haupteingang wären als Grill- oder Fußballplätze nutzbar, zusätzliche Parkbänke in schattigen und sonnigen Lagen ein Muss. Alle die, die Erholung suchen, könnten diese dann finden. Auf den vorhandenen Parkbänken machte ich einige Sitzproben, um mich einfühlen zu können. Obwohl das Wetter schlecht war, fiel es mir leicht, an einen schönen Tag zu denken. Bei blauem Himmel und Sonnenschein könnte ich genau an dieser Stelle ein Buch lesen. Vielleicht würden in einiger Ferne Kinder spielen.

An dieser Stelle wurde es zu viel. Friedhof und Naherholung passen für mich nur schwer zusammen. Soll ich wirklich an einem schönen Tag auf einer Parkbank das Leben genießen, während vor meinen Augen ein Trauerzug vorbeigeht? Kinder spielen, ein Stück weiter betreiben Angehörige Grabpflege? So einfach ist es für mich dann doch nicht. Doch der Arbeitsauftrag sollte bearbeitet werden.

Tote von den Lebenden zu trennen, wäre eine nahe liegende Möglichkeit. Aber das würde entweder die Verkleinerung bzw. Parzellierung des Friedhofs bedeuten, oder einen komplett abgetrennten Bereich hervorbringen, der mit Naherholung auf dem Friedhof nichts mehr zu tun hätte.

Die Frage nach der Erholung als solche bleibt dabei ein Thema für sich. Nachdem ich auf einer der Parkbänke gesessen habe, Gräber vor meinen Füßen, bin ich nachhaltig verunsichert und es fällt mir nicht leicht, pauschal Vorschläge zu finden. Ob und wie man sich auf dem Hauptfriedhof erholen kann, bleibt eine Frage des Blickwinkels. Für mich ist es kein reizvolles Angebot.

2.4 Roland Demme: 19. Jahrhundert: Stadterweiterung in Cassel. Hohenzollernstraße – Magistrale eines Quartiers für gehobenes Wohnen

Am Stadtmuseum, dem Haus der Kultur, soll die Erkundung der Kasseler Stadtbauentwicklung im 19. Jahrhundert beginnen. Den Blick nach Nordwesten gerichtet, auf den Ständeplatz (Bezeichnung für die Friedrich-Wilhelms-Straße ab preußischer Zeit), wird das Auge vom fließenden Verkehr beansprucht, bevor es die gegenüberliegende Bebauungslinie erfasst. Vor uns öffnet sich ein überdimensionierter Straßenraum mit einer Vielzahl fahrender und parkender Autos. Beidseitige Bürgersteige begrenzen die Verkehrsfläche. Dort versuchen Personen zügigen Schrittes ihr Ziel zu erreichen, nur an Parkscheinautomaten gibt es ein Verweilen. Lediglich wenige Schaufenster könnten die Blicke auf sich ziehen. Dieser erste Eindruck eines begrenzten Straßenabschnitts wirft unterschiedliche Fragen zum städtischen Kontext auf.

Lässt sich aus dem komplexen Stadtkörper ein Zeitgeist für Planung ablesen? Gibt es womöglich gesellschaftliche Zwänge, die einen Ausbau beeinflussen oder gar forcieren? Besteht die Physiognomie der ersten Bebauung in späteren Entwicklungsperioden weiter?

Ehe auf obige Fragen eingegangen wird, ist festzuhalten, dass Zerstörungen während des letzten Krieges sowie der Zusammenbruch einer gesamten Gesellschaft den Wiederaufbau der Stadt bestimmen. Diese einschneidende Zäsur in der über tausendjährigen Stadtbaugeschichte schafft eine urbane Erscheinung, die nicht nur heute, sondern auch in Zukunft das Aussehen der Stadt bestimmen wird. In diesem Prozess taucht ein Stadtbild auf, in welchem man Vorkriegsbilder marginalisiert oder ganz löscht. Vielfältigste Versuche, historische Bezüge in der existenten „Zwischenstadt" zu erzeugen, scheitern am politischen Willen, bei dem wiedererstandenen Produkt einschneidende Änderungen vorzunehmen. Die Trägheit und Orientierungslosigkeit der städtischen Gesellschaft bestärkt ein Beharren am Bestehenden und bremst so mögliche

Umsetzungen von historischen Visionen. Bei unserem Gang muss zwischen dem Dechiffrieren des Ist-Zustandes und dem Auffinden möglicher historischer Reste ein baugeschichtlicher Zusammenhang hergestellt werden.

Mit dem Ständeplatz, um die Ausgangsfragen aufzugreifen, liegt das späte Ergebnis aristokratischer urbaner Entwicklung vor. Diese wird von dem letzten Kurfürsten betrieben und mitgestaltet. Folglich trägt sie den Namen des Regenten „Friedrich-Wilhelm-Stadt". Im ersten Drittel des 19. Jahrhunderts plant Julius Eugen Ruhl die Stadtanlage, in der fürstliche Bauvisionen anklingen (vgl. Hoffmann-Axthelm 1994, S.41). Jedoch leidet ihr Ausbau unter der wirtschaftlichen Stagnation und den daraus resultierenden fehlenden staatlichen Finanzen.

Der Ruhlsche Plan beginnt an der bisherigen Zollmauer des 18. Jahrhunderts. Das zu bebauende Areal im Nordwesten steigt von der Oberneustadt in Richtung Kratzenberg leicht an. Dabei erreicht der Ständeplatz das Niveau des 1857 eröffneten Hauptbahnhofs und bildet als Prachtboulevard die zentrale Achse des geplanten Quartiers. Mit seinen doppelten Baumreihen als beidseitige Flankierung kann man ihn mit dem Berliner Konzept „Unter den Linden" vergleichen. An dieser Achse nimmt das Ständehaus, nach Vorbildern der italienischen Renaissance (vgl. Wegner 1984, S.34), eine herausgehobene Stellung ein. Hier spielt sich während der Endphase des Kurstaates zwischen den Fraktionen hessischer Parlamentarier der verbale Verfassungskampf ab.

Schließlich weiht man 1836 das älteste hessische Parlamentsgebäude ein. Die öffentlichen Sitzungen der Stände erhalten regen Zuspruch durch die Kasseler Bürgerschaft. Heute ist das Haus Sitz des Landeswohlfahrtsverbandes.

Als Baugrund für das Parlamentsgebäude wählt man das Außenareal der Gesamtstadt, das in Konnotation zur Garde-du-Corps-Kaserne liegt. In dieser ist die auf den Fürsten vereidigte Leibstandarte, Elitesoldaten der Garnisonsstadt Kassel, stationiert. Dagegen finden wir das Zentrum spätabsolutistischer Macht am größten Platz der Stadt, dem Friedrichplatz. Den Volksvertretern wird indessen für ihre Versammlungen der Rand des urbanen Raums zugesprochen. Eine solche Anordnung kann als Ergebnis der Französischen Revolution von 1789 gedeutet werden, deren spürbarer Stachel bei der Machtausübung auf Schwächen des feudalen Systems hinweist. So versucht der Fürst bürgerliches Begehren nach Selbstbestimmung militärisch zu kontrollieren, um bei volksbeeinflussenden Deklamationen sofort eingreifen zu können.

Schwierigkeiten verhindern die zügige Umsetzung des angestrebten Stadtprojekts als Komplement, da Grundstückgrenzen der Altbesitzer nicht parallel zur Straßenflucht verlaufen. Das führt zu Besitzstreitigkeiten, die den Straßenbau des äußeren Boulevards, der späteren Victoriastraße (heute Bürgermeister-Brunner-Straße), um Jahrzehnte verzögern. Den Raum des Ständeplatzes nutzt die städtische Bürgerschaft sonntags zum Flanieren, die Offiziere zeigen sich zu Pferde oder der wohlhabende Bürger fährt mit der Kutsche sowie dem Landauer. Auf der feudalen Prachtmeile sieht man und wird gesehen. Mit der „präsentativ-symbolischen Gestaltung" dieses Stadtplatzes, flankiert von öffentlichen Gebäuden und Stadtvillen betuchter Einwohner, kommt die patriarchalische Ausrichtung der städtischen Gesellschaft zum Tragen. Mit Brunnen, Säulen oder anderen Symbolen sowie mit der damit verbundenen Ausstrahlung, wird ein bestehendes Beziehungsverhältnis zwischen städtischen Bürgern, einflussreichen Personen und dem Regenten angeregt, wobei Machtimpulse erzeugt und stabilisiert werden. In dieser städtischen Physiognomie spiegelt sich ein Spannungsverhältnis zwischen Zentrum und Randlagen, was einem „oben" und „unten" im mittelalterlichen und frühneuzeitlichen Stadtaufriss gleicht. Herrschaftliche Palais sowie Villen hervorgehobener bürgerlicher Familien mildern Konfrontationen (vgl. Jüngst 1996, S.19).

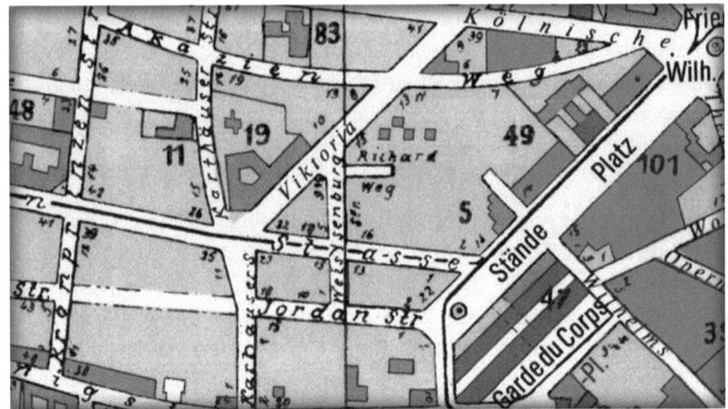

Abbildung 1: Ausschnitt des Stadtplans von 1913 (Fundstelle: Vermessungsamt Kassel)

Heute säumen Banken, Dienstleistungs- und Verwaltungsgebäude sowie wenige Geschäfte den Ständeplatz, der ausschließlich vom Straßenverkehr besetzt zu sein scheint. Nur bei besonderen Ereignissen, wie bei der letzten Fußballweltmeisterschaft 2006, wird die Ausstrahlung der Raumsymbolik von jungen Menschen gespürt. Sie versuchen ihr empfundenes Glücksgefühl, das von der Gesellschaft mitgetragen wird, hupend und mit Fahnen geschmückt im Autocorso auszudrücken. So fahren die Fans den Ständeplatz und die anschließende Rudolf-Schwander-Straße auf- und ab, um die Fahrzeuge im fortlaufenden Vorgang jeweils an den Endpunkten zu wenden.

Doch wir drehen uns jetzt vom Stadtmuseum Richtung Friedrich-Ebert-Straße, damit der eigentliche Rundgang beginnen kann und stoßen auf ein komprimiertes „Autobahndreieck" mit Straßenbahnführung auf dem Mittelstreifen. Auch hier wird der Fußgänger in den Randbereich verbannt. Von unserem jetzigen Standort vor einem Schlüsseldienst an der Straßenecke können wir die Personen auf der gegenüberliegen Seite der Verkehrfläche kaum erkennen. Mit fahrbahngleichen Überwegen will man dem Passanten die Querung der vielen Fahrspuren erleichtern. Unterführungen für Fußgänger - das bedeutet Ab- und Aufstieg vom Bürgersteig sowie Unterquerung der Straße - als Neuheit der 1960er Jahre gepriesen, gehören zum Glück der Vergangenheit an.

An der Verkehrsführung dieser Kreuzung zeigt sich exemplarisch das „Fortschrittsdenken" des Wiederaufbaus. Man erzeugt Straßenschneisen wie ein Band um den Stadtkern, um diesen möglichst an- und umfahren zu können. Das untergegangene Ensemble zeugt von auffallender Enge.

> „Umso radikaler zeigt Kassel heute das Gegenteil: die Maximierung der Verkehrsflächen. Der Autoverkehr ist die Funktionsidee der Stadt schlechthin, sei es als Vorstellung der kreuzweisen schnellstmöglichen Durchfahrbarkeit – öffentlicher Raum -, sei es – privater Raum – als Vorstellung, dass man vor, neben und hinter jedem einzelnen Haus unbegrenzt und jederzeit müsse parken können" (Hoffmann-Axthelm 1987, S.9/10).

Die Stadt möchte sich nach ihrem Untergang ein neues Gesicht geben. Ihre Bürger wiederum sind bestrebt mit eigener Hände Arbeit ein zeitgemäßes Zuhause zu schaffen, um gleichzeitig Kriegsgeschehen, Auswirkungen wie lastendes Erbe der Nazidiktatur zu verdrängen. Mit dem Besitz des eigenen Autos unterstreicht man den persönlichen Erfolg und will diesen zugleich zeigen. So verschiebt sich der Vorgang des zur Schaustellens vom Promenieren in Langsamkeit zum Lenken eines PKWs im Tempo der neuen Zeit. Das erklärt die räumliche Auflösung der ehemaligen Magistrale in eine überdimensionierte Verkehrsfläche. Der Kurfürst hatte noch nach Anlage der Prachtstraße geplant, diese zu verlängern, was der Stadtplan von Böckel 1854 verdeutlicht. Jedoch verhindern dies bestehende Eigentumsverhältnisse. So erscheint im gleichnamigen Plan 1866, zwölf Jahre später, der Boulevard verkürzt, zeigt aber an der Südwestecke eine neu projektierte Verbindung nach Westen, die heute zur Parkfläche gewandelte Jordanstraße.

Zu dieser Verbindungsstraße meint der Polizeidirektor Albrecht in der Ausbauphase im letzten Drittel des 19. Jahrhunderts nach Westen, es sei besser, die Jordanstraße als Verkehrsachse bis zur nächsten Querweg, dem Karthäuser Weg, zu wählen, um somit die „imposante" Anlage (vgl. Demme 2006, S.147) (Ständeplatz) und das regelmäßige rechteckige Raster nicht zu stören. Denn städtische Gremien und die Königliche Regierung der preußischen Provinz Hessen-Nassau wollen ab 1868 mit einer neuen Ausfallstraße nach Westen ein Wohn- und Geschäftsquartier erschließen. Albrecht bemängelt, dass bei der projektierten südlichen Einmündung in den Ständeplatz eine Ecksituation entsteht, die einem „Häuserhandtuch" gleicht und somit ein nachträgliches Einfügen sichtbar werden lässt. Für den damaligen Chef der Bauaufsicht und –kontrolle muss eine auffällige geometrische Struktur die Physiognomie des Stadtbaus bestimmen. Hier soll ein Äquivalent zwischen Bauhöhe und Straßenbreite existieren, Einmündungen von Straßen rechtwinklig erfolgen, um große perspektivische Tiefenwirkung zu erzielen.

Wir suchen den Ansatz der ehemaligen Achse Hohenzollernstraße, heute Friedrich-Ebert-Straße, der westlichen Stadterweiterung. Unser Standpunkt, das Gebäude mit dem Schlüsseldienst, entspricht der Bauflucht der ehemaligen Hohenzollernstraße. Die „Handtuchsituation" wurde mit der vor uns liegenden Anlage des Parkplatzes beseitigt.

Ehemaliger Grundstücksbesitzer obigen Geschäftshauses ist der Maurermeister Georg Credé, der, wie mehrere andere, einer Teilenteignung gegen Entgeld von 15 Talern die Rute nicht zustimmen will, um mit dieser Entscheidung am geplanten Straßenausbau selbst zu verdienen. Die Stadt Kassel und ein Consortium schließen im Jahr 1869 einen Vertrag mit dem Inhalt einer planmäßigen Erweiterung der Stadt vom Ständeplatz bis zur Querallee. Das Consortium fordert neben dem Ausbau der Hohenzollernstraße und den angrenzenden Nebenstraßen (Bismarck-, Anna- und Parkstraße) in den Vertrag eine Schienenverbindung vom Ständeplatz nach Wilhelmshöhe auf der Hohenzollernstraße aufzunehmen, um eine erforderliche Infrastrukturmaßnahme mit umzusetzen. Damit die Straßenflächen in städtischen Besitz gelangen, bietet das Consortium noch einen Zuschuss von 17600 Talern (1 Taler = 3 Mark) an. Als Initiator, Sprecher und Hauptgeldgeber des Consortiums unterschreibt Sigmund Aschrott (1826–1915) von privatwirtschaftlicher Seite den Abschluss. Als jüdischer Bürger der Stadt betreibt er einen Leinenverlag, das Familienweingut in Hochheim am Main sowie Immobilien-, Geld- und Börsengeschäfte.

Im ausbreitenden Kapitalismus wandelt sich der städtische Boden in einen Vermögenswert. Bisher werden der Stadtbau und die Stadtplanung von öffentlichen Trägern bestimmt. Das ändert sich dahingehend, dass private Initiativen als Gegenpart auftreten. Diese entwickeln für sich eine neue „private" Bauordnung, bei der die Träger „öffentliche"

Rechte beanspruchen, mit denen sie ihre Stadtbauprojekte umsetzen können.

Der Grund hierzu liegt in der Eigenschaft des kapitalistischen Städtebaus, wo wie in einem Wirtschaftsunternehmen ein hoher Mehrwert zu erzeugen ist. Grundsätzliches Ziel industrieller Fertigung besteht in der Erhöhung des Produktivitätsfaktors. Diese kapitalistische Logik, übertragen auf städtischen Boden, heißt, mit der Standortwahl und der Stärkung der Infrastruktur den Bodenwert oder die Bodenrente zu steigern.

Die städtische Bodenrente stellt nach klassischem Vorbild keine Rente dar, es handelt sich hierbei vielmehr um Verzinsung und Amortisation eines dauernd zirkulierenden und akkumulierenden Kapitals, was sich mit oder auf städtischem Boden ständig verändert. Infrastruktur wird häufig öffentlich erzeugt und die damit verbundenen Vorteile von der privaten Hand genutzt.

Greift man den Gesichtspunkt der privaten Initiative wieder auf, so entwickelt sich ein Wettbewerb zwischen verschiedenen Gruppen von ursprünglichen Landbesitzern, Terrain- und Eisenbahngesellschaften sowie Bauproduzenten bei Stadtviertelplanungen, die von gewerbsmäßigen oder spekulativen Antrieben getragen werden. In Städten wie z.B. Berlin, Frankfurt usw. versuchen Investoren die Bodenrente durch Besitzmonopole bestimmen zu können.

Der Boom auf städtisches Grundeigentum verläuft mit wirtschaftlichen Zyklen parallel. Er beginnt in Deutschland in den 1970ern, in Kassel bereits nach Annexion Kurhessens durch Preußen (bereits ab 1868), allerdings nur schleppend in der Hoffnung, dass sich in einem langsam stabilisierenden Wirtschaftssystem auch hier ein privater Baumarkt entwickelt.

Die städtischen Flächen avancieren auf einem anonymen Markt zu einer Ware. Damit werden die „Bodenfrage" und die Bewertung der städtischen Grundrente zum zentralen Thema neuer Stadtentwicklungen (vgl. Rodriguez-Lores 1983, S.112, in: Demme, S.99) Fehlenden Bauaktivitäten zur Schaffung von Wohnraum in der ersten Hälfte des Jahrhunderts steht in der zweiten Hälfte eine immense Nachfrage gegenüber, ausgelöst durch eine sich vom Land in die Stadt orientierende Bevölkerung, die diesen Vorgang zusätzlich verstärkt.

Der Bau dieser Verbindungsstraße kann jedoch nicht am Ständeplatz beginnen, denn hier stößt das Projekt auf eine Vielzahl von Parzellen, die teilweise als Gärten genutzt oder bebaut sind und verschiedenen Besitzern gehören. Sie warten die weitere Entwicklung ab, möchten das Areal selbst nutzen und verkaufen die benötigte Straßenfläche nicht. Vielfach wird berichtet, der Kaufmann Aschrott kann auf Wehlheider Gemarkung, westlich der Westendstraße, eine große, weitgehend geschlossene Fläche erwerben. In diesem Bereich kann sofort mit dem Bau der Hohenzollernstraße begonnen werden. Der östliche Teil, der direkt an den Ständeplatz anschließt und von Privatgärten eingenommen wird, hat eine längere Baugeschichte.

1875 bittet schließlich der „Justizrath Peters", der damalige Rechtsvertreter Aschrotts, dem Polizeidirektor zu bescheinigen, „dass die Hohenzollernstraße vom Karthäuser Weg bis zur Querallee ausgeführt und dem Verkehr zu übergeben ist" (Staatsarchiv Marburg, Best.175, Nr. 529, F 1898). Das bedeutet, ein Teilbereich der Hohenzollernstraße wird bereits 1874 fertig gestellt.

Mit Blick auf die ehemalige Hauptpost erfahren wir bei dem Rundgang den Baustil des 19. Jahrhunderts, den Historismus. Diese Architekturentwicklung scheint oft wahllos auf Stile vergangener Epochen zurückzugreifen, dabei wird mit synthetisierten ausladenden Symbolen als historischer „Argumentation" operiert. Die damalige Architekturepoche verbindet mit historischen Stilen und äußeren Stilelementen die jeweilige Funktion des Gebäudes. Gleichzeitig will sie so die Baugeschichte beleben. Ein Bahnhof oder Theater wird als Kulturbau gleich einem Museum ausgestaltet. Anklänge könnten noch in der Kasseler Schalterhalle sichtbar sein. Aber seit Privatisierung des Unternehmens wird auf Präsentation von Innenräumen mit geschichtlichen Bezügen verzichtet, da sich solche Offerten im Sinne des Unternehmens nicht mehr rechnen. Dagegen beseitigen die Litauer beispielsweise in Klaipėda (früher Memel) die Verarmung der Hauptpostausstattung während sowjetischer Besetzung und stellen den ursprünglichen Zustand von 1893 wieder her.

84

Jetzt warten dort die Postkunden ruhig in der Schlange, beeindruckt vom historischen Kontext wie ihre Vorväter.

Bei der ehemaligen Kasseler Hauptpost benutzt der Architekt Ausdruckmittel der Renaissance mit Elementen des Jugendstils, um das zur Friedrich-Ebert-Straße hin spitz zulaufende Grundstück zu gestalten. Den Haupteingang rahmen ionische Säulen sowie Pilaster. Besonders hervorgehoben wird ein reliefartiger Reichsadler, dessen Rahmen über das Eingangsgeschoss hinausragt. Im 3. Geschoss lockert eine dreibogige offene Loggia die schmale Vorderfront auf, deren turmartiger Zuschnitt in Verbindung mit den beiden Eingangstüren einen transparenten und einladenden Charakter vermitteln soll. Die 1909 fertiggestellte Post liegt auf einem letzten ehemaligen Gartengrundstück des Konsuls Wedekind, von Karthäuserstraße und ehemaliger Victoriastraße (heute Bürgermeister-Brunner-Straße) begrenzt, an der damaligen neuen Ausfallstraße. Letztere Verkehrsverbindung weist ebenso wie die Hohenzollernstraße eine lange Baugeschichte auf. Wenige Einzelbesitzer wollen ihren in den Straßenraum fallenden Grund nicht verkaufen. Selbst das neue Preußische Bau- und Fluchtliniengesetz von 1875 kann hier nicht weiterhelfen, obschon die Politiker mit der Formulierung des Textes gut 10 Jahre gerungen haben. Vor allem der Passus „Enteignung" kommt zu keiner klaren Endfassung, denn stets erheben die preußischen Junker dagegen ihr Veto. Eine Enteignung privater Flächen wegen öffentlichem Interesse gilt für einen Junker, Herr über viele andere Landleute, als unakzeptabel. Erst 1881 wird der „Boulevard" (Victoriastraße) vom Hauptbahnhof in das entstehende Stadtquartier sowie Wehlheiden, Kirchditmold und Wilhelmshöhe dem Verkehr freigegeben.

Als „krumme Straße" dagegen kann der frühere Karthäuser Weg umschrieben werden, denn er passt nicht in das geometrische Straßennetz und existiert bereits als ein Nord-Süd Flurweg, der allerdings später, obwohl nur als Anliegerstraße, verbreitert wird.

Rodriguez-Lores führt in seinen Überlegungen zu Ordnung und Unordnung an, dass die Stadt bisher als Sitz für Politik ihre Herrschaftsfunktion auch in der sie umgebenden ländlichen Gesellschaft ausübt. Im 19. Jahrhundert drehen sich die Vorzeichen um, wobei die Stadt zum Objekt der Politik mutiert und Auseinandersetzungen sich jetzt gegen innere

Feinde der Stadt richten. Das seien das Proletariat, neue Krankheitserreger (Forderung nach Hygiene), Leistungsunfähige oder –unwillige. Man möchte stark differenzieren und mit fiktiven Mauern „Ordnung von Unordnung" trennen. Das bedeutet zum einen die Segregation aufrecht zu erhalten und zu fördern. Zum anderen versucht man eine neue Ordnung aufzubauen, mit der man glaubt, die Ursachen der Unordnung beseitigen zu können. Dagegen bauen staatliche und städtische Institutionen durch Reglementierung und Verwaltung eine Ordnung auf. Diese wird aber von unfreiwilligen Zügen des Durcheinanders beeinflusst, um die Quelle des Reichtums an Vielfältigkeiten zu kontrollieren.

Nach Meinung von Rodriguez-Lores gilt für Verwaltungsabsichten, dass Unordnung unter bestimmten Vorzeichen nicht in Ordnung zu verwandeln sei. Für ihn bedeutet Administration eine Entscheidungsebene, die versucht eine neue Ordnung aufzustellen. Dabei werden Mauern aus Vorschriften und architektonischen und städtebaulichen Fassaden errichtet, die wiederum den Blick versperren und hinter denen die Kräfte der Unordnung neutralisiert werden. Ordnung ist auf keinen Fall als radikale Alternative zur Unordnung zu verstehen, sondern stellt die Kontrolle über letztere dar, was im eigentlichen Sinn Reglementierung und Verwaltung bedeutet.

Den oben ausgeführten Konflikt: Ordnung und Unordnung für den Stadtbauabschnitt im Westen von Kassel kommentiert Jacob, wobei er die „gute alte Zeit" unter Kurhessischer Verwaltung mit dem Bauboom der preußischen Periode mit seinen klar vorgeschriebenen Baufluchten vergleicht. Jetzt entstehen nach seiner Meinung Straßenanlagen, deren Monotonie nur von abwechselnden Häuserfronten gemildert wird. „Es mögen hier nur die gehässigen Geschichten über die Person des Kurfürsten Friedrich Wilhelm erwähnt werden, welche heute noch die Reptilienpresse zieren und von Lügen strotzen. Eine Unterlage der albernen Fabel, der Kurfürst habe in fortschrittsfeindlicher Weise Bauverbote erlassen, bietet die Geschichte der Wachenfeldschen Reitbahn, welche im Zuge der projektierten Straße, deren Stumpf der Ständeplatz in Kassel geblieben, lag, und deren Umbau gehindert ward, also ein reines Fluchtlinienverbot, wie es noch heute täglich widerspruchslos von der königlich preußischen Polizei geübt wird. Wenn die Ausgestaltung der Stadt im übrigen der Zustimmung der Krone unterlag, so ist dies ein

86

Regal, das heute auch in Preußen geübt wird, und Kassel hat am wenigsten Ursache, sich zu beklagen, denn der Kasernenstil der modernen Spekulationsstraßen ist erst eine Errungenschaft der 'helleren Tage'".

Der Akazien Weg zeigt dagegen in seiner Originalbreite eine Form der Unordnung. Er war bis ins 18. Jahrhundert der Verkehrweg aus der Altstadt nach Westen, jedoch mit Ausbau der Kölnischen Straße als Allee verliert er an Bedeutung und existiert lediglich als reine Wohnstraße. Über die Friedrich-Engels-Straße (frühere Kronprinzen) biegen wir in die Parkstraße ein. Deren Namen bringt Wiegand in Verbindung mit der von Aschrott auf einem seiner Grundstücke initiierten Anlage, die er der Allgemeinheit zur Verfügung stellt. Sie trägt sowohl den Namen Bismarck-Park als auch Park Aschrott. Letztere Bezeichnung wird auf dem von Wilhelm Neumann, einem von Aschrott beschäftigten Privatbaumeister, im „Plan von Cassel" von 1877 und 1878 benutzt. Der Straßenname verkündet die Zieladresse der Bevölkerungsgruppe für die der Unternehmer Aschrott seine Stadterweiterungsplanung ausrichtet, ein Quartier für „wohlgestaltete Leute" oder gehobenes Wohnen.

Dem Antrag für den Ausbau wird von Seiten der Stadt entsprochen. Schließlich bittet der Polizeidirektor 1874 die Königliche Regierung, ebenfalls der Aufnahme der neuen Straße in den Bebauungsplan zuzustimmen. Er stehe dem Antrag befürwortend gegenüber, denn auf der Strecke zwischen Westendstraße und Quer-Allee wird über kurz oder lang das „polizeiliche Bedürfnis" entstehen, eine Querverbindung anzulegen. Auf diese Weise könnte gleichfalls „ein beschränkter Blick von der Cölnischen Allee" in die Landschaft gerettet werden. Über Erstellung der Straße sei man sich mit dem Unternehmer Aschrott einig und der Stadtkasse würden keinerlei Kosten zufallen (Wiegand 2005, S.352).

Die ursprüngliche Pflasterung der Wohnstraße ist, wie auch in den Querstraßen (Bismarck-, Westend-, Anna-, Gabelsberger-Straße), bis heute erhalten. Gleichfalls entspricht die Anpflanzung von Spitzahorn der Urfassung. Um die Häuserzeile der Straßennordseite mit Sonne und Licht zu begünstigen, nimmt man die Bauflucht weiter zurück, was für die gegenüber liegende Front nicht erforderlich ist. Durch Kriegseinwirkungen werden große Teile der anfänglichen Bebauung vernichtet. So führt man beim Wiederaufbau für das Planquadrat zwischen Westend-

und Annastr. südlich der Parkstraße Änderungen zur ursprünglichen Bauidee durch. Es werden Häuserzeilen in Nord-Süd Ausrichtung in den Block eingefügt und versucht damit direkt der Kritik aus den 20er Jahren des vorigen Jahrhunderts seitens des Kasseler Parlaments und der Öffentlichkeit gegen die Blockrandbebauung Genüge zu leisten. Im Stadterweiterungsensemble und mit Blick auf die Wiedergeburt gründerzeitlicher Architektur wirkt dieser Bauabschnitt fremd.

In dem entstehenden Stadtquartier, in der heutigen Annastr. Nr. 10, früher Nr. 18, mietet die Familie Aschrott eine neue Wohnung, da ihre Zeit der Anwesenheit in der Stadt absehbar ist. Das Areal entspricht schon punktuell der Vorstellung von großstädtischer Urbanität. Mit dem Wohnungswechsel in das sich entwickelnde Quartier für gehobene Bevölkerungsschichten segregiert Aschrott sich von der mit Arbeitern überbelegten Altstadt, wo sich in der Unteren Königsstraße sein früheres Geschäftshaus befand. Eine Trennung hat er gleichfalls in der Handelsübersicht der Stadt vollzogen. Dort nennt er sich Fabrikant und Großgrundbesitzer und nicht mehr Leinenhändler. Der Hauseigentümer des Neubaus Annastraße 18 ist der Bauunternehmer Scholz. Auf die Bedeutung einiger Straßennamen des neuen Viertels wird in einem anderen Zusammenhang eingegangen, doch unter dem Gesichtspunkt eigener Inszenierung ist anzunehmen, dass der Name der Straße dem Vornamen der Ehefrau, Anna Aschrott, geb. Herz, entspricht und ihr bzw. der gesamten Familie eine überhöhte Identität verleiht und sie so von anderen Familien der Straße oder gar des Viertels abhebt. Verlässt man das Haus in der Anna Str. Nr. 18 und geht nur eine Querstraße weiter, kann sich die Familie in dem von Aschrott selbst unter dem Namen Bismarckpark angelegten, aber ebenso, wie ausgeführt, als „Aschrott Park" bezeichneten, grünen Areal ergehen.

In dem entstehenden Hohenzollernviertel findet Aschrott den symbolischen Raumbezug, der seine Persönlichkeit indirekt hervorhebt und ihm gleichfalls Anerkennung verleiht. Der Großgrundbesitzer, Planer und Gestalter Sigmund Aschrott erfährt nun ständig auf der einen Seite im Quartier zeitgemäßes großstädtisches Wohnen in seiner szenisch-räumlichen Darstellung. Zum anderen erlebt er selbst eine schleppende Entwicklung beim Ausbau des Großstadtviertels, das, abgesehen von verschiedenen fertigen Baublöcken, nicht seinen Vorstellungen entsprechend in der Fläche erkennbar wird.

Beim unserem nächsten Halt sehen wir vor uns einen siebengeschossigen Stahlbetonskelettbau von 1959 mit klar proportionierter Rasterfassade. Das Bauwerk liegt in Sichtachse der Friedrich-Ebert-Straße, Abzweig Goethestraße (früher Kaiserstraße), und zieht unseren Blick an. Das Eckgrundstück am Anfang der damaligen Kaiserstraße ist wegen des erhöhten Anspruchs an die bauliche Umsetzung in der gründerzeitlichen Bauphase schlecht zu vermarkten. Schließlich übernimmt die Herkules-Brauerei die finanzielle Verantwortung und richtet einen gastronomischen Betrieb ein.

Dieser Funktionsträger ist für alle erreichbarer und soll die ursprüngliche Signifikanz verwirklichen. Hier entsteht dann ein turmartiges Gebäude im signifikanten Aufriss. Es könnte aus der Entfernung als Torgebäude angesehen werden, was zwei Ecktürmchen, ein hohes steiles Dach sowie ein Dachreiter noch unterstreichen. Folgt das Auge vom Bauwerk weiter in Verlängerung der Sichtachse, so erscheint als Blickfang in der Hohenzollernstraße die Friedenskirche und wird zum „perspektivischen Erlebnis". Ohne dieses Bild verlöre sich der Blick ins Leere. Im Volksmund bezeichnet man es damals als „Hypothekenfriedhof".

Hinter diesem sarkastischen Begriff verbergen sich Vorfälle wie Spekulationen von Bauherren, die ihre finanzielle Situation falsch einschätzen und bei allgemeiner wirtschaftlicher Depression ihren Kapitaleinsatz verlieren. Gleichzeitig richtet sich die Bezeichnung „Hypothekenfriedhof" indirekt gegen die Vermarktungsstrategie des Stadtteilgründers, der nach Volksmeinung angeblich durch stabile Grundstückspreise die Bauherren in den Ruin treiben soll. Jedoch herrscht zwischen großen und teuren Wohnungen und zahlungsfähigen Mietern in Kassel keine Äquivalenz. Ein Angestellter des Unternehmers bemerkt dazu später, dass Aschrott in zahlreichen Fällen als Hauptgläubiger bei Zahlungsunfähigkeit der Bauträger keine öffentliche Versteigerung angestrengt und Bauunternehmern sowie Zulieferern Ausgleich angeboten habe. Jedoch manifestiert sich bei einem Teil der Kasseler Bevölkerung eine andere Einstellung gegenüber dem Juden Aschrott, nämlich die, er habe wegen überhöhter Forderungen den Hausherrn vernichtet und sich durch Übernahme des Hauses bereichert.

Ursprünglich wäre an gleicher Stelle nach Vorstellung Aschrotts die Anglikanische Kirche beim Blick von Osten in die Magistrale „Hohenzollernstraße" vom Betrachter wahrgenommen worden. Durch die hervorgehobene Metapher, die Straßenecklösung, meint der Besucher der Kaiserstraße ein Tor zum neuen Viertel zu passieren und eine veränderte Urbanität zu erleben, die durch dieses Gebäude symbolisiert und von dem östlichen Stadtteil segregiert wird. Die Kirche steht für den Eintretenden als Grenze zu einem Quartier, in dem sich großstädtisches Fluidum, Weltoffenheit und eine Synthese verschiedener Glaubensgemeinschaften zeigen.

Unter solchen Vorzeichen gelingt ein wesentlicher Ausdruck urbaner Komposition, der sich im Zusammenwirken verschiedener Objekte darstellt. Das Kirchenprojekt in exponierter Lage erfordert ein Bauwerk, das sich deutlich von der anderen Bebauung abhebt und mit Turm oder Türmen eine inhärente Botschaft bekundet. Eine solche Lösung hätte erhebliche finanzielle Mittel erfordert, die bei der geringen Zahl englischer Bewohner nicht gerechtfertigt erscheinen. Lange bleibt das Eckgrundstück ungenutzt, ehe obige Brauerei das Projekt angeht.

Unser Besuch gilt einem viergeschossigen Mietshaus, Friedrich-Ebert-Straße Nr. 92. Erbaut 1891 vom damaligen Bauunternehmer Zulehner. Von diesem stammen in dem Viertel eine Vielzahl der Gebäude, damals als Renthäuser bezeichnet. Diese erwirtschaften mit den Mieten die Rente der Besitzer. Das Haus selbst, Teil der Blockrandbebauung an dieser Straße, zeigt mit seiner Klinkerfassade sowie Seitenrisalit und Eckpilastern in Neurenaissance den Typ des Geschosshauses im Organisationsverband. Mit Hilfe der Hofdurchfahrt wird das rückwärtige Gebäude und der Hauseingang mit nach hinten verlegten Treppenhaus erreicht. Auf die Weise entstehen für Wohnungen zur Straßenseite geschlossene Zimmerfronten. Balkone, hier in der „Belle Etage", ermöglichen einen Austausch zwischen Innen und Außen. Das heißt, man sieht zu den Personen im Straßenraum und wird gesehen. Hofdurchfahrt und Innenhof entsprechen von ihren Maßen her der Baupolizeiordnung. Diese schreibt vor, ein Löschfahrzeug muss in den Hof gelangen und dort wenden können. Bodenplatten sowie verschiedenfarbige durch Wandpfeiler getrennte Klinkerfelder in der Durchfahrt weisen auf industriell gefertigte Materialien und über der Norm liegende Baukosten.

Über Querallee und Parkstraße erreichen wir eine ehemalige Militäreinrichtung, die Infanteriekaserne. Ihre Errichtung verdankt sie französischen Reparationszahlungen, eine Folge des deutsch-französischen Krieges von 1870/71, und ersetzt einen veralteten Militärblock in der Unteren Königsstraße. Für die Entwicklung des Quartiers hat der Komplex eine herausragende Bedeutung. Das betrifft nicht nur den Baukörper, der von überall her in Sichtbezug steht. Auch die Soldaten tragen zur Ankurbelung der Infrastruktur bei. Sei es, dass sich die Anzahl der Gaststätten durch deren Besuche erhöht oder verschiedene Etablissements niederlassen. Weiter bildet die Anwesenheit des Militärs eine nicht zu unterschätzende Verstärkung beim Wunsch von Bürgern hier wohnen zu wollen. Denn das preußische Militär gilt als wichtiger Träger des jungen Kaiserreichs. Für die meisten Einwohner ist die Anwesenheit von Truppen selbstverständlich, ist sie für sie ein fester Bestandteil des Staates und beeinflusst wesentlich als präsentes Bild das Straßengeschehen im Alltag. Das Kasernengelände ist ursprünglich im Besitz von Aschrott, deshalb berichtet die Berliner Zeitung (Berliner Zeitung Nr. 116 vom 10.3.1900) 1900: Die Ernennung Aschrotts zum Kommerzienrat werde in Kreisen der Berliner Industrie- und Handelswelt lebhaft besprochen. Sein Verdienst für diesen Titel beruhe lediglich auf der Schenkung von Terrain aus seinem enormen Kasseler Grundbesitz für eine Kaserne an den Fiskus. Diesen Vorgang habe man ihm so hoch angerechnet, dass das Civil-Kabinett sogar darauf verzichtet habe, Informationen in der üblichen Weise bei den Ältesten der Kaufmannschaft und beim Polizeipräsidenten einzuholen. Der Bericht endet:

„Wenn die Sache so glatt gegangen ist, so haben offenbar diejenigen Unrecht, die behaupten wollen, dass es Herrn Aschrott nur, sozusagen mit Hängen und Würgen, gelungen sei, eine Auszeichnung zu erlangen, nach der er schon lange Anspruch zu haben glaubte." Hier wird in veränderter Form, nicht ohne ironische Absicht, das 24jährige Bemühen Aschrotts zum Ausdruck gebracht (Demme 2006, S.310).

Doch das ist eine andere Geschichte, die auf dem Rundgang nicht diskutiert wird. Nach dem 2. Weltkrieg erfolgt ein Wiederaufbau der Anlage für die Bereitschaftspolizei, allerdings unter der Prämisse, dass die Unterkunft sich gut in die Umgebung einpasse. Auch wollte man ein Bauprojekt umsetzen, welches in keiner Hinsicht den Eindruck einer Kaserne erweckt. Nach Abzug der Polizei wird heute durch Neu- und Umbauten mit Wohnungen und Dienstleistungsangeboten für das gesamte Viertel eine veränderte Struktur des ehemaligen Militärgeländes erreicht. Es trägt jetzt den Namen „Samuel-Beckett-Anlage". Allerdings würde dieser, wenn er heute noch lebte, möglicherweise seinen Namen für ein Areal, das dazu diente, jungen Menschen preußische Tugenden mit Drill und Härte zu vermitteln, nicht hergeben. Die Bezeichnung der ehemaligen Flur „Vor der Hölle" hätte Beckett, wenn er sie gekannt hätte, wahrscheinlich als Bild in seine literarischen Handlungen eingebaut. Gleichfalls ist vorstellbar, dass der Flurname bei unerfahrenen und erfahrenen Soldaten als Vision für den Vorhof des Schreckens bei Ausbildung und Kriegshandlungen gewesen wäre. Aber für den Nobelpreisträger von 1969, der in angrenzender Landgrafenstraße, heute Bodelschwinghstraße, nur seine Cousine besuchte, mag die neue Namensgebung eher peinlich wirken. Spätestens hier zeigt sich eine Verarmung des Kasseler Geschichtsgedächtnisses. Was sagte doch Aschrott, als man ihn angriff, er würde nur für betuchte Bürger planen. In der Landgrafenstraße wären einfache Wohnungen entstanden, die auch von Menschen mit geringerem Einkommen gemietet werden könnten. Das gilt auch für die ausgewanderte irische Familie Sinclair, die mit Beckett verwandt ist. Sie entspricht jedoch nicht den Erwartungen des Planers, der eigentlich auf wohlhabende Engländer für seinen Stadtraum spekulierte.

Am früheren Hohenzollernplatz, dem heutigen Karl-Marx-Platz, endet der 1. Abschnitt der Stadterweiterung im 19. Jahrhundert nach Westen. Mit Hilfe dieser Fläche will der Planer einen Versprung der vom Ständeplatz ausgehenden Magistrale erreichen, da bei gerader Fortführung ein Gefälle aufgetreten wäre, das die Baupolizeinorm erheblich überschreiten würde. So verhilft der Platz dem Verkehrsstrang zu einer anderen Richtung und auf dem Weg nach Kirchditmold zu einem geringeren Neigungswinkel. Damit der Blick entlang der Friedrich-Ebert-Straße nach Westen nicht ins Leere läuft, wird der Platzrand, als räumlicher Abschluss der Sichtachse, mit der dreitürmigen Friedenskirche besetzt.

92

Wegen Flächenmangel kommt der höchste Punkt für sie nicht in Frage. Von Osten gesehen, scheint das Gotteshaus sich nach oben zu erheben. Gleichzeit deutet dieser „Point de Vue" an, hier sei das Ende der Stadt noch nicht erreicht.

Der Austausch von Straßennamen deutet auf extreme politische Änderungen hin. Dieser Vorgang kann auch im beschriebnen Viertel abgelesen werden. In der „Zwischenstadt" im Nachkriegsdeutschland treten jetzt Namen wie Friedrich Ebert, Friedrich Engels oder Karl Marx auf und ersetzen Hohenzollern, Kronprinzen und Victoria (Ehefrau Friedrichs III), hier wird augenblicklich vorherrschendes politisches Couleur deutlich. Alle an „Kaiser-Deutschland" erinnernden Bezeichnungen haben in der kriegszerstörten und um ihre Baugeschichte gebrachte Stadt keine Berechtigung und sind auszulöschen. Erst die Aufarbeitung des Vergangenen in kritischer Distanz und offener Diskussion sowie die Wiedervereinigung eines geteilten Landes ermöglichen den freieren Umgang mit diesem Abschnitt jüngerer Vergangenheit.

Um auf den anfänglich besprochenen Aspekt zur autogerechten Stadt zurückzukommen werden in Kassel Maßnahmen ergriffen, den Verkehr zu beruhigen. So versucht man bei der Umgestaltung des Karl-Marx-Platzes, den verschiedenen Verkehrsteilnehmern eigene Flächen zu zuordnen. Gleichfalls drängt man in der Friedrich-Ebert-Straße zu Gunsten des ÖPNVs den Individualverkehr auf eine Fahrspur. Jedoch bestimmen gleich bei unserem Ausgangspunkt, dem Ständeplatz, fahrende und parkende PKWs den Straßenraum. Als Folge häufen sich für die Wohnbevölkerung im gründerzeitlich geprägten Umfeld Lärm, Abgase und Massenbewegungen mit unterschiedlichen Geschwindigkeiten, was einer erheblichen Beeinträchtigung der Lebensqualität gleichkommt. Ein Austausch von Innen und Außen, wie angeführt, entsprechend den Absichten der Planer im 19. Jahrhundert, bedarf eines generellen Umdenkens. Mit geringerer Mobilität sowie Abnahme des Individualverkehrs kann der vorhandenen Störung entgegengetreten werden. Der Prozess selbst stützt und entfaltet stärker soziale Netze im öffentlichen Raum, trägt zur Qualifizierung eines Stadtteils als generationengerechtes Quartier bei und stärkt die Vitalität sowie das Gemeinschaftsgefühl seiner Bewohner.

Literatur

Demme, R. (2006): Der jüdische Kaufmann, Verleger und Stadtplaner
    Sigmund Aschrott – eine Persönlichkeit des 19. Jahrhunderts. Kassel:
    Universität Kassel.
Fehl, G.; Rodriguez-Lores, J. (Hrsg.) (1983): Stadterweiterungen
    1800 – 1875. Hamburg.
Hoffmann-Axthelm, D. (1987): Innenstadtsanierung und
    Stadtgeschichte. In: Fördergemeinschaft Kassel (Hg.), Kassel.
Hoffmann-Axthelm, D. (1994): Die verpaßte Stadt.
    Gesamthochschule Kassel.
Jacob, B. (1907): Kurhessen im Jahre 1866. Kassel.
Jüngst, P. (1996): Innerstädtische Differenzierungen in Kassel.
    Strukturen und Prozesse. Urbs et Regio Nr. 63, Kassel.
Marenbach, C. (2005): Baltische Länder, Erlangen.
Schulz, H. (1983): Wohnsitz: Hohenzollern-Stadt-Theil. Zur Geschichte
    des Mietshauses im Kasseler Westen. Erarbeit am FB Stadtplanung,
    Landschaftsplanung der Gesamthochschule Kassel.
Staatsarchiv Marburg, Bestand Stadt Kassel
Wegner, K.-H. (1981): Kassel Ein Stadtführer. Kassel.
Wiegand, Th. (2005): Denkmalstopographie Bundesrepublik.
    Kunstdenkmäler Hessen. Stadt Kassel II – Vorderer Westen Südstadt
    Auefeld Wehlheiden. Wiesbaden.

2.4.1 Ulrich Kirsch: Gesammelte Reaktionen zu einer ‚ganz normalen' Exkursion – oder: Nachlese im Vorderen Westen

Es ist schon undankbar, an der Spitze zu stehen. Wenn wir über Exkursionen reden bedeutet an-der-Spitze stehen wohl das verantwortungsvolle Vorauslaufen, das Bestimmen der markanten Punkte. Den Vortrag nicht nur als Stilübung, sondern auch als Medium, als Datenvermittler glaubhaft zu nutzen, ist sicherlich nicht leicht. Gerade wenn jemand Voraus geht, ist die Nachbetrachtung allzu oft an dem Blick des Leitenden orientiert, und es fällt schwer, sich aus diesem Blick zu lösen.

Die „Führung", die wohl immer noch eine dominierende Rolle bei den Exkursionen, bzw. dem was als solche bezeichnet wird, einnimmt, lässt gerade den Leiter der Veranstaltung gern im Regen stehen. Es gilt Wissen zu übermitteln, mit Anekdoten zu glänzen, ohne ersteres unbedeutend werden zu lassen. Doch egal wie aufwändig die Vorbereitungen geraten, auf der so genannten „sicheren Seite" ist der Leiter einer Exkursion nie. Teilnehmerinnen und Teilnehmer, unabhängig von ihren individuellen Interessenslagen, ihrem Alter etc. haben die unangenehme Eigenschaft, sich nicht vollständig auf die Sicht anderer einlassen zu wollen bzw. zu können. Es bleibt eine Tatsache: Ein jeder Teilnehmer bringt sich selbst mit zu einer Exkursion. Es ist nicht nur die körperliche Anwesenheit, auch der eigene Blickwinkel, tiefste Überzeugungen, Meinungen und die persönliche, intime und nie thematisierte Gefühlslage der Anwesenden, die sie ihre Umwelt je anders, individuell wahrnehmen lassen.

In unserem Fall hatte Herr Demme dankenswerterweise einen Stadtspaziergang durch den sogenannten Kasseler Vorderen Westen angeboten. Ein facettenreiches Gebiet, in dem Herr Demme durch seine Dissertation eine enorme Expertise erwarb.

Unser Experiment bestand darin, den Teilnehmerinnen und Teilnehmern während des Spaziergangs „Rollen" zuzuteilen, aus denen heraus sie die Arbeit von Herrn Demme betrachten und bewerten sollten. Diese Aufträge deckten, wie Sie gleich lesen können, ein breites Spektrum ab.

Durch die eigenen Augen zu sehen, aber dabei eine möglicherweise fremde, unvertraute Meinung zu bilden, ist eine große Herausforderung, der sich die Teilnehmerinnen und Teilnehmer stellten.

Daniel Henke: „Protokoll"

Stadterweiterung im 19. Jahrhundert am Beispiel der Hohenzollernalle. Die Exkursion begann um 15 Uhr am Stadtmuseum am Ständeplatz in Kassel. Nach einer kurzen Einleitung von Andrea Gerhardt übernahm Herr Demme die Leitung der Exkursion. Die Exkursionsteilnehmer bekamen sofort unterschiedliche Aufgaben, die innerhalb 15 Minuten erarbeitet werden mussten.

Gruppe 1 hatte die Aufgabe Passanten zum heutigen bzw. geschichtlichen Straßenverlauf der Friedrich-Ebert-Straße ehemals Hohenzollernallee zu befragen.

Gruppe 2 befragte Angestellte einer Bücherei am Ständeplatz bezüglich der heutigen und damaligen Lage ihres Geschäfts.

Gruppe 3 hatte die Anweisung, sich mit einem Luftbild nach der Bombardierung Kassels im 2. Weltkrieg zu beschäftigen.

Schließlich hatte die 4. Gruppe den Auftrag mehr über das Ständehaus am Ständeplatz zu ermitteln. Nach der Bearbeitung der unterschiedlichen Arbeitsaufträge wurden die Ergebnisse von den jeweiligen Gruppen vorgetragen.

Danach begann die eigentliche Exkursion in Form einer Stadtführung durch Herrn Demme. Die erste Station war an der Ecke Ständeplatz/ Friedrich-Ebert-Straße. Hier erklärte Herr Demme, wie die Straße im 19. Jahrhundert ausgesehen haben könnte. Die Straße war 22 Meter breit und die Gebäudehöhe betrug ebenfalls 22 Meter (5 Stockwerke) und entstand in Anlehnung an Berliner Alleen.

Die zweite Station war die „Alte Hauptpost" in der Friedrich-Ebert-Straße, die dem Kunststil des Historismus entspricht. Geziert wird die Hauptpost durch einen Reichsadler, der im 19. Jahrhundert das Symbol für staatliche Unternehmen war. Des Weiteren waren am Gebäude Elemente aus dem Jugendstil zu erkennen.

Die dritte Station machten wir im Akazienweg, eine für heutige Verhältnisse schmale Strasse, die im 19. Jahrhundert die einzige Verbindung nach Westen war.

Die vierte Station befand sich in der Friedrich-Engels-Straße. Wir betrachteten einen Originalbau aus dem 19. Jahrhundert, von denen in Kassel in Folge der Bombardierungen im 2. Weltkrieg nur noch wenige vorhanden sind. Am Beispiel dieses Hauses konnte gut nachvollzogen werden, in welchen Etagen die verschiedenen gesellschaftlichen Klassen wohnten. Der 1. Stock, die so genannte „Belle Etage", war den Reichen vorbehalten. Vorbild für diese Bauweise war Frankreich. Der Kunststil entsprach dem der Hauptpost, dem Historismus.

Die fünfte Station befand sich in der Parkstraße Ecke Bismarckstraße. Die zu betrachtenden Objekte waren ein Wohnhaus und ein öffentliches Verwaltungsgebäude. Das Wohnhaus war ein Beispiel für die Bauten, in denen im 19. Jahrhundert gut situierte Personen wohnten. Das öffentliche Gebäude, welches als Verwaltungsgebäude der Bundesbahn dient, wurde 1848 acht Jahre nach der Errichtung der Hauptpost gebaut. Der Baustil entspricht dem so genannten Wilhelminischen Barock. Anhand eines Stadtplans von 1871 konnte erkannt werden, dass die Häuserfluchten in der Parkstraße verändert wurden. Planer des Vorderen Westens war der jüdische Stadtplaner Sigmund Aschrott. In dem von ihm geschaffenen Hohenzollernviertel (heute „Vorderer Westen" genannt) wurden repräsentative Gebäude mit hohen, lichtdurchfluteten Räumen in Blockrandbebauung anlegt. Breite Gehwege, Grünanlagen, Vorgärten, Alleen und begrünte Plätze sorgten hier für eine hohe Wohnqualität. Der „Vordere Westen" ist heute einer der beliebtesten, attraktivsten und schönsten Stadtteile Kassels. Das von Aschrott geschaffene Stadtgebiet mit seinen Straßen, Plätzen usw. ist bereits als Kulturdenkmal einzustufen. Der Vordere Westen hat 277 einzelne Kulturdenkmäler. Dem unternehmerischen und architektonischen Mut von Sigmund Aschrott verdankt Kassel heute eines seiner schönsten Stadtviertel. Straßennamen, die auf den Erbauer des Viertels zurückführen, sind Olgastraße, Annastraße und Reginastraße; Verwandte von Sigmund Aschrott. Nach Aschrott selbst benannt sind die Aschrottstraße und der Aschrottpark.

Die sechste Station war Ecke Goethestraße, ehemals Kaiserstraße, von der aus der so genannte „Hypothekenfriedhof" beginnt. Seinen Namen hat dieses Wohngebiet durch die vielen Bauherren, die Hypotheken für Häuser aufnahmen, aber nicht zurückzahlen konnten.

Die siebte Station befand sich vor einem Geschosshaus aus dem Jahre 1892 in der Friedrich-Ebert- Straße. Das Haus ist eines der wenigen Originale. Es hat die erwähnte „Belle Etage" und viele weitere Verzierungen, die typisch für das 19. Jahrhundert waren.

Die achte und damit auch letzte Station an diesem schönen Sommertag war der Karl-Marx-Platz, an dem wir uns nach dreistündiger Informationsflut von unserem Exkursionsleiter Herrn Demme mit einem Dankeschön verabschiedeten.

> *Nadine Weinreich: Die Unersetzbarkeit der*
> *klassischen geographischen Exkursion, verdeutlicht*
> *am Beispiel der Exkursion im Vorderen Westen.*

Exkursionen sind das Herzstück und die Grundlage jeglichen geographischen Arbeitens im Gelände. Sie ermöglichen die ungefilterte Primärerfahrung, die sich in der direkten Auseinandersetzung mit dem Realobjekt manifestiert. Der alltagsweltliche Bezug und die damit in Zusammenhang stehende erhöhte Anschaulichkeit des Forschungsgegenstandes ruft bei fast allen Geographen und Geographinnen eine erhöhte Motivation hervor.

Ein mittlerweile pensionierter Lehrer, der aus Sachsen stammt und den sein beruflicher Werdegang als Lehrer nach Kassel geführt hatte, übernahm auf dieser Exkursion die Rolle des alleinigen Experten. Inspiriert durch die Stadt, beschloss er, sich in mehrjährigen Recherchen mit der Geschichte der Stadt und insbesondere des Stadtteils Vorderer Westen auseinanderzusetzen. Und dies verdeutlicht bereits eines der Potentiale einer klassischen geographischen Exkursion. Die Informationen stammen aus professioneller, „erster" Hand. Durch das umfassende Wissen des Experten kann der Stadtteil Vorderer Westen von den Lernenden ganzheitlich erfasst und aufgearbeitet werden.

Der Experte weiß mit umfangreichem Detailwissen die gesamte Exkursion zu umrahmen. Zudem können schon während der Exkursion wichtige Detailfragen und Probleme zu den jeweiligen Untersuchungsgegenständen geklärt werden.

Die Quantität der Informationsgewinnung ist darüber hinaus folglich maximal. In keiner anderen Exkursionsform kann der Wissensgewinn derart maximiert werden. Durch seine langjährige Auseinandersetzung mit dem Exkursionsgegenstand, war der Exkursionsleiter Herr Dr. Demme zudem in der Lage, uns jede Menge Zusatzmaterial nicht nur in Form von Detailwissen, sondern auch in Form von Karten und Abbildungen zu liefern.

Dadurch wurde auf der Exkursion im Vorderen Westen noch ein weiterer wichtiger Punkt einer klassischen geographischen Exkursion erfüllt, nämlich die aktive Auseinandersetzung mit dem Abbildungsmedium des Raumes in der Geographie: der Karte. Dies bedeutet, dass neben unserem Wissenszuwachs über die komplexen Zusammenhänge im Stadtteil Vorderer Westen auch wichtige Kompetenzen, wie das Lesen, Verstehen und die Interpretation von Karten und die damit im Zusammenhang stehende Orientierungsfähigkeit in unserer Umwelt gefördert wurden.

In einer eher oberflächlich und hektischen Zeit hatte man so die Möglichkeit noch diese alten historisch geprägten Ecken, wie alte Kirchen oder Fabrikanlagen zu sehen, von denen man ohne das Wissen des Experten nie gewusst hätte, dass sie noch existieren und wo sie zu finden sind. Auch dies hat zu einer gewissen Komplexität und Tiefgründigkeit der Exkursion beigetragen.

Durch die fachlich kompetente Leitung der Exkursion durch Herrn Dr. Demme erübrigte es sich für die anderen Teilnehmer der Exkursion, sich intensiv, selbstständig und zeitaufwändig mit der Thematik dieser Exkursion zu beschäftigen. Die Vorbereitungszeit der anderen Teilnehmer wird minimiert, und sie erhalten trotzdem ein maximales, fundiertes fachliches Wissen über den Stadtteil Vorderer Westen. Alle Teilnehmer der Exkursion können diese darüber hinaus auch ihren Wünschen und Vorstellungen entsprechend mitgestalten, sei es durch die aktive Teilnahme bei Fragerunden und Diskussionspunkten, oder durch das aktive Zuhören. Wichtige Verständnisfragen oder individuelle Fragen des eigenen Interesses seitens der Teilnehmer können sofort vor Ort geklärt werden.

Die schriftliche Sicherung der vorgetragenen Informationen erfolgt durch jeden Teilnehmer selbst. Dies hat den Vorteil, dass jeder sich seine eigenen individuellen Mitschriften, Skizzen und Anmerkungen anfertigen kann, die ganz nach seinen eigenen Interessen und Schwerpunktsetzungen erfolgen können.

Der fachliche Leiter dieser klassischen geographischen Exkursion übt bei einer solchen Exkursionsform das freie Referieren und darüber hinaus auch das Aufbereiten von wesentlichen wissenswerten Informationen für die Zuhörer.

Letztlich bleibt anzumerken, dass kaum eine Exkursion, sei es im schulischen, universitären oder kulturellen Bereich es schafft, ohne Elemente einer klassischen geographischen Exkursion auszukommen. Und sei es erst einmal nur, um den Teilnehmern einen gesicherten Überblick über die bevorstehenden Inhalte zu vermitteln.

Der Treffpunkt am Ständeplatz / Stadtmuseum Kassel ist für die Exkursionisten leicht zu finden. Diese Gegend ist gekennzeichnet durch einige wenige Passanten, die recht schnell wieder außerhalb unserer Sichtweite sind, weil sie diese Kreuzung bzw. Straße als notwendiges Übel benutzen, um von Ort A zu ihrem Zielort B zu gelangen. Genauso sieht es mit dem Straßenverkehr aus; niemand fährt hier entlang, um sich der Schönheit des Ständehauses, des Stadtmuseums oder des Ständeplatzes bewusst zu werden. Vielmehr wird nach einem „schnellen" Parkplatz gesucht, der nicht allzu weit vom Arbeitsplatz oder den Kaufhäusern entfernt ist. Luxusgüter zu konsumieren bzw. Geld zu verdienen, um sich diese leisten zu können, erscheint auch um ein Vielfaches wichtiger als über die wohnbauliche Situation von vor gut 200 Jahren nachzudenken. Nicht selten kommen die motorisierten Rennkutschen mit den neuen Kotflügeln an unserer Gruppe vorbei (wir stehen auf einer Parkplatzzufahrt).

Gegen den Lärm der vorbeifahrenden Autos besprechen wir die Gruppenaufgaben, die wir in acht Minuten lösen sollten. Da unsere Gruppe allein ca. vier Minuten für Hin- und Rückweg zum Ständehaus benötigte, wo unsere Aufgabe im Befragen der Pförtnerin über die Funktion des Ständehauses früher und heute bestand, hatten wir noch vier Minuten Zeit, um uns von derselben mit dem Hinweis auf die Eingangshalle und den darin ausgestellten Info-Zetteln abspeisen zu lassen. Zur „Belohnung", dass wir uns die Mühe machten, möglichst viele Informationen den Zetteln zu entnehmen und deshalb ca. 1-2 Minuten zu spät zur Besprechung kamen, durften wir als erste Gruppe wie Marktschreier unsere Erkenntnisse verkünden. Einen neumodernen Touch bekam dieses Szenario durch den Einsatz eines Kamerateams, das den Documenta-Besuchern, die bald Kassel stürmen werden, einen möglichst realitätsnahen Einblick in das Exkursions-Treiben der Universität Kassel geben möchte. Man darf gespannt sein, wie unsere kulturinteressierten Mitbürger ihre Bewunderung über derart wissenshungrige Studenten äußern werden, die selbst beim Vorbeifahren des neuesten Audi-

Modells den Worten des Exkursionsleiters und der Kommilitonen folgen können.

Nachdem wir knapp 100 Meter zu einem weiteren Parkplatz geführt wurden (Ständeplatz), konnten wir anhand von 22 präzise abgelaufenen Meterschritten eines einzelnen Studenten, der hier nicht weiter erwähnt werden möchte, feststellen, wie schmal die heutige Friedrich-Ebert-Straße im 19. Jahrhundert war. An den Gesichtern der Exkursionisten war sofort zu erkennen, dass sie sich ohne die Leistung des Studenten, dem diese Aufgabe übrigens gegen seinen Willen vom Exkursionsleiter höchstpersönlich zugeteilt wurde, nicht hätten vorstellen können, wie breit 22 Meter sind. Zudem gehört diese Information wohl zum rudimentären Wissen eines jeden Geographiestudenten.

Die Exkursion wird fortgesetzt – wenn auch zweigeteilt – weil dem Exkursionsleiter kaum zu folgen ist, weil er einen Schritt vorlegt, als flüchte er vor einer Bande hungriger Kannibalen. Als die Nachzügler (ca. 10 Personen) die Fußgängerampel überwunden und wieder Anschluss hatten, erzählte der Exkursionsleiter schon ausgiebig über die alte Post. Im Nachhinein empfanden die Nachzügler ihr Zuspätkommen als sehr positiv, da sie den Baustellenarbeiten, die ein paar Meter neben unserer Gruppe stattfanden, ein paar Minuten weniger zuhören mussten. Als wir sahen, dass der Exkursionsleiter auf dem Weg zum nächsten Besichtigungsobjekt war, hatte er schon wieder einen Sicherheitsabstand von gut 15 Metern. Langsam, aber sicher, entfernten wir uns von der Hauptstraße, um an der Ecke Akazienweg / Karthäuserstraße Halt machen zu können. Erfreulicherweise konnten nun mindestens zwei Drittel der Gruppe wieder zuhören, da der Geräuschpegel gesunken war. Das letzte Drittel der Gruppe musste sich um die vorbeifahrenden Autos kümmern, da der Bürgersteig, auf dem wir Halt machten, keinen halben Meter breit war und wir so auf der Straße stehen mussten. Zu diesem Zeitpunkt fiel den Zuhörern immer mehr auf, dass der Exkursionsleiter ein scheinbar nicht enden wollendes Wissen über den Vorderen Westen, seine Bewohner damals und heute sowie sämtliche Straßennamen und deren Herkunft vorzuweisen hat. In der Hoffnung sein Wissen wie ein Schwamm aufsaugen zu können, versuchten wir seinen Fragen zu folgen, die er allerdings meist selbst löste. Nach und nach stieg unser Interesse, die vorgefertigten Fragen zu Gebäudestrukturen und sonstigen Baumaßnahmen zu beantworten, so dass sogar einige ihr Handy als Telefonjoker zu Hilfe nahmen. Auch die Gruppengespräche wurden mit fortgeschrittener Stunde zunehmend angeregt. Man hätte den Eindruck gewinnen können, dass die Aufnahmefähigkeit bei dem einen oder anderen Teilnehmer durch die Flut an Informationen abnahm, jedoch wurde diese Vermutung dadurch widerlegt, dass spielende Kinder, bellende Hunde und Musik aus geöffneten Fenstern um so besser wahrgenommen wurden.

Dass die Exkursionisten etwas gelernt haben, steht außer Frage. Offen bleibt, wie viel das Gelernte mit dem Vorderen Westen zu tun hat. Wenn man persönliche Kompetenzen, wie z.B. „andere ausreden lassen", „zuhören können" und „situative Wendigkeit beim Beantworten ungelöster Fragen" betrachtet, kann man zweifelsohne behaupten, etwas mitgenommen zu haben. Betrachtet man den reinen fachlichen Wissensgewinn, könnte man zu der Vermutung gelangen, dass jeder Teilnehmer die für ihn individuell wichtig erscheinenden Fakten herausgezogen hat, nicht aber die vom Exkursionsleiter gewünschten Lernziele. Dazu bedarf es wohl eher eines Konzeptes, dass weg vom klassischen und hin zum innovativen methodisch-didaktischen Stil tendiert.

Philipp Wichmann: Kritische Exkursionsbeobachtung aus geographischer Perspektive

Zunächst möchte ich die Rahmenbedingungen der Exkursion benennen. Treffpunkt war der Ständeplatz in Kassels Innenstadt. Hier begann unter Friedrich Wilhelm die letzte absolutistische Stadterweiterung, ohne die die heutige Exkursion gar nicht stattfinden würde, weil Kassels Vorderer Westen seinen Ursprung letztendlich eben jener zu verdanken hat. Exkursionsleiter und Wissenslieferant war Herr Demme.

Es ging also los: Er erteilte den vier Gruppen jeweils eine Aufgabe, bei der sie aktiv agieren mussten und mit 12 Minuten nur wenig Zeit zur Verfügung hatten. In meinem Fall sollten wir zum Beispiel Informationen über ein Gebäude, das Ständehaus, in kürzester Zeit heranschaffen und anschließend dem Rest der Gruppe und der Kamera präsentieren. Das

Zeitlimit sollte dabei unbedingt eingehalten werden. Ein rasanter Einstieg in den heutigen Nachmittag!

Doch was so rasant begonnen hatte wurde langsam, aber unaufhaltsam zu einem monotonen Expertenvortrag über Spezialwissen durch Herrn Demme. Die einzelnen Schauplätze wurden fortan nacheinander abgelaufen, während Herr Demme zu jeder Stätte viele interessante Informationen zu berichten wusste. Er berichtete vom Absolutismus, von der industriellen Revolution, von Stadtplanung und architektonischen Stilrichtungen. Die überwiegende Mehrheit der Informationen hätte man sich nicht selber erarbeiten können, weil es sich um sehr gut recherchiertes Spezialwissen handelte, das Herr Demme sich in vielen Jahren der Recherche angeeignet hatte. So kam es, dass die Exkursion zu einer Art Geschichtsstunde wurde, bei der man sich jedoch im Raum bewegte. Man könnte sie auch als „Live-Referat" bezeichnen. Die Reihenfolge war dabei immer die gleiche. Stets wurde zunächst ein Ort auf einer der Karten ausfindig gemacht. Dann wurde dieser abgelaufen, ehe sich ein Vortrag von Herrn Demme anschloss. Es handelte sich also um eine klassische geographische Exkursion, bei der eine Person vorträgt und alle anderen mitlaufen und zuhören. Meine persönliche Aufmerksamkeit wurde mit voranschreitender Zeit immer geringer und die Exkursion für mich persönlich immer langweiliger. Man kann natürlich so argumentieren, dass eine solche Art der Exkursion ebenfalls notwendig ist, weil anders ein solches Spezialwissen nicht erworben werden kann. Die Vortragsweise von Herrn Demme möchte ich auch als durchweg positiv bezeichnen. Durch seine langjährige Erfahrung als Lehrer wusste er, wie er sich zu verhalten hatte. Er trug frei und gut vor, stellte Zwischenfragen und fügte eine gewisse Portion Humor hinzu. Ich möchte an dieser Stelle trotzdem einige Kritikpunkte zur Exkursion benennen:

Durch den aktiven Einstieg in die Exkursion wurde man auf eine falsche Fährte gelockt. Auf eine sehr kurze Gruppenarbeitsphase folgte eine extrem lange Vortrags- bzw. Zuhörphase. Die anfangs getätigte Gruppeneinteilung kam später gar nicht mehr zum Zuge. Da die Gruppen zur Materialeinsicht jedoch immer wieder zusammenkommen mussten, hatte man ständig das Gefühl, die Gruppen seien noch präsent. Eine gewisse Unzufriedenheit machte sich bei mir breit. Das Material selbst, also die historischen Karten, waren auf Din-A4-Papier kopiert und deshalb zu fünft nur schwer einzusehen. Sie dienten auch nur zur Orientierung, mit ihnen gearbeitet wurde gar nicht. Man hätte zum Beispiel eine historische und eine aktuelle Karte Kassels in Eigenarbeit miteinander vergleichen können.

Da es in den Vorträgen viel um die Bauweise von Gebäuden ging, waren die Karten als Material teilweise nicht sehr hilfreich bzw. fehl am Platz. Die Karten als Material und die inhaltlichen Informationen waren meiner Meinung nach nicht aufeinander abgestimmt. Ich bin außerdem der Meinung, inhaltlich zielte das Referat eher auf Stadtplaner, Architekten und Historiker, als auf Geographen. Ebenfalls störend waren während des gesamten Vortrags die Stadtgeräusche. Drei Stunden laufen bei störender Akustik zerrten mit voran schreitender Zeit an den Kräften. Gegen Ende der Exkursion ging Herr Demme zum ersten und einzigen Mal auf die heutige Situation in Kassel ein. Dies hätte ich mir häufiger gewünscht.

Zum Argument, eine solche Exkursion sei notwendig um Spezialwissen zu vermitteln, muss ich bestätigend hinzufügen, dass man bei einer Exkursion mehr Informationen aufzunehmen scheint, als beispielsweise bei einem Lehrervortrag. Da man sich bei einer Exkursion im Raum bewegt, muss man ihr zumindest physisch folgen. Man prägt sich viele Dinge auch besser ein, weil man Bilder und Orte mit Informationen verknüpfen kann. Außerdem habe ich einen anderen Blick für die Stadt Kassel bekommen. Ich habe viel über den Raum „Kassels Vorderer Westen" erfahren, denke jedoch, dass ich dies als forschende Person, so wie zu Beginn der Exkursion, noch besser getan hätte.

Um eine erfolgreiche Exkursion durchzuführen, muss eine solche auf das sorgfältigste geplant und vorbereitet werden, um das zu vermittelnde Wissen bei den Exkursionsteilnehmern gut verankern zu können. Doch stellt sich hierbei die schwierige Frage, welches Wissen wie und wo vermittelt werden soll? Welche Plätze eignen sich am besten für die Durchführung?

Zunächst einmal sollte am besten ein Kcamerateam bestellt werden, das infolge eines eigenen Projektes zum Thema „Exkursion" Interesse an der Veranstaltung hat, und deshalb die Teilnehmer sowie den Leiter während der Veranstaltung filmt. Eine Handvoll interessierte Geographiestudenten und Intellektuelle, sowie ein kompetenter Exkursionsführer, der aus didaktischen Gründen ununterbrochen vorträgt, machen die Gruppe komplett und stellen eine ideale Ausgangsposition bezüglich einer perfekten Exkursion dar.

Ein geeigneter Treffpunkt zwecks Vorstellung und Einleitung der bevorstehenden Exkursion ist am besten ein Museumseingang, da sich dort in der Regel immer die Geographen und Intellektuelle versammeln – ein Ort mit Niveau eben. Allerdings ist darauf zu achten, dass sich dieser besagte Versammlungspunkt in unmittelbarer Nähe einer ständig befahrenen Straße befindet, wo dann zusätzlich auch noch eine Straßenbahn verkehrt, um dem Vortrag mit Hilfe des herüberziehenden Lärms eine gewisse Würze zu verleihen.

Während des weiteren Verlaufs sollte der Exkursionsführer mindestens zwanzig Meter der Gruppe voraus sein, um erstens als Leiter der gesamten Veranstaltung deutlich erkannt zu werden, und zweitens den anzusteuernden Punkt auch zielsicher zu erreichen. Ganz wichtig wäre auch noch, dass der Vortrag an den jeweiligen Punkten so schnell wie möglich abgehandelt wird – am besten, sobald sich der erste Teilnehmer an der Seite des Wissenden eingefunden hat. Wenn der Rest der Gruppe es nicht schafft pünktlich und zügig mitzuhalten, ist das schlicht

106

und einfach ein Problem für die Gruppe. Sobald sich aber die gesamte Gruppe dann versammelt hat, sollte der Leiter möglichst oft die Studenten und Intellektuellen auffordern, eine Beschreibung von Häuserfassaden abzugeben und dieses Ritual an allen folgenden Plätzen zu wiederholen. Gut geeignet für weiterführende Erklärungen des Gesehenen ist eine stark befahrene Kreuzung mit Straßenbahn, die von einer aktiven Baustelle eingerahmt ist. Damit wird die Klarheit und Eindeutigkeit des Vortrags unterstrichen. Des Weiteren sind kleinere Straßen in Wohngebieten, wo viele Anwohner verkehren, eine gute Möglichkeit, sich als Leiter der Exkursion in Szene zu setzen.

Darüber hinaus sollte das Kamerateam unbedingt den Fokus auf die Teilnehmer richten, die sich gerade nicht mit einer gestellten Frage beschäftigen, sondern eher passiv am Geschehen beteiligt sind. Dabei ist es äußerst sinnvoll, jede einzelne Pore eines jeden Gesichtes zu erfassen, um sich auch später noch bei der Betrachtung und Auswertung des Videos an alle Teilnehmer der Exkursion erinnern zu können. Auch sollte das Kamerateam darauf achten, dass bei der Betrachtung der Gebäude die Hälse aller Teilnehmer sich auch wirklich zum Himmel recken, damit das Interesse der Studenten am Thema auch authentisch wirkt.

Es ist ja allseits bekannt, dass die Aufnahmefähigkeit eines jeden Menschen unbeschränkt ist und sich der didaktisch gut ausgeklügelte Vortrag deshalb über einige Stunden hinziehen kann. Von Vorteil: Man schafft es als Exkursionsleiter, die Studenten und Intellektuellen so zu ermüden, dass diese dann das Interesse an zukünftigen Exkursionen garantiert verlieren.

Ulrich Kirsch: Ein Nachwort

Dass die einzelnen Beiträge so unterschiedlich ausgefallen sind, teils sogar zu einem vollkommen anderen Fazit kommen, mag nicht überraschend sein, bedenken wir die unterschiedlichen Blickwinkel, in die wir die Teilnehmerinnen und Teilnehmer zwangen. Als ob das noch nicht genug wäre, hatte eine jede Person für sich noch einen ganz eigenen Blick auf den Stadtteil. Dies führt uns zum Kern, dem Punkt, der einen entscheidenden Beitrag leistet, aus einer schlichten Führung eine Exkursion entstehen zu lassen.

Können Sie abschätzen, wer von unserer Exkursion durch den Vorderen Westen am meisten hatte? Vielleicht der Protokollant, der akribisch alles festhielt, um auch noch in Zukunft von dem Erlebnis profitieren zu können. Oder war eben dieser nur ein gequälter „Tourist", der mit Scheuklappen folgte? Ist jemand, der sich an grundlegenden Fragen abarbeitet, gleichzusetzen mit dem folgsamen Beobachter?

Der Ausflug in den Vorderen Westen zeigt uns, dass es nie einfach ist, auf Exkursion zu gehen. Die Reproduzierbarkeit scheint unmöglich, Wahrnehmungen lassen sich ohne Beeinflussung kaum bündeln, egal wie sachlich wir versuchen, uns einem Ort zu nähern.

Rückblickend hat die Problematik in ein unklares Spannungsfeld zwischen Exkursion, mit ihren hohen Idealen und der Touristik mit ihren Standards geführt. In genau diesem Feld werden wir uns als GRUPPE experiment exkursion KASSEL weiter bewegen müssen, um den Unklarheiten, die sich ohne direkte Konfrontation der Verfahrensweisen, bereits bei diesem kleinen Experiment abzeichnen, nachzugehen.

Unser besonderer Dank gilt nochmals Herrn Demme für die mutige und bereichernde Zusammenarbeit.

ABSCHNITT 3: KASSEL IM (PÄDAGOGISCH WERTVOLLEN?) EXKURSIONS-EXPERIMENT

Nun sind wir im gegenwärtigen Kassel angelangt. Der Stadtraum hier und heute bildet daher den Schwerpunkt der nun folgenden Beiträge. Ulrich Kirsch beginnt mit einer intensiven Auseinandersetzung seines Heimatortes Harleshausen (- der wahrscheinlich nur nominell und weniger in der Wahrnehmung der Bewohnerinnen und Bewohner ein Stadtteil Kassels zu sein scheint).

Hier schließen sich die „Blinde Exkursion" von Christian Nicolait und die „Nachtwanderung" von Christiane Koch und Christian Nicolait thematisch gut an, da der experimentelle Anteil der Exkursionen hier sehr groß ist und der konkret zu erkundende Raum eher in den Hintergrund zu rücken scheint.

Einen noch größeren didaktischen Anteil findet sich im Experiment zur Kasseler Unterneustadt, die Martin Scharvogel mithilfe eines Rollenspiels erkunden lässt.

Abschließend stellt Andrea Gerhardt mit der „Suche nach dem toten Künstler" ein impulsdidaktisches Exkursionsexperiment vor, das eigentlich völlig ohne Exkursionsleitung auskommt.

Im Januar 2007 bot ich im Rahmen des Programms der GRUPPE experiment exkursion KASSEL eine Harleshausen-Exkursion an. Die „Frischluftschneise" ist die durchgängige Grünfläche, die vom Lückenrod bis in die Todenhäuser Straße verläuft. Harleshausen hat noch zwei weitere Kaltluftschneisen zu bieten, jedoch wollen wir uns nur dieser einen näher widmen.

„Worum geht es da?" Auf experimenteller Ebene ging es mir zentral um den „Mut zum schlechten Beispiel" und um die Frage, welche Möglichkeiten die Exkursionsmethodik bietet und ob das „schlechte" Beispiel trotzdem eine Reise wert sein kann.

Neben der Bekanntgabe des Termins, des Treffpunkts, der Dauer und dem Hinweis auf gemeinsame Auswertung, stellte ich in folgenden Worten den Inhalt vor:

Kassel – Harleshausen – Frischluftschneise – Politikum – zu Hause - Identität- Konservierung – Neuanfang – Wohnqualität – Reservierungsstrategie – Aneignung – LSG – Befangenheit - uvm.

In dieser Exkursion möchte ich, unter Nutzung verschiedener Zugänge, eine der sog. „Frischluftschneisen" in Harleshausen vorstellen. In den Fokus soll hierbei „Betroffenheit" rücken. Als Exkursionsleiter möchte ich dieses Gebiet vorstellen und für verschiedene Inwertsetzungen sensibilisieren.

Ich erreichte vierzig (!) Interessierte: Eine „Groß–Exkursion"! Mit einer solchen Teilnehmerzahl lagen mir bisher keine Erfahrungen vor. Ein Test für die Exkursionsmethodiken, an denen wir als GRUPPE permanent arbeiten. Ich möchte nun von der Exkursion, wie auch vom Ort, auf den sie sich inhaltlich bezog, aus meiner Sicht erzählen.

Hallo, mein Name ist Kirsch, genauer gesagt Ulrich Kirsch, aber Uli reicht vollkommen aus. Ich wohne in Kassel. Diese Gegend, beziehungsweise Stadt, wird von manchen auch als „Provinz" bezeichnet.

In der „Provinz" wohne ich, über 190.000 andere auch. 40 Städte in Deutschland haben mehr Einwohner. Zu sehen sind: Bergpark, Aue, Herkules und einiges mehr. Manches ist auch über die „Provinz" hinaus bekannt.

Aufzählungen finden sich viele: Reiseführer, Broschüren, Karten und gut gemeinte Ratschläge sollen den ortsfremden Besuchern helfen. Es gilt, die „Highlights" der Stadt zu präsentieren. Form und Inhalt sind dabei ähnlich unterschiedlich wie die Besucher. 304.068 waren es 2005, lese ich auf der Homepage der Stadt Kassel. Andererseits gehe ich „ins Dorf" zum Einkaufen, soll es etwas Spezielles sein, dann fahre ich in die „Stadt." Nicht nur „die Stadt," beziehungsweise deren Verwaltung oder die Telekom, sehen dies anders. Ich meistens auch. Nur nicht immer, hat Harleshausen doch einen echten Ortskern zu bieten.

Typisch ist folgendes Gespräch:
„Ich wohne in Harleshausen."
„Wo? Denk dran, ich komme nicht von hier."
„Das ist am Stadtrand, im Nordwesten."
„Aha - und was gibt's da so?"

Schwierig. Was gibt es in Harleshausen zu sehen? Ich denke nach. Die Nekropole. Ja, die gibt es kein zweites Mal. Das Uhrtürmchen an der Ecke zwischen Wolfhager Straße und Harleshäuser Straße, wohl auch nicht, dies ist nur etwas bescheidener in seinem Auftreten. Auch die Geschichte des Ossen ist einmalig. Nicht jeder hat die Zeit, sie sich anzuhören, deshalb erzähle ich sie selten.

Sehenswerte Orte sind immer ein Problem. Zumindest aus dem Blickwinkel des Tourismus. Besonders müssen diese sein, am besten einzigartig. Spätestens die zugehörige Geschichte erklärt und rechtfertigt den Besuch. Touristen sind in der Pflicht.

„Es gibt Orte, die muss man gesehen haben. Warum also Harleshausen? Da gibt es doch kaum was Besonderes!" Ich bin in der Pflicht. Ich soll die potentiellen Besucher überzeugen. Was soll ich sagen?

Für mich gibt es viele besondere Orte in Harleshausen. Immerhin betrifft mich Harleshausen. 23 Jahre lebe ich hier. Manche noch länger, manche sind noch ganz „neu." Wir haben viele Eindrücke gesammelt. Nur schien es mir nie möglich, dieses Repertoire an „besonderen Orten" anderen wirklich nahe zubringen. Es sind keine Orte für Tourismus. Keine Orte, die gesehen werden müssen. Keine Orte, die ich ohne weiteres transportieren kann. Keine Orte die ich konservieren kann.

ICH, Zirkusdirektor ...

Gesucht wird: Ein Multitalent. Sie/Er sollte sich auskennen und ein sicheres, überzeugendes Auftreten haben. Ein gewisses Talent zum Entertainment wäre dabei hilfreich, ist aber nicht nötig, sofern fundierte Fachkenntnis vorliegt.

Einer steht vorn. Der Ort des Interesses ist die Manege. Die Manege ist der Ort des Interesses. Was macht der Zirkusdirektor? Moderieren, aber vor allem präsentieren. Ankündigen, was gleich folgen wird. Die Aufmerksamkeit fokussieren. Die Zuschauer begeistern. Immer wieder die Besonderheit des Ganzen betonen, damit auch wirklich jeder weiß, dass es sich lohnt, die knappe Zeit auf diese Art und Weise – resp. „exkursionistisch" – zu verbringen. Wissen um die Attraktionen macht glaubwürdig. Der Direktor kennt sich aus.

Es darf nicht langweilig werden. Was interessiert viele? Was wohl alle? Vorstellungen und Erfahrungswerte. Ist bereits ein Vorwissen vorhanden?

Geschichten sind immer gut. Nicht nur Fakten. Das Publikum will unterhalten werden. Wo sind wir eigentlich? Die Lage des Ortes ist immer wichtig. Im Notfall hilft ein Stadtplan weiter. Da können die Verirrten wieder Bekanntes finden.

Besonderheiten? Mit Abstand das Wichtigste. Es darf niemand das Gefühl bekommen, die Vorstellung wäre schlecht, langweilig, gar überflüssig.

Was man da so machen kann, wenn man nicht dem Direktor folgt? Auf jeden Fall erwähnen, vielleicht möchte tatsächlich jemand wiederkommen ...?

Notizbuch zücken, Informationen sammeln. Über die Gruppe, die mich erwartet, nachdenken. Publikum ist nicht gleich Publikum. Wer kommt zur Show? Show ist doch Mist! Der Experte soll referieren. Na gut, die Leute müssen wenigstens etwas unterhalten werden. Wer hat schon wirklich Zeit? Der Markt ist groß, Angebote und Nachfrage stehen tatsächlich in Verbindung.

Regenschirme helfen. Auch ich habe zu solchen Anlässen einen besonders auffälligen bei mir. Hochhalten, „Hier!!!" rufen und alle werden zuhören. So der Wunschgedanke. Eine Gruppe führen bedeutet mehr, als nur die organisatorische Verantwortung, Treffpunkte und Uhrzeiten einzuhalten.

Ich zeige was wichtig ist. Das begründe ich natürlich auch, zumindest sollte ich es versuchen. Die Teilnehmer hören zu, sehen, und denken sich ihren Teil.

Exkursionen funktionieren auch anders. Teilnehmer sind Direktoren. Der Direktor ein Teilnehmer. Was wir sehen, wählen wir aus. Was wir uns zeigen lassen auch. Menschen treffen vor Ort auf den Ort. Orte verändern sich. Als Ganzes, wie auch in unserer eigenen Wahrnehmung. Meine Exkursion soll sich durch ihr Konzept mit den Übergängen zwischen beidem auseinandersetzen.

Ich bleibe Direktor. Also werde ich frontal durch das Gebiet des gemeinsamen Interesses führen. Am besten ist es natürlich, wenn alles was gesehen und gezeigt werden soll, auch da ist. Sonst entstehen Probleme. Es darf sich nur wenig ändern. Also orientiert man sich an den Konstanten.

Ankunft

„Treffpunkt ist die Endhaltestelle der Bus-Linie 10, Rasenallee. Beginn ist um 15 Uhr, die Exkursion dauert etwa 3 Stunden, incl. Auswertung." – Da wären wir. Das Notizbuch ist voll mit den zu erzählenden Dingen. Fakten und Anekdoten sollen unsere Wanderung nach Osten begleiten. Doch zuerst zum Organisatorischen.

„Sind alle da?" - Leider kann ich als Veranstalter, der die Anmeldungen entgegennahm, diese Frage nur selbst beantworten. Wandertagatmosphäre kommt auf. Namensliste raus, Häkchen machen. Fehlende einkreisen. Wie in der Schule murmelt es aus dem unruhigen, mir gegenüberstehenden Pulk. Ich muss schmunzeln. Viele wollen bald Lehrer werden. Es sind über 30 Lehramtsstudenten anwesend. Ich gehöre auch dazu.

Schulbezüge herstellen, klingt sinnvoll. Ich habe dies berücksichtigt. Anscheinend machen wir doch einen Wandertag ... wie immer kommt irgendwer zu spät. Wir stehen und warten.

Die Nachzügler sind jetzt auch da. Treffpunkt Endstation der Linie 10. Wir stehen mitten auf der Wendeschleife. Die wenigen Passanten schauen irritiert. Reisegruppen gehören wohl nicht zum regulären Bild dieses eher ruhigen Wohngebiets.

„HALLO!" – Es wird still, 40 Augenpaare richten sich auf mich, manche Blicke verweilen. Für alle unmissverständlich, der Ablaufplan, den es wie eine Regieanweisung einzuhalten gilt. Wichtige Dinge zuerst, also beginnen wir mit dem Ablaufplan:

- o *Verteilen der Arbeitsaufträge und Rollen*
- o *Koordination der Gruppe*
- o *Exkursion*

- *Auswertungsphase als Rollenspiel*
- *Pause*
- *Reale Auswertung und Interpretation der Exkursion*
- *Reflektion des Rollenspiels*
- *Methodische Überlegungen und Evaluation*

„So, auf der anderen Seite findet ihr die Arbeitsaufträge. Ihr könnt diese gemeinsam oder auch allein bearbeiten..." – Ich gebe zu, es ist ungewöhnlich Aufträge, zu verteilen. Ich habe mich bewusst dafür entschieden. Es soll gestritten werden. Ich habe insgesamt 5 verschiedene im Angebot.

Alle Teilnehmer sollten zusätzlich mit einer Aufgabe betraut werden. Ich legte die Arbeitsaufträge als Rollenspiel an, um ein Verlassen der eigenen Perspektiven zu erleichtern. Drei Gruppen mit fünf verschiedenen Blickwinkeln möchte ich auf diese Exkursion mitnehmen.

Die „BEOBACHTER" – was läuft drumherum?

Das Umfeld, in dem die Exkursion stattfindet, kann auch wichtig sein. Also ist es ihre Aufgabe, sich eben diesem eingehender zu widmen. Beobachter können sich als nützlich erweisen. Geben sie uns allen doch eine Rückmeldung aus einem anderen, distanzierterem Blickwinkel. Es kann nicht schaden, sie immer dabei zu haben.

Da ich mich für eine frontale Form der Exkursion entschieden hatte, die bei regulären Führungen gang und gebe ist, schien es nur sinnvoll, dabei auch das Umfeld zu betrachten. Einige sollten dies besonders intensiv tun.

Ich selbst habe mich während der Planung oft gefragt, wie uns die Spaziergänger und Anwohner sehen würden. Wir waren ja dabei, als große Gruppe, in ein Wohngebiet einzudringen. Es führt durchaus zu Irritationen, wenn eine vermeintlich touristisch orientierte Gruppe in ein Wohngebiet eindringt. Man rechnet nicht mit dem Besuch. Zumal viele der Außenstehenden sich durchaus fragen werden, warum wir überhaupt da sind.

Interesse könnten wir erzeugen. Vielleicht auch nicht. Aber egal, ob innerhalb oder außerhalb etwas zu beobachten ist, diese Arbeitsgruppe kann es vielleicht berichten. Was gesammelt werden soll, bleibt offen. Was gesammelt werden kann auch.

Die „LEHRER" - Potentiale für die Schule!

Mit diesem Auftrag beginnt das Rollenspiel. Zu zwei Themen führen wir eine Pro und eine Contra Gruppe mit.

Inhalte dieser Exkursion können innerhalb des Unterrichts eingesetzt werden! Auch die Wanderung durch ein Wohngebiet macht Sinn. Man muss nicht nur raus, in den Wald, auch in einem Wohngebiet kann man spannende Inhalte vermitteln, aufzeigen und darstellen.

PRO: Es gilt, die Schneise zu loben. Aber nicht nur die Schneise, auch den Ausflug in ein Wohngebiet, zur Veranschaulichung von Zusammenhängen. Für die Schule kompatibel soll es sein, es liegt an den Mitgliedern der Arbeitsgruppe, die passenden Argumente zu finden.

CONTRA: Wir sind wirklich nah am schulischen Wandertag. Es sollen alle im Sichtfeld bleiben, damit niemandem etwas passieren kann. Eine Degradierung der Teilnehmer? Es bleibt abzuwarten, welche Punkte in die Auswertungsphase getragen werden, und was die Gegner des Ganzen vorzubringen haben...

Die innerhalb der Exkursion bearbeiteten Inhalte eignen sich nur schlecht für die Schulpraxis. Allgemein handelt es sich bei den durch Exkursionen behandelten Inhalten zwar um „nette" Erweiterungen für Wandertage. Aber diese stoßen bekanntermaßen bei Schülern aller Altersstufen auf sehr begrenztes Interesse. Außerdem, wenn schon gewandert wird, dann bitte durch den Wald und nicht durch das Wohngebiet! Das kennen die Kinder nämlich zur genüge. Da sind sie, die Kritiker. Auch diese müssen zu Wort kommen. Es wäre viel zu leicht, die Thematik ohne Kritik anzugehen.

Beide Gruppen werden, so gegensätzlich wie ich ihre Rollen geschrieben habe, zwangsweise ins Gespräch geraten. Das hoffe ich zumindest. Sie könnten zeigen, wie unterschiedlich dieselbe Exkursion sein kann.

Die „BESONDEREN" – Es lohnt sich immer!

PRO: Die Gruppe, die sich für mich rechtfertigen wird. Die, die den anderen klar machen werden, dass der Besuch sich jederzeit wieder lohnt. Entsprechende Hinweise werde ich schon zu liefern wissen. Teils sogar unbeabsichtigt. Vielleicht haben wir verborgene „Marketing-Talente" unter uns. Ja, Harleshausen und die besuchte Frischluftschneise stellen etwas Besonderes dar! Natürlich macht es Sinn, Harleshausen zu besuchen! Die Frischluftschneise ist aus allen Blickwinkeln etwas Besonderes. Es ist absolut berechtigt, sich in Kassel mit diesem Thema zu beschäftigen. Es geht schließlich nicht nur um die physischen Aspekte des Funktionierens der Frischluftschneise, sondern auch um Aspekte des alltäglichen Lebens und Wohnens innerhalb dieses Gebietes! Gerade das macht es so spannend!

CONTRA: Harleshausen und die Frischluftschneisen – Politik und eben nichts Besonderes! Dieses Thema ist überschätzt. Ein Zugang zu der Thematik sollte, wenn überhaupt erst, theoretisch und dann praktisch stattfinden. Außerdem kommt in anderen Städten die Luft von allein in die Stadt. Wenn man überhaupt über die Schneise reden sollte, dann lediglich, wie sie für manche zum Instrument wird, die Veränderung dieses besonders „eingestaubten" Bereichs zu behindern!

Eine Vorlage habe ich gegeben. Kreativität ist gefragt, oder Realismus, je nachdem, wo wir stehen.

Etwa 21 Teilnehmer und Teilnehmerinnen sollten zur gemeinsamen Auswertung bleiben. Für die anderen endete die Exkursion mit der Wanderung.

Die Unruhe blieb, nicht jeder war glücklich mit dem, was getan werden sollte. Aber nach einem kurzen Moment des Verhandelns schienen die Aufträge verteilt zu sein.

„Dann mal los! Ich gehe vor." Schnellen Schrittes bergauf, hoch auf den Seitenstreifen der Rasenallee. „Los Leute, wir haben nicht ewig Zeit!" – Immer dieser Stress. Klar, man hat nie Zeit. Wenn es einen Zeitplan gibt, der ja ursprünglich helfen sollte, rennt die Zeit noch schneller. Das Ganze wird noch schlimmer, wird zusätzlich die fremde Weile beansprucht. Mir kommt es so vor. Nach einigen Metern biegen wir nach links ab, in den Wald. Es geht bergab. Der Weg ist zwar ausgetreten, aber doch so, wie man ihn an einem relativ warmen Wintertag erwarten würde. Teile von ihm wollen uns begleiten. Sie heften sich im wahrsten Sinne des Wortes an unsere Fersen.

Die kurze Waldpassage ist vorbei. Wir stehen auf einer Wiese. Es geht nicht mehr so steil bergab. Der Schlamm an unseren Schuhen bekommt momentan keine weitere Gesellschaft.

„HALT!!!" Die Gruppe kommt zum Stillstand, verteilt auf 50 Meter. Wir haben halt alle unser eigenes Tempo. Ich bin besonders langsam. Am Vorabend habe ich mich vertreten, schwimme gequält im Pulk mit. Die Vorrauseilenden müssen wohl den falschen Weg, fern der Route wählen, und sich somit verlaufen. Aber noch ist es nicht soweit, wir haben ja erst angefangen.

„Stellt euch bitte so auf, dass ihr mich alle sehen könnt." Jeder hat das, was gebraucht wird bei sich. Nach wie vor sind Rucksäcke am praktischsten. Ich hole die „Worthülsen" aus meinem. 12 Blätter, auf jedem

118

ein oder zwei Begriffe. Begriffe, auf die ich während der Vorbereitung stieß.

„Okay, ich halte jetzt ein Blatt hoch, ihr lest den Begriff dann alle laut." Wieder Unruhe. Fragende Gesichter. Amüsement und Irritation liegen dicht beieinander. Sehr gut, so soll es sein! Anregung der Gruppe durch einen Impuls.

„Achtung, es geht los!" Meine erste Karte. Zaghaftes Aussprechen. Die Irritationen wachsen, die Freude auch. Der „Chor der Exkursionisten" ist noch lange nicht im Einklang. Wie wichtig ist der Einstieg! Endlich geht es los. Wir stehen schon in der Schneise. Das habe ich nur noch nicht gesagt. Wir sind noch beim Vorwort.

Begriffe habe ich noch einige im Angebot. Fremde wie bekannte.

Stadt – Land – Der Chor findet den Takt. Der Begriff der Stadt scheint vertraut und konsensfähig. Unterschiedlichste Vorstellungen in den Köpfen, aber eine gemeinsame Basis. Über „Stadt" sprechen ist nicht über „Stadt" sprechen. Ein Sammelbegriff. Das Land: Der Gegensatz. Noch ein Sammelbecken für Bedeutungen. Soweit so gut.

Stadtrand = Freiraum? – Übergänge. Wenn Land zur Stadt wird. Und Stadt sich nicht mehr als solche erkennen lässt. Randlagen. Gebiete, die Vor- oder Nachteile vereinen?

Grünflächen – Wir stehen auf einer. Der Chor ist nun ein Chor. Grünflächen bieten verschiedenste Möglichkeiten. Vorgestellte Ansprüche: Nicht jedes Grün ist Grünfläche. Entscheidend ist, welche Möglichkeiten sie bieten. Gerade in der Stadt. Was kann man auf einer Wiese machen? Reicht das? Oder doch bebauen?

„Die ideale Stadt!" – Kann es sie geben? *Für wen?* Auch für alle oder nur für den Einzelnen? Ein Begriff zum Nachdenken. Gehören Grünflächen zur idealen Stadt? Oder reden wir über Infrastruktur? Behindert die große, vielseitige Stadt ihre Bewohner?

Der Chor blickt an mir vorbei. Auf die Stadt Kassel. Wir stehen „im Grünen." Eine Chance zum „unbefangen Sein". Lebenswelt zum Objekt werden lassen.

Zukunft – Vergangenheit – Die beiden werden uns begegnen. Wir sollten an sie denken, wenn wir uns in der Gegenwart umsehen. Was dabei wichtig sein wird, ist Ansichtssache.

Kosten – Nutzen – Der „homo Oeconomicus" tritt gern in Rudeln auf. Wo allgemeiner Nutzen vermutet wird, der im Verhältnis positiv zu den individuellen Kosten zu sehen ist, werden Viele auftauchen. Das wäre dann Erfolg, behaupten manche. Andere lehnen dieses Menschenbild ab. Verdrängen können wir die beiden Faktoren nicht immer.

„Was erwartet mich?" Alle haben ihre Vorstellung. Es wird sich zeigen. *„Was ist um mich herum?"* Eine Ur-Frage vieler Wissenschaften. Besonders der Geographie. Bei fast allen ein Studienfach. Wir werden sehen. Danach wird ein jeder wissen, was er/sie gesehen hat.

Wo wir schon mal hier sind ...

„... sollten wir den Moment nutzen, um über das zu sprechen, was uns gleich begegnen wird." Formal befinden wir uns in Harleshausen. Vom Gefühl her weniger. Es sind noch keine Häuser in direkter Nähe, die uns die Sicherheit geben, in einem Wohngebiet zu sein. Der Blick in Richtung Osten offenbart bereits in der Ferne die Stadt. Es ist an der Zeit, auf Geschichte und Ort einzugehen. Ich werde über Harleshausen referieren, kompakt Hintergründe anbieten.

Notizbuch suchen, Notizbuch finden. Die Aufmerksamkeit der Anderen ist gesichert. Also Los!

Mein Notizbuch

Zuerst einige Daten und Fakten, historischer wie auch aktueller Natur. Harleshausen wird auf einer Fläche von über 14 qkm durch 13.000 Harleshäuser bewohnt. Eigentlich sind es weniger, 12.845 wurden am 1. Januar 2006 von der Verwaltung der Stadt gezählt. Aber wenn einer meiner Zuhörer es wirklich genau wissen will? Ich kann die Zahl auf Anfrage immer noch nennen. Grobe Werte für einen groben Überblick, da muss ich unpräzise werden, das ist ganz normal.

Das führt dann auch direkt zur Geschichte. Ein Überblick ist nötig. Wo soll ich anfangen? Bei Fundstücken aus der Bronzezeit, 1500 v. Chr.? Eher weniger, aber trotzdem erwähnenswert, um die lange Tradition menschlicher Siedlungen in diesem Gebiet zu verdeutlichen. Wirklich bedeutend wird die Geschichte für Harleshausen ab dem 17. Jahrhundert.

„Man nennt die Harleshäuser auch Ossen, warum das so ist, werde ich euch nun erzählen." Landgraf Moritz hielt sich um 1600 einige sehr seltene Auerochsen in der benachbarten Wilhelmshöhe. Diese zur Zierde gehaltenen Tiere hatten für Zäune wenig übrig, und so begab es sich, dass einer dieser Ochsen 1604 durch das Lückenrod in Richtung Harleshausen marschierte. Für die Bauern war das nichts Neues, dennoch entschieden sie sich, etwas zu unternehmen. Freilaufende Ochsen stellten eine erhebliche Gefahr, vor allem für Ernte und Saatgut, dar.

Man kam überein, diesen Fall exemplarisch und dauerhaft zu lösen. Da der Weg über die Verwaltung des Landgrafen, mit Bitte um Unterlassung, erfolglos geblieben war, schien nun ein direkteres Vorgehen angebracht. Um die Gefahr zu bannen, entschieden sich die Bauern, den Ochsen zu töten.

Moritz, der übrigens auch „der Gelehrte" genannt wird, war über dieses Verhalten seiner Untertanen sehr ungehalten und verhängte eine empfindliche Strafe: Von nun an mussten die Harleshäuser jährlich eine Geldstrafe zur Sühne entrichten. Dies geschah auch, 235 Jahre lang. Erst 1839 war diese Schuld durch das Inkrafttreten neuer Gesetze getilgt.

Der Tribut selbst kam der durch Landgraf Moritz gegründeten Gelehrtenschule in Kassel zugute. Wir kennen diese zur heutigen Zeit als Friedrichsgymnasium, welches noch über die damaligen Aufzeichnungen im Archiv verfügt. Im 19 Jahrhundert entstand dann zur Erinnerung an die Geschichte das „Ossengedicht:"

„Ein Urochs ging spatzmausen
von Wilhelmshöh` nach Harleshausen
und als er kam ins Lückenrod,
da schlugen ihn die Harleshäuser tot.
Da kam der Klapp und stach ihn ab.
Da kam der Hildebrand mit seinen vier weißen Zicksen angerannt.
Da kam der Beisheim und schleppte Kopf und Füße heim.
Da kam der Klunz und sprach:
Gebt mir auch was in meinen Stunz!
Da kam der Moog und sprach:
Gebt mir auch was in meinen Trog!
Dann kam der Hermen und holte sich de Därmen.
Dann kam der Metzger-Henner und sprach:
Gebt mäh au was für Frau un Kenner!
Dann kam der Knoche und sprach:
Dies Späßchen bleibt nicht ungerochen!"

Diese Auflehnung gegen den Fürsten brachte den Harleshäusern den Spitznamen „Ossen" ein. Es ist eine Frage des Blickwinkels, ob sich die Häme der Außenstehenden in diesem Vergleich widerspiegelt, oder diese Geschichte ein stolzer Teil der Geschichte des Ortsteils ist. Im

Ursprung war es nicht als Lob gemeint, aber so mancher Harleshäuser lässt sich heute noch gern als „Ossen" bezeichnen.

Im 18. Jahrhundert überschreitet Harleshausen, immer noch von Landwirtschaft geprägt, die 300 Einwohner. Der 30jährige Krieg (1618-1648) hat Harleshausen in Mitleidenschaft gezogen, ebenso wie der siebenjährige (1756–1763). 1936 werden die 4.000 Bewohner des Stadtteils, der kurz nach der Jahrhundertwende eigene Pfarrgemeinde wurde, in die Stadt Kassel eingemeindet. Landwirtschaft spielt zwar immer noch eine Rolle, aber nun finden sich auch Arbeitersiedlungen in der Gemeinde.

„Soweit fürs erste. Gibt es an dieser Stelle schon Fragen? Irgendwas unklar? Wenn nicht, dann gehen wir erst mal weiter." Es ist ruhig. In der Ferne zwitschern Vögel, kaum zu hören. Ungewöhnlich für die Jahreszeit. Ein tiefes Brummen ist gedämpft aus Richtung der Rasenallee zu hören, jemand scheint es wirklich eilig zu haben. Es wird wieder still.

„Okay, dann gehen wir weiter. Immer DA lang!" Der Regenschirm ist länger als mein Arm und würde vor Farbenpracht so manchen Papageien erblassen lassen. Optimale Voraussetzungen, um mit Arm und Schirm die einzuschlagende Richtung unmissverständlich anzuzeigen. Weiter bergab ins Wohngebiet.

Die „frische" saubere und kältere Luft soll im Optimalfall auch diesen Weg entlang fließen. Wunderbar, das muss ich unbedingt betonen, wenn wir die nächste Station erreichen.

Verdammt! Ich habe etwas vergessen: „Ach so, wie ihr ja selbst merkt, sind wir hier in einer Hanglage, am Rand der Stadt". Nebensache und selbstverständlich. Schön für alle, die es gehört haben. Die anderen merken es selbst. Fast schon überflüssig, darauf hinzuweisen. Aber es ist doch gerade so deutlich, wir schauen direkt auf das Kasseler Becken.

Notizbuch einpacken und wieder hinterher. Die, die eben noch meinen Chor bildeten, machen in eindrucksvoller Geschwindigkeit deutlich, wie schnell die Auflösung in Kleingruppen umzusetzen ist. Man kennt sich aus dem Studium. Auf in breiter Reihe bergab. Die Spitze wird nicht übernommen. Unsere Gruppe bildet, wenn überhaupt, einen Keil, an dessen spitzen Ende ich mich befinde. Nur bin ich der Letzte und nicht der Erste... „Na das klappt doch super!"

Pioniere entdecken Pioniere

Unser Keil erreicht einen Zaun. Ausgetreten führt ein Weg, weiter bergab. „ESEL!" höre ich es rufen. Kontaktaufnahme. Der „Wortführer" der Esel grüßt lautstark. Dabei steht er auf der anderen Seite des Zauns, so ruhig, als wolle er die schnelle Hatz durch die Geschichte nun in Echtzeit ausgleichen.

Zur Begrüßung ein Grasbüschel, doch der Gesprächspartner geht darüber hinweg. Weiter, auf dem Weg, immer noch bergab.

Eine asphaltierte Straße kommt nun in Sicht. Eine Sackgasse mit fast keinem Verkehr. Optimal geeignet, um nun die eigentliche Funktion der „Frischluftschneise" zu veranschaulichen. Ich erreiche den Punkt, an dem ich gerne meinen zweiten Vortrag halten möchte und bleibe stehen. Ich kann mir Zeit lassen, mein Notizbuch, den Stadtplan und die Straßenkreide zu zücken. Bis alle die, die fast außer Hörweite vorgeeilt sind eintreffen, kann ich mich sortieren.

Nun stehen wir in den Ausläufern des Wohngebiets. Hinter mir lassen sich die ersten Wohnhäuser mit gepflegten und gestalteten Gärten begutachten. Wir haben das Landschaftsschutzgebiet noch nicht verlassen. Nur die Häuser, eigentlich ihre Bauherrn, waren früher da. Sie können auch bleiben. Gebautes darf erhalten und bewohnt werden, neues Bauen ist nicht mehr möglich.

Wir haben uns mittlerweile wieder gesammelt, hinter mir der Zaun, im Halbkreis vor mir die Gruppe. Hinter mir toben 2 Jungen durch den Garten. Notizbuch hervor. Stadtplan auch bereithalten. Zeit für Details.

124

Kaltluftbahnen

Meine „Frischluftschneise" ist eigentlich eine Kaltluftbahn, zumindest wenn sie funktioniert. Wie eine Leitbahn soll der kalten Luft, die in den oberen Hanglagen entsteht, ein „Abrutschen" Richtung Tal erleichtert werden. Eine schnellere Abkühlung dieser Luft ist möglich, da gegenüber einer bebauten Fläche weniger Wärme gespeichert wird.

Viele Städte in Deutschland müssen auf eine hohe Luftverschmutzung reagieren. Da die Stadt Kassel in einer Art Senke gelegen ist, dem „Kasseler Becken," verstärkt sich der Effekt. Aufgeheizte und verschmutzte Luft steht, besonders nach heißen Sommertagen, über der Stadt. Um das Problem mit dem Sommersmog abzumildern, verfolgte man in Kassel ab den 1970er Jahren ein Planungskonzept, welches die Leitbahnen integrierte.

Die Vorteile liegen dabei klar auf der Hand, die abgekühlte und durch den Wald gefilterte Luft sinkt wegen ihrer Temperatur in Bodennähe talwärts ab und sorgt neben einer Förderung der allgemeinen Zirkulation auch für eine gewisse Abkühlung. Wie stark dieser Effekt ist, hängt unter anderem von der Struktur der Schneise ab.

Optimal wäre eine gerade, breite und unbewachsene Wiesenfläche, die sich bis tief in die Stadt erstreckt. Positiv ist zu berücksichtigen, dass die freien Flächen ein großes Potential zur Naherholung beinhalten, so bieten sich Spaziergänge entlang einer solchen Leitbahn an.

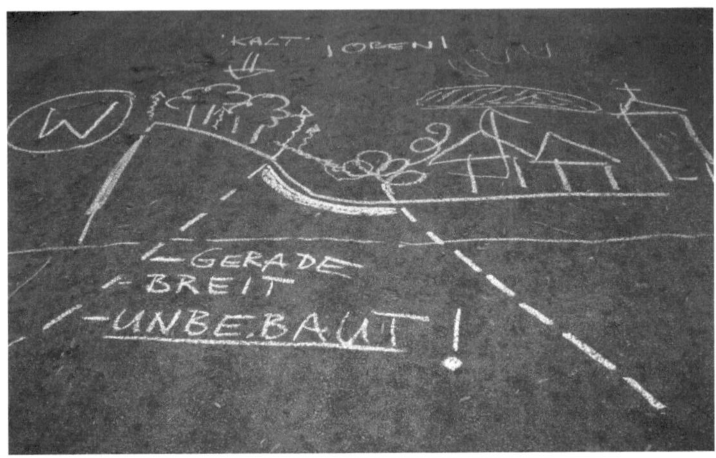

*Dieses Schaubild malte Andrea Gerhardt, während ich die Funktions-
weise der Schneise beschrieb. Die Nutzung von Straßenmalkreide, mit
der die Straße zu einer Tafel wird, hat sich bereits bei anderen Exkursionen bewährt. Schematisch wird optimale Funktion der Schneise veranschaulicht.*

Allerdings steht dieses Konzept der städtebaulichen Realität gegenüber.
Eine große Fläche unbebaut und unbewaldet zu lassen, ist nicht ohne
weiteres in einer Stadt aufrechtzuerhalten. Auch anderweitig können
Nutzungsansprüche auf die Flächen erhoben werden, die die vorher
beschriebene Wirkung fast gänzlich verschwinden lassen. Wohnen ist
einer dieser Ansprüche. Die Stadt wächst, Flächen für Neubauten werden knapp. Falls mehrere parallele Schneisen vorhanden sind, lässt sich
über die Aufgabe eines solchen Konzepts leichter nachdenken. Eine
Bebauung des untersten Teils, des so genannten „Kopf-Teils," bietet
sich als Kompromiss an.

Ein Abwägen von Vor- und Nachteilen dieses Konzepts wäre fast tabel-
larisch möglich, wenn wir die Anwohner aus unserm Bewusstsein verdrängen.

Dafür ist es jetzt zu spät. Die eben noch wild spielenden Kinder haben uns bemerkt. Sie standen schon hinter mir, während ich referierte. Einer der beiden Jungen fragt auch ganz direkt:

„Entschuldigung, was machen Sie denn?" – „Ja, wir schauen uns hier die Gegend an. Musst Dir das wie eine Reisegruppe vorstellen. Die kennen das hier alle nicht, deshalb zeige ich es ihnen." – *„Okay."*

Warum hat er eigentlich mich gefragt? Es sind doch genügend andere da. Vielleicht macht es die Form, in der wir über den Ort gesprochen haben. Ich habe referiert und nebenbei noch meine Wünsche für das Schaubild klargemacht. Zwei Teilnehmer habe ich angewiesen, unseren momentanen Standort auf einem Stadtplan genau zu markieren. Die Beiden kamen dem Auftrag auch nach. Der Umgang mit den Arbeitsaufträgen ist nach außen kaum sichtbar. Dass jemand etwas notiert oder kurz auf einen Zettel schaut, ist auch nicht unbedingt ungewöhnlich. Als Gruppenleiter falle ich hingegen dann doch etwas mehr auf. Den Regenschirm aus der Hand zu geben reicht zum Untertauchen nicht aus.

Wir sollten weiter, doch ich schwelge schon in Gedanken. 500 Meter bergab und etwa 15 Jahre zuvor hätte ich der Junge sein können. Eine große Gruppe, die sich die Gegend ansieht, hätte mich auch sehr verwundert. Spaziergänger wird es hier immer geben, zumindest wenn die Grünflächen erhalten bleiben. Diese sind zwar oft und an schönen Tagen auch in großer Anzahl zu sehen, jedoch nicht in großen Gruppen.

Anwohner der Schneise, das kann verbinden. In den 1960er Jahren wird mit der Erschließung des Gebietes begonnen. Einfamilienhäuser und Gärten des Projekts „Gartenstadt Harleshausen". Aber diese Gegend ist nur ein Teil von Harleshausen. Das „Arbeiterdorf" vergangener Zeiten ist auf der anderen Seite des Ortes. Der historische Ortskern ist auch entfernt. Eine Einladung, sich mit naher Vergangenheit und Gegenwart zu befassen.

An dieser Stelle beginnt die Betroffenheit. Der Experte als Anwohner, der Anwohner als Experte. Muss einer von beiden an dieser Stelle zuhause bleiben? Erst müsste ich wissen, wer mehr Befangenheit in sich trägt. Ich habe uns beide mitgenommen.

Leben mit der Schneise

Meine Eltern bezogen Mitte der 1980er Jahre unser Haus aus den späten 1960ern. Die „Bauherren" der Gegend bewohnten größtenteils die Häuser. Manche von ihnen tun dies auch bis heute noch. Über 40 Jahre nach der Erschließung. Ein Blick in die Statistik zeigt, wie wir uns die Bebauungsstruktur vorstellen können. In Kassel befinden sich im Durchschnitt über drei „Wohneinheiten" pro Haus. Harleshausen hingegen erreicht einen Wert von ca. zwei Wohneinheiten. Mehrfamilienhäuser sind folglich weniger verbreitet. Dieser Wert gilt auch für den Bereich unserer Schneise. Nur sehr selten finden sich mehr als 2 Klingeln an den Türen.

Wir haben die Schneise in der Breite durchquert, auf einem schmalen asphaltierten Weg. *„Hier bekommst Du auf jeden Fall einen Parkplatz vor der Haustür,"* sagt ein Teilnehmer zum anderen.

Wir überqueren gleich den Wilhelmshöher Weg, aber noch heißt die gepflasterte Straße, die wir langsam hinunter schlendern „Vor dem Forst."

Ich halte die Gruppe an. Wir stehen vor einer hohen immergrünen Hecke. Ganz deutlich trennt diese die Öffentlichkeit der Straße, die unsere Gruppe in diesem Moment blockiert, von der zu schützenden Privatsphäre des Grundstücks. Hohe Hecken lassen sich vielseitig deuten. Ob positiv oder negativ bleibt offen. Gartenpflege oder Sichtschutz. Ich trage mein Gedankenspiel vor.

Hecken schützen. Wo viele Spaziergänger sind, möchte man als Anwohner trotzdem ungestört im Garten verweilen können. Ein „grüner Sichtschutz" leistet dabei erfolgreich und diskret seinen Dienst. Der grüne Zaun ist in dieser Gegend weit verbreitet. Es bestand auch genug Zeit zum Wachsen.

128

Kann man einen Nutzungskonflikt unterstellen? Spaziergänger mit ihren schweifenden Blicken und ihrem Auge fürs Detail, auf der Straße. Die Bewohner wünschen Privatsphäre.

Die Frischluftschneise dürfen wir nicht vergessen. Ich habe von schlechten Beispielen gesprochen. Wir haben schon einige gesehen. So „breit, unbebaut, gerade" wie die „Muster"-Frischluftschneise sein müsste, ist sie überhaupt nicht! Wir können nun sehen, wie aus dem Rechteck der Planungsphantasie ein V wird. Dem Anspruch des Wohnens hat unsere Schneise an dieser Stelle nur noch wenig entgegenzusetzen. Wir sind nun im Wohngebiet.

Im obersten Abschnitt fanden wir nur Wiese und die Stallung der Esel. Im Mittelstück fanden wir eine landwirtschaftliche Nutzung, allerdings in ganz dezentem Maße. Nun geht es in das untere Drittel.

Die Nutzungsform des Geländes zeigt ganz deutlich, dass viele Ansprüche vorhanden sind. Die Flächen werden von Straßen durchquert, nicht mehr nur flankiert. Erst eine Wiese. Dann das Regenrückhaltebecken, welches bei starkem Regen die Angrenzende Kanalisation entlasten soll. Sehen können wir es nicht, aber uns die Dimensionen vorstellen. Einziges Indiz ist das kleine Gebäude und das Schild der städtischen Werke.

Nun zum letzten Stück der Schneise, dem so genannten „Kopf-Teil". Hier wird seit einigen Jahren gewohnt. Als die Erschließung der 6 Grundstücke beschlossen wurde, entstanden unter den Anwohnern so manche Diskussionen. Sollte die Schneise aufgegeben werden? Fest steht, dass die „Kopfbebauung" die Wirkungsweise der Schneise wohl nicht verbessert. In welchem Maße bleibt dabei fraglich. Aber auch, ob sich nach der Bebauung in Sommernächten ein Temperaturunterschied feststellen lässt. Ein vorsichtiges „Ja" als Antwort.

Die Neubauten stehen soweit wie möglich von der die ehemaligen Wiesenflächen, flankierenden Straße, der Todenhäuser Straße, entfernt. Somit bleibt ein etwa acht Meter breites Stück übrig, durch das die Luft noch bis zur Einmündung der Hainbuchenstraße fließen kann. Danach geht es auf der Breite der Straße bis zur Harleshäuser Straße. Zudem könnte die Luft auch über die angrenzenden Schrebergärten gleiten, da diese nur geringe Baumhöhen aufweisen.

Wir folgen dem Weg. An der Hauptstraße angekommen, hat sich die Situation völlig verändert. Laut ist es, der Verkehr braust stadtein- und stadtauswärts. Ich habe, als wir noch im Ruhigen standen gebeten, die nächste und auch letzte Etappe möglichst schweigsam wahrzunehmen. Dies gelingt den meisten gut.

Ich hingegen habe einige Schwierigkeiten, nichts zu sagen. So komme ich doch immer wieder mit ins Gespräch. Wir reden über Konstanten in Stadtteilen. Über den Vergleich zwischen meinem und anderen Stadtteilen. Über konservierende Wirkungen von Gartenstädten. Es herrscht wenig Dynamik im Gebiet um unsere Schneise herum. Wer einzieht, der bleibt oft sehr lange hier. Die Harleshäuser sind dabei insgesamt gealtert. Das Gebiet der Schneise ebenfalls.

Jeder vierte hat das reguläre Rentenalter erreicht oder überschritten. Im Stadtteil Nord, den die Studenten meiner Exkursion besonders gut aus der alltäglichen Praxis kennen, gilt dies nur für etwa jeden zehnten.

Der Berufsverkehr tobt, während wir uns in Richtung der Ahnatalstraße bewegen, um ein Ende zu finden. Der Kontrast der Klangkulisse ist enorm.

Halbzeit

„Alle die, die nicht zur Auswertung bleiben, sind an dieser Stelle entlassen." Wir stehen dicht gedrängt unter dem Vordach der katholischen Kirche an der stark befahrenen Kreuzung zwischen Harleshäuser und Ahnatalstraße. Die Abenddämmerung bricht herein. Es ist Zeit für ein erstes abschließendes Wort.

Ich habe im Allgemeinen nicht mehr viel zu sagen. Was gesagt werden musste, konnte gehört werden. Die, die jetzt schon ihren Heimweg antreten, müssen ihr Fazit selbst finden.

Ich habe ein Gedicht ausgesucht, welches ich im Kampf mit dem Verkehr hinter uns vortragen möchte. Norbert Schönewolf dichtete 1987 über Harleshausen:

Gruß aus Harleshausen

Dort, wo die Geile fließt
Durch Wald und Wiesengrund,
dort ist's, wo dich die Heimat grüßt,
zu jeder Zeit, zu jeder Stund'.
Hier war's wo deine Wiege stand,
Wo du das Licht der Welt hast erblickt,
einstmals war es Fürstenland –
wie fern ist diese Zeit gerückt!
Grüß mir mein schönes Harleshausen
Das über 900 Jahre ist nun alt,
Möge es in täglich schwerem Brausen
Aufblühen zu schönerer Gestalt.-

Da sind wir nun, im Wohnzimmer meines Elternhauses. Es ist behaglich warm. Wir haben entschieden, erst einmal eine kurze Pause zu machen. So kann die Verteilung von Kaffee, Tee und anderen kleinen Stärkungen problemlos vonstatten gehen. Da wir uns vor größeren Umbaumaßnahmen scheuten, aber ein Jeder auch einen Platz finden soll, sitzen wir in wilder Ordnung.

„Nun zur Auswertungsphase. Zuerst sollten wir die Arbeitsaufträge machen." Die „Beobachter" beginnen. Berichten können sie dabei einiges. Wer uns gesehen hat, hat sich sichtbar gewundert oder uns ignoriert. Man kam mit Anwohnern ins Gespräch, die überrascht waren, so viele „Fremde" vor ihrem Haus stehen zu sehen. Wir müssen ganz gut als Gruppe, die durch den Stadtteil geführt wurde, erkennbar gewesen sein. Einer redet, den Rest kennt man ja. Wir unterhalten uns noch mal über die beiden Jungen, die mich ansprachen. Es hatten nicht alle mitbekommen.

„So einen unstrukturierten Tag durchzuführen bringt doch nur Ärger! Im schlimmsten Fall bleibt nichts bei den Kindern hängen, außer Schlamm, und das musst Du dann noch den Eltern erklären."

Die „Gegner" der Exkursion melden sich zu Wort. Zuerst erfolgt der Angriff auf die Potentiale eines Wandertags. Die Befürworter stehen unter großem Druck. Jedoch gelingt ein Konsens, Theorie allein ist auch nicht gut. Ich wollte „eigentlich" nur moderieren, erliege aber der Versuchung, den Befürwortern zu helfen.

Wir streiten weiter, können uns nur schwer einigen. So etwas kann Sinn machen, muss es aber nicht. Am Fallbeispiel Frischluftschneise gehen dann die vertretenen Meinungen weit auseinander. Darauf war es auch angelegt. Ich befürworte die Integration einer „Exkursionistischen Bildung" in den Schulalltag. Ein Wandertag ist geradezu ein Muss für einen solchen Versuch. Thematisch ist dabei vieles möglich, befreit man sich von dem Zwang, nur das Exemplarische zu besuchen. Die größten und bedeutendsten Beispiele zeigen uns zu oft nur eine Seite. Mein schlechtes Beispiel fordert Vorstellungskraft.

Zeit für die beiden anderen Gruppen.

„Wer sagt eigentlich, dass die Luft überhaupt von diesem Berg kommen muss, es gibt genügend andere!" // *„Wenn ich mir die Mühe mache, dann will ich auch was sehen!"* – Wieder sind die Gegner in der anscheinend besseren Position. Wird die Schneise als politisches Argument von den Anwohnern missbraucht um sich vor Veränderungen zu schützen? Ein reines „Politikum," entrückt jedweder Rationalität?

„Man kann es sich auch einfach machen!" Meine Betroffenheit zwingt mich ein weiteres Mal, in die inhaltliche Diskussion einzusteigen!

„Es bleibt nur die Frage: WER wohnt da? WARUM wohnt er da und WIE wohnt er da!" – Es bleibt kompliziert. Wir haben unterschiedliche Eindrücke gesammelt, je nachdem, wie wir sehen *wollten*. Und je nachdem, wie wir durch die Arbeitsaufträge sehen *sollten*. Es wird in unterschiedlichen Richtungen angeknüpft. Befangenheit meinerseits. „Milieu" oder der Umbruch durch die nach und nach Zuziehenden werden thematisiert.

Nach dem Rollenspiel sind wir uns wieder einig. Es ist vieles zu berücksichtigen, wenn wir uns einem Ort annähern, einen Ort erleben wollen. Die Begegnung mit dem „da draußen", das die Schneise besetzt, eröffnet viele Perspektiven. Die Frage, was gesehen und was gezeigt werden kann, gewinnt durch die Frage, wie dies von statten geht, an Qualität. Die letzten Teilnehmer sind gegangen, um wieder in die Stadt zu fahren. Ich bleibe im Dorf.

Nachlese[n]

Mein Notizbuch steht wieder im Regal, mir ist nicht mehr kalt und meine Schuhe habe ich auch wieder sauber bekommen. Nun kann ich meine Exkursion noch einmal Revue passieren lassen.

Von ihrer Methodik her war meine Exkursion nah an einer „Führung." Mir war eine mögliche Umsetzung als potentieller Wandertag wichtig. Somit war es auch nötig, alle Teilnehmer ständig in direkter Nähe zu haben.

Der Auftakt-Impuls durch die Worthülsen, gedacht als „begriffliche" Einstimmung auf das Exkursionsthema, erlebte seine methodische Premiere und wurde als gut markierter Anfang sehr gut angenommen. Auch die Auswertung machte deutlich, dass ein gemeinsamer Austausch von Eindrücken zentral zur Verwertung der individuell gesammelten Erfahrungen beitragen kann.

Die Schneise bekam durch die Vertiefung des Themas, aber vor allem durch das Weitergeben meiner persönlichen Eindrücke und Erfahrungen, einen großen Facettenreichtum. „Betroffen Sein" ist für mich ein wirklich guter Grund, Anderen ein Stück der eigenen Welt zu zeigen.

Philipp Wichmann: Beobachtungen

Am 17.01.2007 trafen sich in Kassel-Harleshausen Geographinnen und Geographen zu einer gemeinsamen Exkursion in die so genannte „Frischluftschneise" von Harleshausen.

Erste Feststellung zur Exkursion: Es ist kalt. Eine Exkursion zur Frisch- bzw. *Kalt*luftschneise scheint also Sinn zu machen. Die Teilnehmer wurden vom Exkursionsleiter jedoch vorgewarnt und sind größtenteils entsprechend gekleidet. Nur das Schuhwerk steht hier und da im Konflikt mit dem doch eher matschigen Boden. Trotzdem geht es dann los, bergab, immer dem Verlauf der Schneise folgend.

Die Exkursion vollzieht sich in einem Wechsel von Zuhören und selb-
ständiger Arbeit. Bewegt sich die Gruppe, so hat jeder Student einen
Arbeitsauftrag, dem er sich widmen soll. Bleibt die Gruppe stehen, gilt
es dem Exkursionsleiter zuzuhören, da dieser die Gruppe mit Informationen versorgt. So entstehen zwei völlig unterschiedliche Arbeitsphasen.
Während des Zuhörens scheinen die Studenten sehr aufmerksam zu
sein. Besonders als ein Kreideschaubild zur Funktionsweise der Frischluftschneise auf die Straße gezeichnet wird, scheint dies der Fall zu
sein. Der Fokus liegt während dieser Phase eindeutig auf dem Exkursionsleiter. In der zweiten Phase, der des selbstständigen Arbeitens, ist
das Bild von Einzelgesprächen geprägt. Es hat beinahe den Anschein,
als würden die Exkursionsteilnehmer darauf warten, dass etwas passiert. Die Gruppe zieht sich schnell in die Länge, es herrscht eine lockere Stimmung. Doch ab und zu sieht man, wie jeder für sich kurz etwas
auf seinem Arbeitszettel notiert, ehe er sich weiter unterhält oder darauf
wartet, neue Informationen vom Leiter dieser Exkursion zu erhalten.

Von außen wird die Exkursionsgruppe von den meisten Passanten zwar
kurz wahrgenommen, jedoch kaum weiter beachtet. Lediglich ein Esel
empfängt die Gruppe mit lautem und neugierigem Geschrei. Viele ältere
Personen, von denen es in Harleshausen viele gibt, heben kurz den
Kopf und gehen dann weiter. Dies ist jedoch kaum verwunderlich, ist die
Schneise doch ein Zentrum für Spaziergänger.

Eine kleine Gruppe Kinder schleicht sich dann jedoch an die Gruppe
heran und versucht vorsichtig herauszufinden, was hier vor sich geht.
Sie hören neugierig zu und fragen den Exkursionsleiter dann sogar, was
er und die ganzen Anderen denn hier machen würden. Sie scheint also
interessant gewesen zu sein, die Exkursion zur Frischluftschneise in
Harleshausen.

Vor der Exkursion hatte ich wenig Lust, an eben jener teilzunehmen.
„Frischluftschneise Harleshausen, was kann mich da schon erwarten?"
Im Nachhinein bin ich jedoch positiv überrascht, wie viele interessante
Informationen sich in dieser Exkursion verborgen haben. So flossen im
Informationsteil der Exkursion auch politische und geschichtliche Aspek-
te ein. Dass ein Waldpark, in dem ich spazieren gehe, politische und
stadtplanerische Hintergründe hat, daran hätte ich vor der Exkursion

sicherlich nicht gedacht. Der Exkursionsleiter war zudem sehr gut über die Frischluftschneise informiert. So konnte er dieses Wissen auch glaubwürdig und interessant vermitteln.

Die Methodik der Exkursion kam mir ebenfalls entgegen. Jeder hatte wegen der unterschiedlichen Gruppen seinen Teil zu erledigen, ohne dabei ein Gefühl von Schule zu haben. Ich denke, ist der Fokus einer Aufgabenstellung nicht auf den Inhalt selbst, sondern auf die Rahmenbedingungen gerichtet, so kann man dem Inhalt mehr Aufmerksamkeit schenken, weil sich nichts nur wiederholt. Ich hatte das Gefühl, jeder erledigt seinen Gruppenauftrag und auch der Exkursionsleiter tut dies. So kam kein klassisches „Lehrer-Schüler-Gefühl" auf. Allerdings wäre es auch schwierig gewesen, wenn die Exkursionsteilnehmer sich mit dem Inhalt hätten beschäftigen sollen. Wo hätten wir die Informationen herbekommen sollen?

Insgesamt hat mir die Exkursion gut gefallen, weil viele verschiedene Aspekte beleuchtet wurden, weil man das, was einem erzählt wurde, am eigenen Leib erfahren konnte und weil die gegebenen Informationen gründlich recherchiert waren.

Inga Bode: Harleshausen und die Frischluftschneise
– Politik und eben nichts Besonderes!

Während der Exkursion hatte ich den Arbeitsauftrag, im Rollenspiel, mich mit den „negativen" Aspekten der Frischluftschneise auseinander zu setzen. Dieser Auftrag ergab folgenden Blick, der nicht meiner eigenen Meinung entspricht: Die Problematik wird insgesamt überschätzt. Die Frischluftschneise soll dazu dienen, die Stadt Kassel mit frischer Luft aus den umliegenden höheren Zonen zu versorgen. Gerade im Sommer, bei hohen Temperaturen, scheint dies sinnvoll. Unzählige Diskussionen werden geführt und viel Zeit und viele finanzielle Mittel werden aufgewendet, um eine Lösung oder einen Umgang mit der Problematik zu finden. In meinen Augen ist dies vergebene Mühe. Sicherlich sollte es ein Anliegen sein, eine gute Luftqualität in der Stadt, gerade an heißen Tagen, zu gewährleisten. Allerdings regelt die Natur dies weitestgehend von selbst. Ein Luftaustausch findet auch ohne besondere Maßnahmen und gesondertes Zutun statt.

Jegliche Anstrengungen, die bezüglich dieses Themas gemacht werden, dienen nur der politischen Auseinandersetzung verschiedener Verbände und Interessensgemeinschaften. Letztendlich werden ehemals geschützte Flächen doch irgendwann bebaut. Dies geschieht zwar unter bestimmten Auflagen, aber auch die Einhaltung dieser Auflagen ist nicht immer gegeben. Bauliche Veränderungen werden im Laufe der Zeit stillschweigend geduldet; Maßnahmen genehmigt, die gegen das ursprüngliche Konzept verstoßen, ohne dass das jemanden kümmert.

Im Vordergrund der Überlegungen bezüglich Harleshausen sollten Lösungen stehen, die diesen Stadtteil vor dem Aussterben retten können. Denn Berechnungen zufolge sollen die Bewohner bis 2030 verstorben sein. Was geschieht dann mit der Fläche, den Häusern und was heißt das für die gesamte Stadt Kassel? Die eingestaubten Strukturen, die in dieser Diskussion vorherrschen sollten aufgebrochen werden. Stattdessen wird das Thema „Frischluftschneise" in den Vordergrund gedrängt. Die Öffentlichkeit sollte klare Standpunkte beziehen: Entweder ob sie für eine Erhaltung der Frischluftschneise oder aber für eine Erhaltung des Stadtteils Harleshausen ist. Bevor diese Meinung nicht artikuliert ist, ist es müßig über Sinn und Zweck und Gegenwart und Zukunft der Frischluftschneise zu reden.

Um ein noch persönliches Resümee zu ziehen: Insgesamt fand ich die Exkursion gelungen. Ulrich hat die große Teilnehmerzahl gut bewältigt, indem er sich ernsthafte Überlegungen zur Umsetzung mit solch einer großen Gruppe gemacht hat. Die Vorbereitung hat Früchte getragen, so dass wir alle eine „Anleitung" in der Hand hatten, welche die Exkursion klar gliederte und auch bei der Ausarbeitung hilfreich war.

Während der Führung hat er „den Ton angegeben" und sich bemüht, uns Informationen über Harleshausen zu vermitteln. Dabei war er gut erkennbar durch den klassischen „Führungs-Regenschirm." Die angewendete Methodik, vor allem die Kreidezeichnung zur Thermik, waren hilfreich. Man merkte, dass er in dieser Gegend zu Hause ist, denn er hatte Detailwissen und war interessiert, uns dieses bestmöglich weiter zu geben. Die sinnliche Erfahrung, mal wieder im Schlamm zu stehen, ist nicht bei allen angekommen und ich habe mich im Nachhinein gefragt, was Ulrich uns damit noch mal sagen wollte. Einprägsam fand ich die Atmosphäre des Gebietes. Es herrschte eine gewisse Stille vor, die aufgelockert wurde durch die vielen Spaziergänger, Kinder und Hunde.

3.1.1 ULRICH KIRSCH: DAS PROBLEM MIT DER EXZELLENZ - ARBEITSTITEL: FRISCHLUFTSCHNEISE

Allgemein, so scheint es mir, muss ein Ort, der das Ziel eines Ausfluges werden soll, etwas Besonderes aufweisen. Schließlich benötigt man einen *Grund*, um allein den körperlichen Aufwand auf sich zu nehmen, sich irgendwo hin zu begeben und vor allem muss es sich *lohnen*, seine kostbare (Lebens-)Zeit mit dem Besuch eines Ortes zu verbringen. Der Anlass des Besuches, welchen ich hier als Ausflug umschreibe, kann vielfältig sein. Beispielsweise Empfehlungen Bekannter bewirken, dass der Besucher bewusst die Entscheidung trifft, eben jenen Ort auszuwählen, den man selbst einmal gesehen haben sollte. Verlaufen, oder eine Erkundung aus Langeweile gehören nicht in den Bereich des absichtsvollen Ausflugs, auch wenn passende Beschilderungen Besucher zuweilen dazu bewegen können, einen zuvor nicht intendierten „Abstecher" zu machen. Doch nun zu den Orten. Besonders deutlich wirkt sich die Suche nach einer „Exzellenz des Ortes" im Bereich der Touristik aus.

Fall 1: Es gilt potentielle Touristen davon zu überzeugen, dass es sich lohnt, Zeit für den Besuch einzelner Orte einzuplanen. Dabei kann „Ort" von einer Laterne bis hin zu einer Millionenstadt ausgedehnt werden. Die Konkurrenz einzelner Orte (beispielsweise zwei Städte) treibt diese Suche nach Superlativen an. Es gilt das größte, schönste, tollste, bedeutendste (...) zu sehen. Gelingt es, ein Superlativ zu besetzen oder zu konstruieren – und sei dies nur in einem regionalen Kontext – besteht die Chance einer erfolgreichen Vermarktung. Der Superlativ entfaltet seine Attraktionskraft: Die Besucher kommen.

Fall 2: Problematisch scheint es, eben jene Orte zu bewerben, für die sich nichts Besonderes finden lässt. Orte, die eben nichts aufweisen, das man einer breiten Masse überzeugend darlegen könnte. Wo es keine Besonderheit gibt, lässt sich schwer argumentieren, warum es sich dennoch lohnen kann, dorthin zu gehen. Solche Orte können durchaus die Lieblingsorte Einzelner sein, verschwinden allerdings häufig aus der Aufmerksamkeit, da sie meist in alltägliche Kontexte eingebunden sind und somit das Etikett „gewöhnlich" tragen.

Der Ort, mit dem ich mich hier befasse, hat eben ein solches Problem: Seine Exzellenz lässt sich nur schwer vermitteln.

Das Gebiet mit dem ich mich immer wieder auseinandergesetzt habe, ist gerade einmal 1,7 km lang (maximale Ausdehnung von West nach Ost) und liegt im Westen Kassels. Genauer gesagt in Harleshausen. Eigentlich ist die „Frischluftschneise" eine Kaltluftleitbahn und hat einen städtebaulichen Nutzen, soll sie doch das Klima verbessern, indem sie der überhitzten Stadt Kaltluft zuführt. Dabei wird die schnellere Abkühlung der Luft über bewaldeten Hanglagen genutzt. Um die Frischluftschneise zu beschreiben, lassen sich idealtypisch alle wesentlichen Attribute unter den Begriffen „gerade", „breit" und „unbebaut" zusammenfassen.

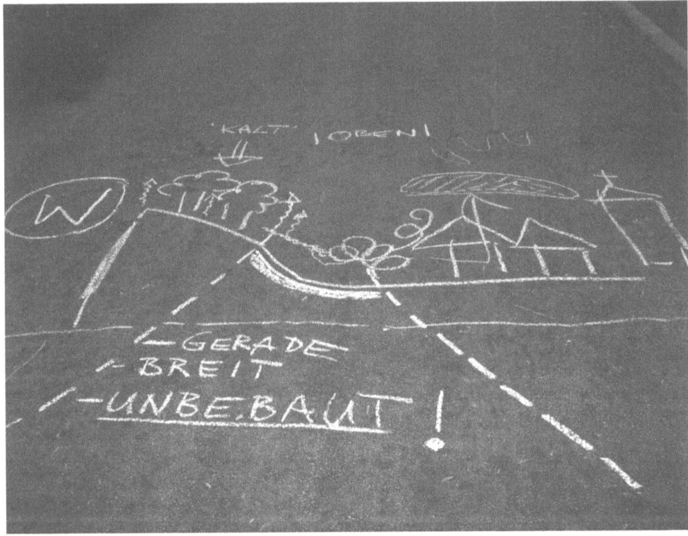

Würde ich mich unter dem Aspekt der *Funktion* auf die Suche nach der Exzellenz – also der Besonderheit gerade dieser Frischluftschneise – begeben, wäre schnell ein Punkt erreicht, an dem ich aufgeben müsste. Leider findet man nämlich vor Ort nicht die idealtypischen Merkmale einer Kaltluftleitbahn. Die Schneise ist am unteren Ende bebaut und auch innerhalb gibt es Häuser, die ihre Baugenehmigung vor der Deklaration als Frischluftschneise erhalten haben. Es lässt sich hier also nur

140

schlecht zeigen, wie eine Kaltluftleitbahn „in Wirklichkeit" funktioniert und idealtypisch auszusehen hat.

„Meine" Frischluftschneise kann jedoch mit Besonderheiten aufwarten, die sich erst zeigen, wenn ich die Perspektive wechsle und auf ganz andere Dinge achte. Zum einen ist da die Entstehungsgeschichte und die Verknüpfung mit dem Stadtteil Harleshausen.

Blick nach Osten, auf die Stadt Kassel.

1604 wird im westlichen Teil der Schneise ein streunender Auerochse durch die Harleshäuser Bauern erschlagen. Dieser gehört dem damaligen Regenten, Moritz dem Gelehrten. Dieser Umstand bringt den Harleshäusern nicht nur den Spitznamen der „Ossen" ein, sondern führt selbstverständlich auch zu einer Bestrafung in Form einer jährlich zu entrichtenden Geldbuße. Die „Ossen" pflegen diesen Mythos und erzählen ihn bei einem Sonntagsspaziergang in der Frischluftschneise ihren Kindern. Dieser Vorgang der Identifizierung mit dem eigenen Stadtteil kann aber ebenso wenig auf einer Exkursion gezeigt werden. Man muss ihn schon erlebt haben. So wie ich.

Es ließe sich noch einiges mehr hinzufügen über dieses schmale Stück Kassels. Allerdings, so scheint es, ist keines der von mir angedachten Beispiele geeignet, für diesen Ort eine Besonderheit zu entwickeln, die über die Grenzen von Harleshausen und seiner Bewohner/innen hinausginge. Die Frage, die sich daraus für mich ergibt: Wer sagt eigentlich, wann etwas „Besonders" ist?

Allgemein, so scheint es mir, leidet das Gebiet mit dem ich mich beschäftigte daran, dass es für *mich* zwar viele zu thematisierende Facetten gibt, aber weder die Themen „Kaltluftleitbahn", noch „Naherholung" oder „Identität" in dem Maße anzutreffen sind, dass sich daraus eine Exzellenz dieses Ortes ableiten ließe, die auch für einen größeren Personenkreis etwas Besonderes darstellen würden. Aber dennoch scheint dieser Ort, der vor allem für mich selbst als Anwohner relevant ist, Potentiale zu besitzen. Auch an so genannten „schlechten Beispielen" lässt sich durchaus Erkenntnis gewinnen.

Naherholung in der Frischluftschneise.

„Meine" Frischluftschneise zeigt durchaus einiges mehr. Für mich ist sie unter anderem der Ausdruck dessen, was wir darunter verstehen, wenn wir davon sprechen, ein „Stückchen Grün" zu beanspruchen. Eine Vielfalt an Partikularinteressen scheint vor Ort in ihren Spuren nachlesbar.

142

„Naherholung" trifft auf „Wohnen", „Frischluftschneise" auf „Neubebauung". Zwar geschieht dies zum Teil in gemäßigten Formen, dennoch ist dieses Aufeinandertreffen nicht unsichtbar.

Zäune grenzen ein und schließen aus.

Neubebauung im östlichen Kopf-Teil.

Unter den beschriebenen Umständen scheint es erforderlich, die Herangehensweise, respektive Exkursionspraxis, gegenüber einer bloßen Ortsbegehung unter Anleitung zu überdenken. Eine von subjektiven Momenten und Schnittstellen zwischen „Ort" und „Biographie" bestimmte Erzählweise schien mir nicht nur sinnvoll, sondern unabdingbar, um diesen Ort auch für Nicht-Harleshäuser zugänglich machen zu können. Die eigene Betroffenheit, die auch schnell in Befangenheit umschlagen kann, eröffnet in der Begegnung mit der „Frischluftschneise" neue Möglichkeiten. Das Wechselspiel zwischen meinem subjektiv- biographischem Vorwissen und der von den Exkursionisten mitgebrachten Sicht von außen auf diesen Ort, macht die Begegnung mit der Frischluftschneise für Referent wie auch für Besucher spannend und fruchtbar.

Bei beiden bisher durchgeführten Exkursionen in die Harleshäuser Frischluftschneise fand im Anschluss an die Begehung eine umfangreiche Auswertung durch gemeinsame Gespräche mit den Teilnehmer/innen statt. Dabei zeigte sich in beiden Fällen eine von Dissens geprägte Situation. Der subjektive Zugang macht nicht davor halt, über Erlebnisse kurioser Art zu berichten, sofern diese relevant für den Betrachtungswinkel sind oder erscheinen. Die kleinen Geschichten am Rand sollten daher nicht als schwärmerisches Geschwätz des Exkursionsleiters abgetan werden, sondern im Gegenteil als Teil des Zugriffs auf den zu erkundenden Ort systematisch in eine Reflexion einbezogen werden. Auf diese Weise öffnen sich viele emphatische Perspektiven auf ein „Stück Grün" in der Stadt.

3.2 CHRISTIAN NICOLAIT: SEHEN UND GESEHENWERDEN: ÜBER EINE „BLINDE EXKURSION"

Wie kommt man auf die Idee eine „Blinde" Exkursion durchzuführen? Dies ist eine Frage die ich mir in der Vorbereitung immer wieder stellte. Die Idee kommt vermutlich direkt aus einer Veranstaltung der „Gruppe", in der ich einen der zentralen Gedanken zum ersten Mal klar erkannte, obwohl dieser eigentlich ein Gegenstand jeder Exkursion sein sollte: Wir wollen Exkursionen machen, mit deren Hilfe wir auch andere Erfahrungen machen können, als jene, die uns im Alltag so vertraut sind und die uns dabei helfen können, ein bekanntes Umfeld „neu" zu erleben. Im Zentrum der von mir veranstalteten Exkursion steht die Idee, die Fähigkeit der Orientierung durch das Augenlicht wegzunehmen, woraus sich zwangsweise eine andere, neue Perspektive auf unser vertrautes Umfeld ergibt.

Die Umsetzung dieser Idee erforderte eine intensive Auseinandersetzung mit dem Themengebiet und eine dezidierte Planung. Ich möchte im

Folgenden darlegen, wie die Exkursion letztendlich stattfand und einige wesentliche Punkte herausarbeiten. Neben der Darstellung meiner Auswertungsmethode und dem Hinweis auf die Grenzen dieser Exkursion sollen auch einige Teilnehmer-/innen selbst zu Wort kommen, ehe ich mit einigen Begründungen und Tipps schließen werde.

Zur Durchführung der Exkursion

An einem sehr kalten, aber zum Glück trockenen Januar Nachmittag um 16 Uhr, erklärte ich den ca. dreißig versammelten Teilnehmerinnen und Teilnehmern, was sie in den kommenden drei Stunden zu erwarten hatten. Die Aufgabe bestand darin, paarweise unterschiedliche Zielpunkte zu erreichen, wobei jeweils Einem die Augen verbunden sein sollten, während ihn der Andere zu führen hatte. Ich verteilte an jedes Paar einen Auftragszettel mit dem Zielpunkt, an dem ein Rollentausch von Blinder zu Führer und entsprechend auch umgekehrt stattfinden sollte. Zur Erleichterung der Wahl der Wegstrecke machte ich auch Routenvorschläge, an die man sich halten konnte, aber nicht musste. Ebenso erhielten die Exkursionisten mit ihrer Route einen Beobachtungsauftrag, den Tipp, sich Zeit für Notizen zu nehmen und zu guter Letzt noch die Bitte, dass der Sehende ein paar Fotos machen möchte.

Für die Nachbesprechung der Exkursion hatte ich einen Raum organisiert, in dem ich mit Kaffee, Tee, Plätzchen und Kuchen, aber auch mit angenehmer Musik und warmem Licht versuchte, eine Wohlfühl-Atmosphäre zu erzeugen. Nach knapp einer Stunde trafen unerwartet früh schon die ersten Teilnehmerinnen von ihrer Route ein.

Nach einem kurzen Besinnen auf das Erlebte forderte ich die Exkursionisten auf, an einer vorbereiteten Plakatwand eine Mental Map zu erstellen. Alle Teilnehmerinnen und Teilnehmer sollten versuchen, ihre Erfahrungen in dieser gemeinsamen Mental Map darzustellen.

Die Phase des Ankommens dauerte etwa zwei Stunden, da die Ersten sehr schnell waren und die Letzten sich verlaufen hatten. In dieser Zeit kamen aber zum Teil, so wie im Vorfeld erhofft, schon Gespräche über die gemachten Erfahrungen zustande. Nachdem die letzten eingetroffen waren, bestand meine Aufgabe darin, die Gespräche „einzufangen" und mich an einem vorbereiteten Leitfaden durch verschiedene Themen, wie beispielsweise Fragen nach besonderen Erlebnissen, besonderen Wahrnehmungen, veränderter Raumerfahrung oder verändertem Sozialverhalten entlang zu arbeiten. Auch thematisiert habe ich die Gestaltung der Mental Map, welche ich in dieser Form zum ersten Mal so in Verwendung sah.

Ein besonderes Erlebnis an dieser Stelle: Eine der Gruppen traf am Bahnhof Willhelmshöhe in Kassel den Sänger Frank Zander. Die besondere Bewunderung meinerseits besteht darin, dass die Gruppe sich trotz dieses Highlights beherrschte und seinen vermutlich fragenden Blick nicht zum Anlass nahm die Augenbinde abzunehmen.

Kurz nach 19.30 Uhr brachen dann die Letzten von der Nachbesprechung auf, um nach Hause zu kommen, und die Exkursion war nach 3 Stunden 30 Minuten beendet.

War das noch eine Exkursion?

Etwas eine Exkursion zu nennen ist ein Leichtes. Was macht aber eine Exkursion wirklich aus? Ich möchte nun der Frage nachgehen, inwieweit das oben beschriebene Ereignis eine „Exkursion" war. Die wissenschaftliche Bedeutung, die diesem Begriff heute zugemessen wird, beinhaltet weit mehr, als ein bloßer Ausflug oder Spaziergang bieten kann. Das Vor-Ort-Sein auf einer Exkursion findet unter gewissen wissenschaftlichen Rahmenbedingungen statt, es beinhaltet eine Vor- und Nachbereitung und soll den Blick auf bestimmte Besonderheiten lenken. Die „Blinde" Exkursion hat diese Voraussetzungen erfüllt!

Erst durch meine umfangreiche Vorbereitung konnte diese Veranstaltung so durchgeführt werden. Ich habe mir nicht nur Gedanken über den zu erkundenden Ort gemacht (die Wahl unseres Näheumfeldes im Bereich des Uni-Campus war eine bewusste Entscheidung), sondern mich vor allem mit der Methode beschäftigt. Das „Nicht-Sehen-Können" ist ein enormer Einschnitt in das Persönlichkeitsfeld jedes Teilnehmers und jeder Teilnehmerin. Dies bedarf der genauen Vorüberlegung, um dem Vorhaben nicht einen bloßen „Eventcharakter" zu geben, sondern die Bedingungen zu schaffen, um durch ein möglichst realistisches Erfahren die Problematik eines Blinden nachempfinden zu können.

Eine adäquate Vorbereitung der Teilnehmerinnen und Teilnehmer ist bei exkursionistischen Vorhaben oft problematisch. Wie kann ich im Vorfeld Informationen fließen lassen, ohne die Exkursionisten schon zu sehr zu beeinflussen und so die angestrebten Erfahrungen zu verfälschen? Bei dieser Exkursion beschränkten sich die Vorinformationen für die Teilnehmerinnen und Teilnehmer erstens auf den Ankündigungstitel „Blinde Exkursion", welcher andeutet, in welchem Themenkreis die Exkursion angesiedelt war, zweitens auf Hinweise, wie Blinde am besten geführt werden sollten, da es um andere Faktoren gehen sollte und nicht erst herausgefunden werden sollte, wie das Führen am besten funktioniert.

Allen Exkursionisten war Kassel bereits bekannt, aber noch keiner der Teilnehmerinnen wagte es vorher, mit geschlossenen Augen durch die Stadt zu laufen. Wie bedeutend der Ort ist, zeigt sich an verschiedenen Reaktionen. War der Ort vertraut, fühlten sich die Teilnehmerinnen und Teilnehmern sicherer. Aber bekannte Orte können auch beängstigend wirken und unbekannte zu einem angenehmen Fleck werden, immer abhängig von der Gesamtsituation und dem Umfeld.

Die Fokussierung des Blickes jedoch bringt bei dieser Exkursion ein Problem mit sich. Es sollte das Thema bearbeitet werden, wie sich die subjektive Vorstellung von Form und Größe des Raumes verändert. Dafür wurden zwar von mir Beobachtungsaufträge verteilt, allerdings sind die Erlebnisse und erfahrenen Emotionen so mächtig, dass eine Einschränkung des Blickwinkels hier nicht wirklich vollziehbar ist. Daher habe ich den Beobachtungsauftrag geöffnet und mich dafür entschieden, die Einzelbeobachtungen mit Hilfe einer „Mental Map" zusammenzuführen. An dieser Stelle wird deutlich, dass die Nachbesprechung nicht nur ein nettes „Anhängsel" der Exkursion ist, sondern ein konzeptioneller Bestandteil.

148

Der andere Blick

Was wir mit dieser Exkursion auf jeden Fall erreicht haben, ist der Perspektivenwechsel. Manche Exkursionen verlaufen sehr frontal und manchmal so ähnlich einer Stadtführung, dass man wirklich an der oben erläuterten Bedeutung von Exkursionen zweifeln mag. Häufig genug treibt man in einem Sumpf von Gewohnheiten und Regeln dahin, ohne auch nur die Möglichkeit zu haben, die vorgegebene Bahn zu verlassen. Mit der Blinden Exkursion ist etwas gelungen, was nicht so einfach zu erreichen war.

Indem wir uns selbst das Augenlicht und damit eine unserer grundlegenden Orientierungshilfen genommen haben, fügten wir uns den Regeln, die für die Gruppe der Blinden gelten. Wir begaben uns in eine Gruppe, die in unserer Gesellschaft existiert, wahrgenommen und respektiert wird, ohne jedoch die „Berechtigung" dazu zu haben (denn wir waren ja nicht wirklich blind) und ohne eine für andere Menschen erkennbare äußere Markierung zu tragen. Aber erst das Auflösen einer Grundvoraussetzung menschlichen Miteinanders hat uns einen neuen Blick auf Kassel und unsere alltägliche Umgebung ermöglicht. Wir haben Regeln gebeugt und erweitert, aber eben nicht in Form einer Demonstration, einem öffentlichen Spektakel, im Theater oder einer künstlerischen Vorführung, wo ein ganz neuer Erlebnisraum geschaffen wird, sondern wir haben uns selbst nur ein ganz klein wenig „ver-rückt", um uns neue Erkenntnisse zu ermöglichen.

Wusste ich schon alles!

„Wusste ich schon alles" - das kann nur jemand sagen, der nicht mitgemacht hat. Alle Anderen haben einiges über Kassel und ihr Umfeld
erfahren, aber vermutlich das Meiste über sich selbst und ihre Empfindungen. An dieser Stelle möchte ich einige Gedanken anreißen, die in
der Nachbesprechung und dann auch in der individuellen Nachbearbeitung durch die Protokolle zu besonderer Bedeutung gelangten.

„Sicherheit", „Unsicherheit" und „Angst" sind drei Begriffe, die in der
Nachbesprechung häufig gefallen sind. Nicht selten führte das Anlegen
der Augenbinde, vor allem in unbekanntem Gelände, sofort zu größerem
Unwohlsein und Angstgefühlen. Erst durch bekannte Bezugspunkte
wurde es möglich, sich den umgebenden Raum vorzustellen und eine
Beziehung dazu herzustellen. Oft genügte schon ein kleines Zeichen,
wie der Arm der führenden Person, das Zwitschern eines Vogels, das
Wissen um einen ebenen Boden ohne Stufen oder das Rauschen eines
Baches. Aber auch nicht so schmeichelnde Geräusche, wie zum Beispiel das Piepen der Ampeln oder schreiende Kinder, gehörten zu den
„Sicherheitspunkten".

Die Straßenbahn und die stark befahrenen Straßen sind in unserem
Alltag wichtige Orientierungshilfen, Haltestellen sind „Basispunkte" in
unserem Stadtbild. Doch für die nicht-sehenden Exkursionisten bedeuteten sie in den meisten Fällen enormen Stress. Der Lärm kam aus undefinierbaren Richtungen und das Wissen um die hohe Geschwindigkeit,
mit der die Autos vorbeifahren, wurde zu einer echten Bedrohung. Die
Straßenbahn erhält schon aufgrund ihrer Größe eine bedrohliche Aura.
In unserem Experiment hat sich immer wieder gezeigt, welche enormen
Unsicherheiten „ausgehalten" werden mussten, sobald eine stark befahrene Straße in der Nähe war.

Während recht pauschal gesagt werden kann, dass ein lauter Platz als
relativ unangenehm empfunden wurde, da dem Blinden durch einen
hohen Geräuschpegel viel mehr Orientierungsmöglichkeiten genommen
werden, als dem Sehenden, kann auch ein ruhiger Ort ein „zweischnei

diges Messer" sein. Die Ruhe kann, wie für uns gewohnt, ein Ort der Erholung und Zufriedenheit bedeuten. Was aber, wenn die Ruhe zur Einsamkeit wird? Ist wirklich niemand mehr da, kann die Ruhe einen beklemmenden Aspekt bekommen, weil sich dann Gefühle von Hilflosigkeit und Verlassensein ausbreiten können.

Die Auswirkungen auf das Zeitgefühl sind ebenfalls bedeutend und wurden von fast allen Exkursionisten eindrücklich beschrieben. Zeit ist für uns Sehende ja schon sehr relativ, auch wenn wir sie gern durch einen Blick auf die Uhr „objektivieren". Die Exkursionisten konnten aber weder auf die Uhr schauen, noch den Sonnenstand erkennen. Dadurch dehnten sich die Sekunden und Minuten unerträglich aus, sobald diejenigen mit der Augenbinde allein in der Dunkelheit standen und dadurch verkürzten sich die Minuten, sobald die Nicht-Sehenden gespannt und konzentriert versuchten, den fehlenden Gesichtssinn „auszugleichen".

Die Vertrautheit zwischen Blinden und Führer ist ein weiterer wichtiger Faktor, hinsichtlich des Empfindens von „Sicherheit" und „Angst". Kannten sich die beiden bereits vorher, waren die Angstgefühle weniger stark oder konnten doch zumindest rascher überwunden werden, weil man relativ sicher sein konnte, dass man vom Partner nicht in eine „gefährliche" Situation gebracht wird. Gerieten hingegen zwei sich fremde Personen zu einem Team zusammen, war anfangs jeder Schritt eine Qual, die Berührung nicht vertrauenstiftend oder ein Arm aus Angst nach vorn gestreckt.

Unsicherheiten, Angst, gefühlte Kälte und noch viele andere kleine Faktoren lassen unser Raumempfinden deutlich variieren. Denn kaum jemand weiß, wie viele eigene Schritte eine Entfernung von 100 Metern ergeben und kaum jemand ist überhaupt in der Lage, seine Schritte kontinuierlich zu zählen. Außerdem brauchen wir eine metrische Entfernung im Alltag auch gar nicht zu kennen, da wir aus der Ferne schon sehen, wohin wir gehen wollen. Für Nicht-Sehende liegt in ungenauen Informationen aber das eigentliche Problem bei der Einschätzung von Entfernungen, die nicht mehr sichtbar sind. So ist die Aussage *„gleich kommt eine Stufe"* keine echte Hilfe.

Alle Exkursionisten haben erwartet, dass mit der Einschränkung ihres Sehvermögens ein Verlust von Informationen einhergeht. Zur Überraschung aller war dies jedoch nicht unbedingt der Fall. Meist wurde das Verlorene durch eine Konzentration auf das sonst zurückgedrängte Gehör und andere Wahrnehmungssinne mehr als ersetzt. Auf die Meisten prasselte eine solche Sinnesflut von Informationen ein, dass Einige große Probleme hatten, ihre Konzentration so zu richten, dass sie nicht die wichtigen Informationen verpassten. Viele nahmen eine Fülle von neuen Geräuschen wahr, die sie fast nicht verarbeiten konnten.

Zwei weitere, überaus wichtige aber oft zurückgedrängte, Sinne sind noch zu nennen. Der Geruchssinn dient sowohl der Orientierung, als auch dazu, eine emotionale Bindung zu Orten herzustellen. Da ist ein Bäcker, ein Schnellimbiss, eine Parfümerie. Für Blinde wird der Laden zu einem der markanten Orientierungspunkte im Stadtbild. Sie wissen, wo der Laden ist und in welchem Bereich der Straße welcher Geruch zu erwarten ist, also wann sie sich wo befinden. Durch diese Gerüche, aber auch durch viel feinere, persönliche Gerüche in Räumen, wird über den Orientierungspunkt hinaus auch noch ein Erfahrungsfeld geschaffen, welches den Blinden in seinen Empfindungen beeinflusst. Ist es ein angenehmer Geruch und fühlt man sich hier wohl, wie zum Beispiel der Geruch des Kaffees am Ende der Exkursion, ein neutral ablehnender Geruch wie in den meisten Universitätsgebäuden oder der regelrecht feindliche Geruch der Abgase an den Straßen? Unsere Emotionalität ist stark von Gerüchen beeinflusst und diese entscheidet mit darüber, ob wir uns „sicher" fühlen oder ob wir Angst haben.

Der andere wichtige Sinn ist der, den man vielleicht am besten mit dem Satz „Störet meine Kreise nicht" beschreibt. Dieses möchte ich hier noch erwähnen. Oft ist er eine Kombination von den anderen Sinnen aber nicht ausschließlich auf diese beschränkt. Man realisiert an dem Wind, an den Stimmen und deren Echo, ob man in einer Straße ist oder auf einem offenen Platz. Aber trotz dieser Informationen merkt man es auch einfach, ob es eng oder weit ist, ob da eine Hauswand ist oder gerade ein Tor, ob da eine Person kommt oder nicht und, was wir alle kennen, ob uns jemand anstarrt. Man nimmt den Raum einfach „irgendwie" wahr und erkennt wie er ist.

Wie führt man in einer Nachbereitung die einzelnen Erlebnisse zusammen? Besonders schwer schien es mir in diesem Fall, auch wenn ich es ja oben schon ansatzweise versucht habe. Gewisse Erfahrungen haben alle Teilnehmerinnen und Teilnehmer gemacht, aber alle Teams hatten andere Routen, was zwangsweise zu unterschiedlichen Ergebnissen führt. Das Erlebte ist unterschiedlich intensiv und wird individuell verarbeitet – in diesem Sinne hat also eigentlich jeder seine eigene Exkursion gemacht.

Neben dem Erfahrungsaustausch im Gespräch im Anschluss an die Exkursion, der sich wie eine Komposition aus verschiedenen Perspektiven zu einem Gesamtbild fügte, wollte ich gern auch ein gemeinsames Ergebnis festhalten. Die übliche Methode, dies über das Anfertigen von Protokollen zu erreichen, erschien mir wenig spannend und nicht sehr attraktiv. Außerdem werden die Protokolle von anderen Teilnehmern nur selten gelesen.

Die Idee, die hinter der gemeinschaftlich angefertigten Mental Map stand, war vor allem, dass es auch noch andere Mittel der Darstellung von Erlebnissen gibt, als immer nur Worte. Als Geographen müssten wir eigentlich darüber gut Bescheid wissen - Beschreibungen können in der Form räumlicher Anordnungen (re)präsentiert werden. Die Problematik, dass Jeder eventuell andere Repräsentationen im Kopf hat, die vielleicht darüber hinaus mit der bereits an der Wand vorhandenen Darstellung im Widerspruch stehen, ist eine besondere Herausforderung bei dieser Methode. Denn jeder, der das Gemeinschaftswerk ergänzt, muss erst einmal verstehen, was dort auf der Wand bereits existiert und dann die eigenen Modifikationen damit verknüpfen. Aus unterschiedlichen Stilen und Repräsentationen entsteht schließlich der Kompromiss, den wir immer eingehen müssen. Unsere persönliche Meinung ist nicht immer die Einzige, geschweige denn die Richtige.

Wir haben die gemeinsame Mental Map dieses Mal nur erstellt, nicht aber näher besprochen. Bei zukünftigen Vorhaben werde ich die Karte gleich in die Nachbesprechung intensiv einbinden und bei Bedarf erweitern. Dieses Mal ist sie mit einem Rohbau vergleichbar, der das zukünftige Haus bereits erkennen, aber die volle Pracht der fertig verputzten Fassade noch nicht erahnen lässt. Beim Betrachten der Karte wird sichtbar, was wir an diesem Nachmittag gemacht haben.

Was soll man da noch sagen?

Ich konnte mit dieser Exkursion ein gewisses Verständnis für die Probleme von Blinden vermitteln und neue Wahrnehmungsweisen eröffnen. Selbstverständlich gab es Grenzen. Die Exkursion war definiert und jeder konnte sie jederzeit beenden. Niemals war ein Blinder alleine, geschweige denn einer ernsthaften Problemsituation ausgesetzt. Das Zusammentreffen mit fremden Menschen war nur bedingt möglich. Das Einbinden der „Hilfen" für Blinde wie Führungslinien am Boden, Piepsen an Straßenübergängen, taktile Karten, Braille oder vieles mehr konnte ich eigentlich nicht einmal ansatzweise thematisieren. Die vielen besonderen Fähigkeiten der Blinden konnte ich nur zum Teil darlegen. So thematisierte ich die Blindenschrift und die Schwierigkeit des Ertastens nicht, die Schärfung des Gehörs wurde jedoch erlebt.

Was habe ich also eigentlich mit der Exkursion geschafft? Je öfter ich darüber mit Anderen rede, umso mehr gefällt mir die Idee und umso besser war die Exkursion. Aber je mehr man sich informiert, umso größer werden die Lücken und Mängel. Ich glaube, es ist eine gute Exkursion gewesen. Sie hat die Teilnehmer angesprochen und ein wichtiges Thema zum Gegenstand gehabt. Obwohl die Lücken riesig sind, ist das, was aus der Exkursion geholt wurde, enorm. Das, was wir alle gelernt haben, können wir heute wahrscheinlich noch gar nicht so genau erfassen.

3.2.1 „WO SIND WIR DENN BLOSS?!?" AUSGEWÄHLTE ERFAHRUNGSBERICHTE UND PROTOKOLLARISCHE EXTRAKTE VON DER „BLINDEN EXKURSION"

Ulli Stötzer / Denny Schubert: Von zwei guten Freunden und einem gemütlichen Spaziergang in der Aue

Wir trafen uns am Mittwoch, dem 24.01.2007, 16 Uhr vor der Cafeteria auf dem Campus der Uni Kassel zur „Blinden Exkursion" von Christian Nicolait. Nach einer kurzen Einführung von ihm und ein paar Worten von Andrea Gerhardt mussten wir uns in Zweiergruppen zusammenfinden. Jedes Team bekam eine individuelle Route, die binnen zwei Stunden abgelaufen werden sollte. Zu manchen Routen gehörten auch explizite Aufgabenstellungen. Unsere Route jedoch enthielt lediglich den unge-fähren Weg, den wir zurücklegen sollten. Die Route erstreckte sich vom Campus in Richtung Fulda. Wir sollten möglichst nah am Fluss entlang-laufen und uns in Richtung Süden, zur Orangerie, bewegen. Von dort aus sollten wir in Richtung Karlsaue gehen und einmal den Aueteich umrunden. Die zweite Teilstrecke sollte nun in Richtung Kunsthochschu-le, also parallel zur Frankfurter Straße, abgelaufen werden. Abschlie-ßend sollte es von da aus zurück zum Campus gehen.

Die Exkursion hatte ihren Namen aber nicht von ungefähr, da einer von uns stets die Augen verbunden haben sollte. Der Andere musste ihn dann führen und die Eindrücke des „Blinden" niederschreiben.

Als erstes verband sich Denny mit einem Schal die Augen und ich war der Führer. Wir gingen an der Ahna entlang in Richtung Kurt-Wolters-Straße. Dieser Weg war Denny bekannt und bereitet ihm keine großen Probleme. Er fühlte sich recht sicher und wohl in seiner blinden Rolle. Als wir dann die Kurt-Wolters-Straße in Richtung Katzensprung hinun-terliefen, fühlte sich Denny schon nicht mehr so wohl und etwas unsi-cher. Weil er direkt an der Straße lief, war er ängstlich und hatte stets das Gefühl, eines der Autos würde ihn jeden Moment umfahren. Schließlich ging Denny dann auf die andere Seite, so dass ich direkt an der Straße lief.

Als wir an der Kreuzung beim Katzensprung ankamen, nahm Denny das Piepen der Ampel extrem wahr, was ihm vorher so noch nie aufgefallen war. Ebenso bekam er ein Telefonat einer Frau direkt neben ihm auch ganz genau mit. Er achtete in diesem Moment kaum auf die Straße oder die Autos, die an ihm vorbeifuhren. Als wir dann die Weserstraße in Richtung Altmarkt entlanggingen, nahm Denny dafür umso mehr die Autos neben ihm wahr. Allerdings lief er diesmal von Beginn an auf der straßenfernen Seite.

Als wir in der Unterneustadt ankamen, hatte ich etwas Hunger und ging zu dem Bäcker nahe der Christophstraße. Ich ging allein in den Laden, um mir etwas zu kaufen. Denny sollte solange draußen warten, aber die Augenbinde sollte er natürlich dran lassen. Als ich dann nach ca. drei Minuten wieder heraus kam, war Denny ziemlich verärgert. Er dachte, er stünde eine Ewigkeit allein da rum und war kurz davor, die Binde abzunehmen. Denny sagte, es sei einfach zu ruhig gewesen, und jede Sekunde kam ihm ewig lang vor, schon allein weil er gar nicht auf die Uhr hatte schauen können.

Die Strecke zum Auepark hin war wieder sehr ruhig und entspannt. Wir unterhielten uns etwas, damit es Denny nicht wieder langweilig wurde. Auf dem Weg zum Teich fiel Denny dann erstmals die eigentliche Ruhe auf. Außerdem sagte er, dass das Rauschen des Windes in den laublosen Ästen der Bäume ziemlich beruhigend auf ihn wirkte. Uns kam im Park ein Jogger entgegen, und ich musste mich doch stark wundern, dass Denny diesen so schnell bemerkte und auch von sich aus ausgewichen ist. Er meinte dann zu mir, dass man durch die Ruhe im Park solche „fremden" Geräusche recht schnell wahrnimmt.

Als wir am Aueteich angekommen waren, haben wir unsere Pause gemacht, die Augenbinden und auch die Rollen getauscht. Eigentlich sollten wir jetzt um den kompletten Aueteich herumlaufen, doch aufgrund der fortgeschrittenen Zeit und der enormen (wirklich enormen) Kälte, entschieden wir uns dafür, den Rückweg schon etwas eher anzutreten.

Rollentausch.

Um mich an Ulli zu rächen, weil er mich vor dem Bäcker so lange hatte
warten lassen, sagte ich ihm, dass ich mir kurz die Schuhe zubinden
müsse und er ruhig schon mal ein paar Schritte weitergehen könne. Ich
hab dann die Rasenfläche als Tarnung genutzt, um mich von Ulli zu
entfernen. Schon nach ein paar Sekunden hat Ulli nach mir gerufen,
aber ich fand das Ganze zu witzig, um ihm zu antworten. Schließlich
nahm er die Augenbinde ab. Nach einer kurzen Standpauke ging es
dann weiter wie geplant.

Wir gingen am Küchengraben entlang in Richtung Kunsthochschule.
Trotz der anfänglichen Schwierigkeiten fühlte Ulli sich dann recht wohl.
Wir unterhielten uns wieder etwas, um die Situation aufzulockern. Als
wir in der Nähe der Orangerie waren, gingen wir die Treppen in Richtung Friedrichplatz hoch. Die Treppen stellten ein ziemliches Problem
dar. Mir fiel es sehr schwer, Ulli genaue Anweisungen zu geben, damit
er die Treppen gut meistern konnte. Ulli fiel es im Gegenzug recht
schwer, blind die Treppen zu „ertasten." Er stolperte ein paar Mal und
hatte dann die Nase voll, wollte die Augenbinde wieder abnehmen, um
die Treppen zügig bewältigen zu können. Doch ich konnte ihn überre-
den, die Binde aufzubehalten und wir schafften die Treppen nach einer
langen, anstrengenden Prozedur schließlich doch noch unfallfrei.

An der Frankfurter Straße hatte Ulli Angst und ihm war sehr unwohl bei
der ganzen Sache. Es herrschte viel Verkehr, sowohl auf der Straße als
auch bei der Fußgängerampel. Als wir dann die Frankfurter überquert
hatten, sind wir die Königstraße runter in Richtung Campus gelaufen. Es
waren für Ulli viel zu viele Menschen um ihn herum, er fühlte sich sehr
unwohl, weil er genau wusste, dass ihn alle anstarren und keiner so
richtig verstand, was er denn da macht. Die Straßenbahnen waren für
ihn ein zusätzlicher Stressfaktor. Insgesamt war es ihm einfach nicht
möglich, die ganzen Eindrücke lediglich über den akustischen Weg zu
verarbeiten. Er war ziemlich gereizt und schon hier war klar, dass er die
Binde nicht mehr sehr lange „ertragen" würde.

Kurz nach dem Königsplatz war es dann gänzlich Schluss und Ulli nahm
die Binde ab. Er sagte dann, dass er sich gar nicht auf irgendwas richtig

konzentrieren konnte, weil es einfach zu viele verschiedene Eindrücke
waren, die auf ihn wirkten. Damit war unsere „Blinde Exkursion" beendet
und wir nahmen die nächste Straßenbahn zum Holländischen Platz.

Wir kamen recht spät am vereinbarten Treffpunkt an (unsere Strecke
war auch wirklich lang). Einige Gruppen waren schon anwesend und
genehmigten sich einen Tee oder Kaffee. Christian zeigte uns dann
direkt die Mental Map, auf die wir uns auch verewigen sollten. Auf dieser
Karte sollte jeder seine Eindrücke der entsprechenden Route festhalten.
Bei dieser Form der Kartierung mussten nicht unbedingt alle geographischen Aspekte genau stimmen, sondern es ging viel mehr darum eine
Art „Eindruckskarte" von den verschiedenen Routen zu erstellen. Jeder
sollte seine Route auf der Karte eintragen, dazu sollten wir Eindrücke
verwenden die uns noch genau im Gedächtnis waren. Diese sollten
dann auch mit denen der anderen Gruppen verglichen werden.

In der Schule kann man so eine Karte sicher gut als Ergebnis für eine
Gruppenarbeit ansetzen. Die Mental Map ist sehr anschaulich, leicht zu
verstehen und es macht den Schülern sicher Spaß, eine solche, mal
etwas andere, Karte zu erstellen. Sie ist auch für eine Schulklasse sehr
gut geeignet, weil alle Schüler in etwa denselben Kenntnisstand haben.
Dies ist auch sehr wichtig, damit ein solch verknüpftes Gruppenergebnis
auch von allen zum gleichen Teil verstanden werden kann.

Abschließend kann man sagen, dass die Exkursion mal was Neues war
und viel Spaß gemacht hat (auch wenn es wirklich sehr kalt war). Das
entstandene Produkt ist anschaulich, leicht zu verstehen und somit gut
als Gruppenarbeitsergebnis geeignet. Alles in Allem eine gelungene
Exkursion.

Svenja Konze / Carola Conrad: Blind vom Campus
zum Rathaus und zurück

Am Pavillon auf dem Campus setzte ich mir die Augenbinde auf. Zu Beginn fiel es mir sehr schwer, mich ganz auf meine Begleiterin zu verlassen. Ich entwickelte dann immer mehr ein Gefühl für das Blindsein. Erst am Holländischen Platz stellte ich fest, wie sehr ich mich plötzlich auf meine anderen Sinne konzentrierte. Der Straßenlärm hatte etwas Bedrohliches. Die Autos schienen direkt vor mir herzufahren. Mir erschienen diese Geräusche sonst nie so laut. Auch das Klicken der Ampel nahm ich viel bewusster wahr. Nach dem Überqueren der Straße führte mich Carola Richtung Stern. Hierbei stellte ich erneut fest, dass sich mein Gefühl für Entfernungen deutlich verändert hatte, denn als wir am Stern angekommen waren, hätte ich uns erst auf ca. der halben Strecke vermutet. Mit verbundenen Augen hatte ich ein völlig anderes Raumempfinden.

Auf dieser Strecke wurden wir auch von Passanten angesprochen. Sie fragten uns nach dem Weg zur Uni. Ich empfand es als sehr merkwürdig, mit Menschen zu reden, dich ich nicht sehen konnte. Lediglich ihre Stimmen nahm ich als äußerst sympathisch war.

Beim Königsplatz merkte ich gleich, dass sich die Menge der Leute deutlich reduzierte, bzw. verteilte. Auch den Wind nahm ich am Königsplatz viel deutlicher wahr. Die Straßenbahnen empfand ich jedoch weiterhin als unangenehm. Sie waren laut und schienen direkt an mir vorbeizufahren. Außerdem hatte ich fast die ganze Zeit das Gefühl, eher mitten auf der Straßenbahnlinie zu gehen, statt direkt neben den Läden. Dies lag wohl daran, dass ich den Abstand zwischen beiden Straßenseiten beim Überqueren der Straßen als deutlich kürzer empfand.

Wir ließen den Königsplatz hinter uns und gingen weiter Richtung Treppenstraße. Die Menschenmasse wirkte auf mich hier deutlich bedrohlicher, da uns fast alle Leute entgegenkamen. Die Treppenstraße zum Mc Donalds hatte ich mir dagegen deutlich schlimmer vorgestellt. Mit Hilfe des Geländers und Carolas Anweisungen, wann die Stufen zu Ende waren, machte ich nur wenige „Luftschritte" am Ende des jeweiligen Treppenabsatzes.

Beim Eintreten in die Mc Donalds Filiale überkam mich regelrechte Panik. Die Tür streifte meinen rechten Arm, ich spürte die Fülle im Raum, hörte Stimmen und Musik, die ich nur als Lärm wahrnahm und roch mehrere vermischte Gerüche. Wahrscheinlich waren es nur die vielen Eindrücke und die Enge, die mir hier regelrecht Angst einjagte. Auch beim Hinsetzten hatte ich Probleme. Vorsichtig tastete ich die Stuhllehne ab und suchte nach der Sitzfläche. Erst dann setzte ich mich langsam hin. Wohl fühlte ich mich aber trotzdem nicht.

Im C&A fuhren wir mit der Rolltreppe. Sehr leicht erfühlte ich mit Carolas Beschreibung das Laufband und tastete mich vorsichtig an die Treppe heran. Als sehr viel schlimmer empfand ich dagegen den Kaufhauseingang. Die Belüftungsanlage rauschte so laut, dass ich sie anfangs für einen Reinigungswagen o.ä. hielt. Daneben konnte Carola die Glastüren nur schwer öffnen und mich gleichzeitig hindurchführen. Wieder streiften mich die Türen.

Als letztes näherten wir uns noch dem Rathaus, wo ich die Treppen mit erneuter Hilfe von Carola und dem Geländer meisterte. Im Rathaus selbst fühlte ich mich nicht so wohl. Ich spürte die langen, leeren Gänge und für mich roch es muffig. Nach fast einer Stunde nahm ich dann schließlich die Augenbinde ab und blickte verschwommen in die Gegend. Ein bis zwei Minuten später hatte ich mich auch an das Licht gewöhnt, und das leichte Schwindelgefühl verschwand.

Die Blinde Exkursion war für mich eine Erfahrung, die ich nicht missen möchte, denn man „sieht" seine Umgebung danach aus völlig neuen Blickwinkeln. Es war die erste Exkursion, auf der ich meine Umgebung auf eine andere Art bewusster wahrnehmen konnte. Es war erstaunlich festzustellen, wie fremd bekannte Orte plötzlich werden können und wie sich das räumliche und zeitliche Denken durch unsere Sinne beeinflussen lässt. Der Raum erscheint plötzlich viel kleiner, Strecken werden kürzer, alles scheint dichter beieinander zu liegen und dadurch, dass man das Tageslicht nicht wahrnehmen kann, verliert man auch völlig das Gefühl für die Zeit.

*Sehend vom Campus zum Rathaus – die ,führende'
Ergänzung*

Zu Beginn stand ich dem Exkursionsexperiment sehr skeptisch gegenüber, da von uns verlangt wurde, dass wir wenigstens jeder eine Stunde
lang blind durch Kassel laufen sollten - viel zu lange, wie ich fand.

Den ersten Teil der Route lief Svenja blind und ich versuchte, so gut es
mir möglich war, sie zu führen. In den ersten Minuten streckte Svenja
immer wieder die Hand vor sich aus, um zu fühlen, ob ihr wirklich nichts
im Weg ist. Des Weiteren kam ihr der Weg kürzer als sonst vor, sie war
immer sehr verblüfft wie weit wir schon vorangekommen waren, wenn
ich ihr sagte, wo wir waren.

Den Holländischen Platz empfand sie wegen des Autolärms als sehr
bedrohlich, und sie hatte das Gefühl, dass die Autos direkt auf sie zu
gefahren kommen. Als wir die Straße überquerten, hatte ich den niedri-
gen Bordstein völlig außer Acht gelassen, so dass Svenja ins Stolpern
kam. Plötzlich musste ich also auch auf Dinge achten, die man sonst
kaum wahrnimmt. Am Stern fuhr eine Straßenbahn ziemlich nah an uns
vorbei, wodurch Svenja zurückwich und mich ebenfalls zur Seite dräng-
te, ohne dass es ihr bewusst war.

Den Königsplatz erkannte Svenja von allein, denn sie fand, dass sich
die Leute, ihre Stimmen und der „Lärm" mehr verteilten und alles nicht
mehr so eng wirkte. Sie empfand es einfach als weiträumiger. Danach
wagten wir uns an die Treppenstraße, da wir einen Zwischenstopp bei
McDonalds einlegen sollten. Sehr geheuer waren uns die ganzen Stufen, die wir erklimmen sollten, nicht, aber wir probierten es dennoch, und
zu unserem Erstaunen klappte es besser als erwartet. Ich sagt Svenja,
wann die Stufen anfingen und aufhörten und unter Nutzung des Trep-
pengeländers ließen wir die Treppenstraße relativ schnell hinter uns.

Bei C&A, wo wir ausprobieren wollten, wie es ist, blind Rolltreppe zu
fahren stellten die gläsernen Eingangstüren ein erstes Hindernis dar, es
war für mich sehr schwer, die Tür aufzuhalten, selbst hindurch zu gehen
und Svenja noch so durch zu lotsen, dass sie nirgendwo anstieß. Das

Fahren mit der Rolltreppe, insbesondere das Auf- und Absteigen, ging besser als erwartet, solange Svenja ihre Hand auf dem „Handlaufband" hatte.

Zum Abschluss ihrer Tour hat Svenja noch die Stufen zum Rathaus erklommen und traute sich hinterher sogar, sie wieder hinunter zu laufen. Das Hinunterlaufen stellten wir uns beide schwieriger vor als das Hinaufsteigen von Treppen.

Uta Raabe: Stadtauswärts entlang der Holländischen Straße

Die Exkursionsroute, die ich gemeinsam mit Kay Janne bekam, war die Route 9 – Bunsenstraße. Diese Route verlief vom Uni Gelände aus die Holländische Straße immer stadtauswärts, bis zur Endhaltestelle der Straßenbahn Linie 1. Dort war dann unser Teilziel erreicht und wir sollten hier die Augenbinde wechseln. Von dort aus ging es dann entlang der Bunsenstraße und entlang der Ahna zurück zum Uni Gelände. Wir entschieden uns jedoch, die Strecke genau anders herum abzulaufen, da es gegen 17 Uhr dunkel werden würde und wir die Bunsenstraße lieber noch bei Tageslicht ablaufen wollten. Diese Ecke von Kassel ist nämlich nicht sehr beliebt und die „Kriminalitätsrate" ist dort relativ hoch. Die ist zwar entlang der Holländischen Straße nicht anders, diese ist jedoch viel belebter und heller als die Bunsenstraße.

Nun ging es los. Kay Janne zog sich zuerst die Augenbinde auf und ich führte sie vom Campus aus, entlang der Ahna bis zu unserem Wechselpunkt. Dies war zu Beginn eine sehr komische Situation für uns beide, da ich ihr immer sagen musste, wo wir gerade laufen, sie an Hindernissen vorbei führen musste und sie voll und ganz auf mich angewiesen war. Kay Janne sagte mir sogar einmal, sie hätte das Gefühl, das die Autos direkt auf sie zufahren würden. Von der Bunsenstraße sah sie logischerweise nichts, dafür spielte aber ihr Gehör eine große Rolle. Sie hörte zum Beispiel die Vögel zwitschern oder das Wasser fließen, als wir über eine Brücke gingen. Ich erklärte ihr immer, wo wir uns gerade befanden und versuchte, ihr die Gegend zu beschreiben.

Als wir an unserem Teilziel angekommen waren und Kay Janne die Augenbinde abnehmen konnte, war sie sichtlich erleichtert, denn es war für sie ein komisches Gefühl, blind durch die Welt zu laufen und vollkommen auf die Hilfe einer anderen Person angewiesen zu sein.

Dies Gefühl war bei meiner Strecke, die ich „blind" laufen musste, genauso. Wir dachten eigentlich, dass die Bunsenstraße schon sehr befahren ist, aber was uns auf der Holländischen Straße erwartete, war beinahe erschreckend. Zwei Straßenspuren in jede Fahrtrichtung und somit enormer Lärm durch Autos und vorbeirasende Straßenbahnen. Ich fühlte mich sehr hilflos und hatte ehrlich gesagt auch ein wenig Angst, da die Geräuschkulisse um mich herum so extrem laut war und ich teilweise nicht wusste, wo die Geräusche gerade herkommen und wie weit sie von mir entfernt sind. Wir mussten sehr laut reden, um uns überhaupt zu verstehen. Im Gegensatz zur Bunsenstraße, wo ich Kay Janne meist nur geradeaus führen musste und nicht viele Hindernisse im Weg waren, musste mich Kay Janne „lenken", da der Bürgersteig teilweise verengt war und das Pflaster sich dort in einem schlechten Zustand befand und somit ab und zu große Dellen im Bürgersteig waren. Auch ließ es sich dort schlecht laufen, da der Bürgersteig zur Straße abfallend war. Die Autogeräusche, die ich direkt neben mir wahrnahm, empfand ich als bedrohlich, da ich auch nicht genau wusste, wie weit sie von mir entfernt waren.

Wenn man nichts sieht, nimmt man Geräusche und Gerüche viel mehr wahr, als wenn man sieht. Dies war bei mir auch der Fall. So roch ich beispielsweise, dass wir an einer Tankstelle vorbeigingen. Genauso roch ich während der ganzen Zeit die Abgase von den Autos, die an mir vorbei rasten. Mit den Händen ertastete ich nicht viel. Vielleicht mal eine Straßenlaterne, den Rest jedoch mehr mit den Füßen. Ich war richtig erleichtert, als wir auf dem Unigelände ankamen. Es war in der Zwischenzeit viel dunkler geworden und ich musste mich erst einmal dran gewöhnen, wieder „richtig" sehen zu können.

Ich weiß nicht genau wie lang die Strecke war, die wir gelaufen sind, jedoch kann ich sagen, dass die Strecke, bei der ich die Augenbinde auf hatte, mir viel länger vor kam. Bei so einem „Test" wird einem mal wieder bewusst, wie wichtig die Sehkraft eigentlich ist. Wir haben während der Exkursion festgestellt, dass der Führer eine enorm hohe Verantwortung gegenüber dem Blinden hat und dass beide sich viel Vertrauen entgegenbringen müssen. Die Exkursion war für mich sehr interessant, da man ein schon bekanntes Gebiet mal ganz anders kennen gelernt hat.

Marcus Gunkel: Auch Sehende sehen plötzlich mehr...

In meiner Rolle als „Führer" ist mir aufgefallen, dass ich über meine eigenen Bewegungen und Schritte viel genauer nachgedacht habe, also auch darüber, wo ich gezielt hintrete, wo mein Partner hintreten könnte und welche Gefahren dabei auftreten. Zunächst nahm ich dabei meine Umwelt gar nicht richtig wahr, weil ich mich zu sehr auf meine Schutzperson und mich selbst konzentrieren musste. Unsere Route führte uns vom Campus in Richtung Holländische Straße, wo nicht nur der Verkehr zunahm, sondern auch die Blicke der Leute. Aber zu unserem Erstaunen wurden wir von niemandem auf unser Vorhaben hin angesprochen. Aufgrund des dichten Straßenverkehrs, konnten vom „Blinden" weder einzelne Menschen, noch die eigenen Schritte wahrgenommen werden. Ein weiteres Hindernis waren die unterschiedlich hohen Bordsteinkanten, die nur mit großen „Luftschritten" bewältigt werden konnten. Als mein Partner feststellte, dass sich der Gehweg ständig veränderte, achtete ich auch darauf, wie viele verschiedene Gehwegformen vom Campus bis zum Hauptfriedhof vorhanden sind.

Auf dem Friedhof übernahm ich die Rolle des „Blinden." Ich konnte mich hier schlecht orientieren. Keine Menschenstimmen, Autogeräusche waren nur im Hintergrund hörbar und es herrschte eine sprichwörtliche „Totenstille." Außerdem verwirrten mich die vielen Abzweigungen, die schmalen Wege, sowie die Grabeinfassungen. Erst als wir wieder in die Nähe der Straße kamen, konnte ich so ungefähr erahnen, wo wir uns befanden. Als „Blinder" nimmt man auch verstärkt Gerüche wahr, wie Zigarettengeruch oder Autoabgase und ist ständig bedacht, sich an Kleinigkeiten orientieren zu können. Weiter empfand ich, dass mir viele Sachen, wie die Blicke der Menschen oder die Fassaden der Häuser, absolut unwichtig wurden.

Aus dieser Exkursion kann ich das Fazit ziehen, dass man als „Blinder"
jegliche Orientierung und jedes Zeitgefühl verliert. Man war absolut
abhängig von seinem „Führer" und muss ihm einfach vertrauen. Dies
nimmt einem zunächst seine Selbstbestimmung und wird als sehr un-
gewohnt empfunden, was sich erst mit der Zeit legt. Jeder Schritt, jede
Bewegung, einfach das ganze Handeln und Denken verändern sich
total. Man lebt bewusster- aber auch unsicherer.

Birte Tränkner / Tim Reiz: Mentales Mapping

Im Campus Club angekommen erwartete uns eine angenehme Atmosphäre; es war warm, duftete nach Tee, und es gab Kekse und Kuchen
zur Stärkung. Jede Gruppe zeichnete nun ihre Route als eine „Mental-
Map" auf. Es war sehr interessant zu sehen, welche Wege die anderen
Teilnehmer gegangen waren und welche Erfahrungen sie mitbrachten.
Auffallend war jedoch, dass hauptsächlich akustische Reize wahrgenommen wurden, die jedoch überwiegend nicht im Detail identifiziert,
sondern als gesamte Lautstärke einer Kulisse erfasst wurden, also
„Laut", „Leise", „Ruhig" etc. Insgesamt war diese Art von Exkursion eine
völlig neue, interessante Erfahrung. Für eine eigene Durchführung mit
anderen Gruppen, würden wir die Strecken jedoch viel kürzer wählen,
da sich viele Wahrnehmungen nach einer gewissen Zeit wiederholen
und langweilig werden könnten. Jedoch sollte die Strecke immerhin so
lang gewählt werden, dass eine Eingewöhnungsphase für den „Blinden"
berücksichtigt wird.

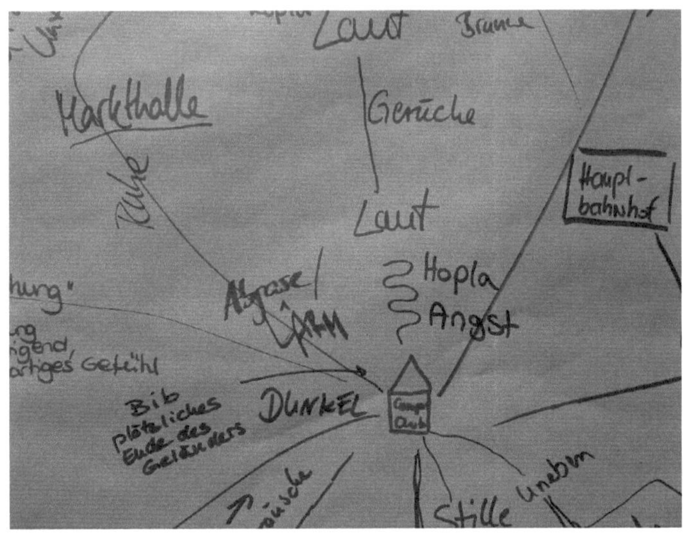

Detail aus der gemeinsam angefertigten Mental Map

Christoph Bleuel / Tino Eberhardt: Neue Erfahrungen

Wir haben beide zum ersten Mal an einer solchen Exkursion teilgenommen. Anfangs konnten wir uns noch nichts unter einer „blinden Exkursion" vorstellen, dennoch hat es uns sehr viel Spaß bereitet. Unsere Sinneswahrnehmung wurde hierbei ganz speziell geschult und wir achten nun häufiger auf die Geräusche, die sich um uns herum befinden.

Im Bezug auf eine Anwendung in der Schule finden wir diese Methode unpassend, da die Gefahr zu groß ist, dass den Schülern etwas zustößt. Die Aufsichtspflicht ist praktisch nicht einzuhalten, da man unmöglich alle Schüler beobachten kann. Für die Universität jedoch ist ein solcher Versuch sehr geeignet. In der Auswertungsphase hatte jeder Teilnehmer die Möglichkeit, seine Gefühle und Eindrücke zu beschreiben, woraus eine „muntere" Diskussion entstand. Es war gut zu sehen, dass andere Probanden sich ähnlich fühlten und nahezu gleiche Empfindungen hatten wie wir. Weiterhin konnten wir unsere Erfahrungen, Gefühle und Wahrnehmungen, welche wir an besonderen Orten im Laufe der

166

Exkursion gewonnen haben, in eine „Mental Map" eintragen. Unserer Meinung nach ist die Methode, eine Mental Map anzufertigen, eine sehr gute Idee. Wenn die Mental Map gut gestaltet ist (Zeichnungen, Bilder) ist sie ein sehr gutes Anschauungsmaterial. Auch Personen, die nicht an der Exkursion teilgenommen haben, können sie so im Nachhinein mit Hilfe der Karte nachvollziehen.

Michael Sprick: Räume des Nicht-Sehens

Man merkte den Teilnehmern ein gewisses Unbehagen an, welches sich latent in erwartungsvollen Gesichtern zeigte. Zuvor hatte noch niemand von ihnen verlangt, sich mit verbundenen Augen, geführt durch eine oftmals nur vom Sehen bekannte Person, eine sechs Kilometer lange Route blind durch Kassel führen zu lassen. Warum fragte eigentlich zu diesem Zeitpunkt noch niemand der Anwesenden nach dem Sinn dieser Exkursion?

Die Räume, in denen wir uns bewegen, sind nicht immer durch einheitliche Regeln bestimmt. Mit „Regeln" sind auch Verhaltensregeln gemeint, welche allgemein toleriert und als normal angesehen werden. Die Regeln auf einem Fußballfeld unterscheiden sich deutlich von denen auf einem Friedhof. Während es auf dem Fußballfeld bei den Spielern dazugehört, laute Rufe zur Verständigung zu nutzen, werden auf dem Friedhof solche Geräuschpegel nicht zu hören sein. Bezogen auf die blinde Exkursion stellt sich nun die Frage, ob und welche Regeln wir mit dem Tragen einer Augenbinde verletzten. Weiterhin muss geklärt werden welchen Status wir als Teilnehmer einer Exkursion einnehmen wollen.

Zu den Regeln des „Sehbehinderten Raumes" gehört, dass die „Betroffenen" durch äußere Merkmale, wie einen weißen Blindenstock, eine schwarze Sonnenbrille, einen Blindenhund oder eine gelbe Binde mit drei schwarzen Punkten erkennbar sind. Die Exkursionisten aber nutzten teils auffällige Schals oder bunte Stofftücher zum Verbinden der Augen. Da diese Art der „Kenntlichmachung" nicht den Regeln für einen Sehbehinderten entspricht, löste dies bei Passanten unterschiedliche Reaktionen aus. Die Teilnehmer-/innen der Exkursion haben diese provoziert.

Gemeinsame Unternehmungen wie Exkursionen wirken sich in den meisten Fällen positiv auf das Verhältnis der Teilnehmer zueinander aus. Bei dieser Exkursion wurde in sehr kurzer Zeit ein Vertrauensverhältnis zwischen Führer und Geführtem aufgebaut. Dieser Aspekt ist meiner Meinung nach ein sehr guter Grund, Exkursionen in der Schule einzusetzen.

Christian Nicolait: Zur Nachahmung Empfohlen.
Einige abschließende Bemerkungen zur „Blinden
Exkursion"

Im Vorfeld wurde mein Vorhaben, jeden für eine ganze Stunde lang ‚blind' zu machen, skeptisch gesehen. Die meisten, mit denen ich gesprochen habe, meinten, es wäre zu lang. Ich dachte aber, dass jeder eine Eingewöhnungszeit mit der Augenbinde benötigt und dass ‚wirkliche' Erfahrungen mit dem Blindsein erst nach dieser Umstellungsphase gemacht werden könnten. Auch das Vertrauen zu dem Führer muss ja erst aufgebaut werden. Die eigene Einschätzung muss sich nach und nach verändern; ein Wechsel von „überfordert" nach „zu bewältigen" ist nicht in 15 Minuten möglich.

Die Wahl der sehr unterschiedlichen Routen finde ich richtig und wichtig. So konnten unterschiedliche Erfahrungen gemacht werden. Der Stadtraum von Kassel teilte sich bei dieser Exkursion in „ruhige" und „stressige" Bereiche auf und so entstand eine neue „mentale Kartierung" von Kassel bei den Teilnehmerinnen und Teilnehmer der Exkursion.

Via Handy und Nummernaustausch vor der Exkursion hatte ich ein Kommunikationsnetz eingerichtet, welches es mir und den Teilnehmer-/innen ermöglichte, spontan Probleme zu klären. Ich halte diesen kommunikativen Rückhalt für enorm wichtig, damit sich die Teilnehmer nicht völlig allein gelassen oder hilflos fühlen. Ein Team hatte sich auch tatsächlich verlaufen und das hat gezeigt, wie sinnvoll der Austausch der Telefonnummern gewesen ist.

Das Ankommen nach der Exkursion ist ganz wichtig, und es sollte auf jeden Fall genügend Zeit gegeben werden, um die Erfahrungen zu verarbeiten. Es ist dringend empfehlenswert, den Endpunkt einer solchen Exkursion mit Bedacht zu wählen und viel Sorgfalt auf die Herrichtung des Raumes zu verwenden, um eine geeignete Umgebung zu schaffen, in der die gemachten Erfahrungen aufgearbeitet und zusammengeführt werden können.

Meine Vorgabe an die Teilnehmerinnen und Teilnehmer, sich gleich während der Exkursion Notizen zu machen, hat sich als sehr sinnvoll erwiesen. Die Reizüberflutung und die Vielfalt des Erlebten lassen vieles schnell wieder vergessen, was durch das Aufschreiben bewahrt werden kann. Außerdem bleibt so das private Erlebnis oder die Entdeckung erhalten und muss nicht erst durch andere im Gespräch wieder bewusst gemacht werden.

Ich bedanke mich bei allen Teilnehmern, bei Andrea Gerhardt für die Besprechungen und den Motivationsschub, der zur Durchführung der Exkursion geführt hat, bei Frau Schopmans vom Verein zur Förderung der Autonomie Behinderter für ein sehr wichtiges Vorgespräch zur Vorbereitung und bei allen, die mich bei der Realisierung der Exkursion und dem ganzen Drumherum unterstützt haben.

Exkursionen sind eine beliebte Unterrichtsform, um Schülerinnen und Schüler bzw. in unserem Fall Studentinnen und Studenten mit der sogenannten *„räumlichen Wirklichkeit* außerhalb des Klassenzimmers" zu konfrontieren. Das impliziert zugleich, dass eine „Primärerfahrung" mit Realobjekten möglich ist. Aber entspricht das wirklich allen Exkursionen? Und was ist mit solchen, die sich einem Spannungsfeld befinden? Wie kann da eine Begegnung mit „dem" Raum stattfinden?

Diese Fragen waren die Vorlage unserer Exkursion, die zugleich eine Nachtwanderung war. Die Form einer solchen Exkursion haben wir gewählt, um das Erleben im Dunkeln als eine spezielle Form des räumlichen Erlebens zu erfahren. Finden die meisten Exkursionen im Hellen, also bei Tageslicht statt, wollten wir die Begegnung mit der Dunkelheit. Diese physischen Gegensätze bedingen auch psychische Unterschiede bei denen, die die physischen Gegensätze erfahren.

Dass es sich bei unserer Exkursion um ein „Experiment" handelte, ergab sich aus der Tatsache, dass bereits so gut wie jeder unserer Teilnehmer eine Nachtwanderung gemacht hatte und sich die gemachten Erfahrungen weniger auf geographisch-didaktische Aspekte bezogen, sondern mehr auf subjektive Empfindungen. Insofern war es für uns auch interessant herauszufinden, inwiefern die Studentinnen und Studenten zwischen objektiven und subjektiven Perspektiven wechseln können. Und genau das war der zentrale Punkt unserer ExEx: Uns ging es vorrangig um die *Reflexion* einer Erfahrung, die viele schon gemacht, aber kaum reflektiert haben. Dabei stand das „Durchdenken" dessen im Vordergrund, was als gegeben und nicht änderbar erfahren wurde. Das bedeutet zum einen das Hinterfragen des immer wieder von den Studentinnen und Studenten betonten „Gruseleffekts" einer Nachtwanderung, der als gegeben angesehen wird. Zum anderen bezieht sich die Reflexion auf einen elementaren geographischen Aspekt, nämlich auf

170

das Bewusstwerden unterschiedlicher Raumwahrnehmungen[7]. Für uns bot sich eine Nachtwanderung also auch insofern an, als dass sie das Potenzial hat aufzuzeigen, dass es nicht „die" bereits oben angesprochene „räumliche Wirklichkeit" und somit auch keine „Originalbegegnung" gibt, sondern dass ein Raum unterschiedlich wahrgenommen werden kann. Gerade für dieses Bewusstmachen bietet sich ein physischer Gegensatz wie der zwischen Tag und Nacht an; deutlicher kann dies geschehen, wenn ein Ort gewählt wird, der den Teilnehmern vorher schon bekannt ist. Indem verschiedene Raumwahrnehmungen thematisiert und die subjektiven Empfindungen der Studentinnen und Studenten berücksichtigt und reflektiert werden, kann unsere Exkursion durchaus den Anspruch erheben, einer „konstruktivistischen" Konzeption zu folgen, wie sie derzeit in der fachdidaktischen Diskussion zunehmend gefordert wird. Ziel einer solchen Exkursion ist eine „stärkere Berücksichtigung der subjektiv-konstruktiven und erkenntnistheoretischen Ebene" (Böing & Sachs 2007, S.36). Dabei komme besonders den Aspekten Sprache, *Konstruktion*, Kommunikation und *Reflexion* eine große Bedeutung zu (vgl. ebd., S.38). Ziel unserer Exkursion war es, dass die Studentinnen und Studenten selbst erkennen, dass auch ein „gegebener" Raum subjektiv konstruiert ist. Dabei ging es vorrangig um die Wahrnehmung der Sinne des Einzelnen durch das Erleben im Dunkeln, um den individuell wahrgenommenen Raum und somit um den Raum der Wahrnehmungsgeographie. Nicht zuletzt sollten aufgrund dieser Überlegungen Erkenntnisse für die Umsetzung einer solchen Exkursion in der Schule bzw. im Geographieunterricht gewonnen werden.

Was ist eigentlich eine Nachtwanderung?

Eine für diese Exkursion grundlegende Frage ist: Was ist überhaupt eine Nachtwanderung? Im Plenum haben wir mit den Exkursionsteilnehmern diskutiert, wer schon mal eine Nachtwanderung gemacht hatte und somit indirekt eine Vielzahl verschiedener Antworten auf diese Frage erhalten. Einige haben gesagt, dass sie noch keine Nachtwanderung gemacht hätten, haben aber ebenfalls betont, dass sie sich trotzdem

---

[7] Eine empfehlenswerte Übersicht über die verschiedenen Raumkonzepte gibt Ute Wardenga: Wardenga, Ute (2002): Alte und neue Raumkonzepte für den Geographieunterricht. In: geographie heute. H. 200. S. 8-11.

schon zu Fuß durch die Dunkelheit bewegt hatten. Auch genannt wurde ein nächtlicher Einsatz bei einer Bundeswehrübung, eine von der Universität veranstaltete Exkursion zur Beobachtung von Fledermäusen, Wanderungen durch die Nacht mit Lehrern auf Klassenfahrt und nächtliches Ablaufen einer vorgegebenen Route, auf der man von den „Großen" erschreckt wurde. Besonders das Feld, welches durch den Begriff „Wanderung" im Sinne von sich zu Fuß bewegen eröffnet wird, lässt also die verschiedensten Auslegungen einer Nachtwanderung zu.

Bei einigen der genannten Beispiele war allerdings dem damaligen Teilnehmer der „Nachtwanderung" bewusst, dass dies nicht dem Normalfall einer Nachtwanderung entspricht, sondern eine deutliche Abweichung von der allgemeinen Vorstellung aufweist. Besonders offensichtlich ist dies an der Bundeswehrübung zu sehen, die wohl kaum einer als Nachtwanderung bezeichnen würde, auch wenn sie nachts stattfand und während der Übung eine vermutlich größere Strecke zurückgelegt wurde.

Auch beim einfachen Gehen durch die Nacht, zum Beispiel von der Disco nach Hause, war sofort offensichtlich, dass dies nicht als Nachtwanderung zu verstehen ist. Bei dieser Form des Gehens durch die Nacht kann jedoch ein weiteres Element erkannt werden, welches für uns in der Vorstellung von Nachtwanderung einen festen Platz hat: Angst. Jede Nachtwanderung ist eine Konfrontation mit Angst, auch wenn sie gerne verschönernd mit „Gruseln" bezeichnet wird. Bei dem Gang durch die Nacht fehlen Menschen, die einem im Notfall helfen könnten, es werden im Gegenteil sogar einzelne Personen oder Gruppen als Bedrohung aufgefasst, die potentiell gefährlich werden könnten. Die dunklen Ecken und Parkanlagen werden zu Tabuzonen, da sie als zu gefährlich gelten, um sich hier nachts aufzuhalten. Das Gefühl der Angst scheint zu einer Nachtwanderung dazu zu gehören, doch dürfte klar sein, dass keine Nachtwanderung versucht, die Teilnehmerinnen und Teilnehmer bewusst realen Bedrohungen auszusetzen. Allerdings werden die Angstgefühle der Exkursionisten im Konzept einer solchen Exkursion eventuell unter kontrollierten Bedingungen noch verstärkt, um deren konstitutive Rolle für die eigene Wahrnehmung im Anschluss besser reflektieren zu können.

Gerne hätten wir jetzt auf eine Definition für den Begriff „Nachtwanderung" zurückgegriffen, wie sie von schlauen Köpfen in allgemeiner Nachschlageliteratur formuliert wurde. Leider hüllt sich der aktuelle Brockhaus in Schweigen und der Duden begnügt sich mit einer sehr unbefriedigenden Beschreibung. Auch das in den letzten Jahren beliebt gewordene Internetnachschlagewerk Wikipedia kennt die Nachtwanderung nur als Unterpunkt zu „Wandern", welche ebenfalls nur auf das Wandern durch die Nacht mit verschiedenen Unterarten hinausläuft und somit für unser Verständnis zu allgemein ist. Die für unsere Begriffe nicht ausreichenden Definitionen, unsere Vorstellung und die Resultate der Besprechung im Zusammenhang mit der von uns durchgeführten Nachtwanderung haben uns dazu veranlasst, eine eigene Definition zu formulieren:

Nachtwanderungen sind geplante Bewegungen in der Dunkelheit der Nacht, mit der Absicht, sich unter kontrollierten Bedingungen einem Angstgefühl auszusetzen. Die Bewegung findet üblicherweise zu Fuß statt und der Ort der Nachtwanderung ist durch eine oder mehrere Personen bewusst gewählt und eventuell den Zielen entsprechend (aus-) gestaltet worden. Im Zentrum einer Nachtwanderung steht die Ausübung von Tätigkeiten, welche die Angstgefühle der Teilnehmerinnen und Teilnehmer steigern können, ohne dabei reale Gefahren zu erhöhen.

Vorüberlegungen

Während der Vorbereitung haben wir uns über eine Vielzahl von Möglichkeiten Gedanken gemacht, wie einen Nachtwanderung ablaufen soll, wie verschiedene Gestaltungselemente wirken und was den Teilnehmern zumutbar ist. Einige dieser grundlegenden Überlegungen möchten wir hier skizzieren, um aufzuzeigen, was bei der Planung und Durchführung von Nachtwanderungen beachtet werden sollte. Basis für diese Überlegungen sind jedoch keine empirischen Studien oder Fachliteratur (die es eigentlich zur Nachtwanderung auch nicht gibt), sondern lediglich unsere eigenen Erfahrungen, unser Ideenreichtum und unser gesunder Menschenverstand. Erst im nächsten Abschnitt wird dann der konkrete Ablauf dargestellt.

Als erstes galt es, einen Ort für die Nachtwanderung zu finden. Da wir eine Vor- und Nachbereitung machen wollten, waren wir nicht ungebunden, sondern brauchten ein Gebiet, welches nah des Campus der Universität Kassel lag, aber unseren Ansprüchen entsprach. Das Gebiet sollte unseren Vorstellungen nach möglichst dunkel, gut zu erreichen und groß genug sein. Ein Blick in die Karte der Stadt Kassel ergab mehrere Möglichkeiten. Der Bergpark Wilhelmshöhe, der Auepark oder ein Waldgebiet am Stadtrand. Gebiete mit Beleuchtung, Bebauung oder hohem Verkehrsaufkommen schlossen wir automatisch aus. Wegen der Erreichbarkeit haben wir uns für die Aue entschlossen und mehrere Begehungen des Parks bei Tag und bei Nacht durchgeführt, um geeignete Routen für das Vorhaben zu erarbeiten (Vorexkursionen). Es ergab sich die Möglichkeit, mehrere Routen durch den Park zu legen. Die einzelnen Routen hatten die für uns als angemessen erachtete Länge von mindestens 20 Minuten Fußmarsch und die Anlage befindet sich in guter Reichweite vom Uni-Campus. Das erkundete Terrain weist sowohl freie, aber unbeleuchtete Wiesenflächen und Wasserflächen auf, als auch einzelne Bäume und kleine Wäldchen. Die Nähe zur Stadt war uns bewusst und die Lichter der Stadt stellten neben dem Mond eine weitere Lichtquelle dar. Bei den vorab durchgeführten Ortsbegehungen sahen wir darin jedoch kein Problem.

Da nun der Ort für unser Vorhaben gefunden war, ging es an die Logistik. Dabei stellt sich uns die Frage, wo wir einen Raum für eine von uns definitiv geplante Vor- und Nachbesprechung herbekommen würden und wie wir von dort zum Wandergebiet und wieder zurück kommen konnten. Der Besprechungsraum war glücklicherweise rasch am Campus in einem Studentenwohnheim gefunden und für die An- und Abfahrt zum Exkursionsgebiet entschieden wir uns für die Nutzung der Straßenbahn. Es empfiehlt sich bei der Planung allerdings, immer penibel auf alle Angaben, kleine Buchstaben und ähnliches im Fahrplan zu achten (z.B. S = „Fährt nur an Schultagen"), da wir um ein Haar den Hinweis „Die Linie 16 verkehrt nur während der Freibadsaison des Auebades!" übersehen hätten.

174

Als nächstes haben wir uns überlegt, in welcher Gesellschaftsform wir die Teilnehmer durch die Nacht schicken wollen. Da ja alle Teilnehmerinnen und Teilnehmer erwachsen waren, erschien es uns wenig zielführend, in einer größeren Gruppe durch die Aue zu laufen. Wir entschieden uns daher für Kleingruppen von zwei oder maximal drei Teilnehmer/-innen, um intendierte Gefühle von Angst und Unsicherheit zu intensivieren. Dass diese Form mit Minderjährigen in Schulen und Ferienlagern sehr problematisch sein dürfte, war und ist uns klar. Für diese Nachtwanderung war die Großgruppe jedoch nicht angemessen und die Kleingruppe der einzige umsetzbare Weg. Um zufälliges Zusammentreffen von Kleingruppen möglichst zu vermeiden, sollten diese zum einen auf unterschiedlichen Routen und zum anderen zeitlich versetzt „ins Feld" geschickt werden. Zudem formulierten wir den zusätzlichen Auftrag, sowohl anderen Gruppen als auch anderen Parkbesuchern (Jogger, Gassi-Geher, etc.) möglichst aus dem Weg zu gehen. Wir konnten nur schwer abschätzen, wie stark frequentiert das Exkursionsgebiet am Abend der Durchführung wirklich sein würde. Die zu laufenden Wege gaben wir nur grob vor. Wir teilten die symmetrisch angelegte Parkanlage in zwei Hälften. Eine Route sollte möglichst nah an der Hauptachse des Parks entlangführen und die anderen zwei Routen jeweils frei wählbar in den Parkhälften links und rechts davon. Zur Veranschaulichung zeigten wir den Teilnehmern eine Luftaufnahme aus Google Earth. Die

schwarze Linie bezeichnet die Hauptachse als Verbindungslinie zwischen Start und Ziel und teilt gleichzeitig den Park in die zwei Hälften.

Natürlich ist bei dem geplanten Vorhaben auch die Teilnehmeranzahl zu berücksichtigen, also wie viele können überhaupt teilnehmen und was ist eine Minimal- und Maximalanzahl. In Verbindung mit dem Ort, der Verkehrsanbindung und der Gesellschaftsform, hatte sich für unsere Nachtwanderung quasi kein Limit ergeben. Es gab keine Mindestgröße und eine Maximalgröße liegt lediglich an der Kapazität des Besprechungsraumes und der Straßenbahn, also ca. bei 60 Personen. Mit so vielen hatten wir allerdings nicht zu rechnen.

Mit diesen Vorüberlegungen ausgerüstet, hatten wir nun ein grundsätzliches Konzept, welches es uns ermöglichen sollte, die Nachtwanderung durchzuführen. Die folgenden Überlegungen sind nicht weniger wichtig für eine gute Nachtwanderung, aber nicht unbedingt notwendig für die grundsätzliche Durchführung einer solchen.

Eine weitere, im Vorfeld zu klärende Frage war die aus eigenen Erfahrungen bekannte (und obligatorische?) Gruselgeschichte auf Nachtwanderungen. Hier ergaben sich eine Reihe von Möglichkeiten. Um Angstgefühle zu steigern, wollten wir eine Gruselgeschichte einbauen. An welcher Stelle der Nachtwanderung sollte aber die Gruselgeschichte sein? Wie realisieren wir dies mit den einzelnen Gruppen? Welche Gruselgeschichte? Wo nehmen wir die her? Fragen über Fragen. Also haben wird den PC angeschaltet und das gute alte Google aufgerufen, „Gruselgeschichte" eingegeben und dann, so dachten wir, wird es ja was geben. Aber das ist dann wohl doch zu einfach. Die Suche nach der „richtigen" Geschichte, sie musste ja auch für Erwachsene ein wenig gruselig sein und eine angemessene Länge haben, erwies sich als äußerst schwierig. Wir fanden im Internet nichts Brauchbares und erst dann in der Bücherei, vom Meister der Gruselgeschichten Edgar Allen Poe, eine Geschichte, welche sich in ca. fünf Minuten gut lesen lies und uns geeignet erschien, ein gewisses Gruseln erzeugen zu können. Zumindest bei Nacht und Dunkelheit, so hofften wir. Da wir uns für viele kleine Gruppen entschieden hatten, war es natürlich nicht möglich, dass wir (die Planer) den über den Park verteilten Teilnehmern die Geschichte selbst vorlesen. Den Ausweg sahen wir darin, dass sich die Teilnehmer in den Kleingruppen gegenseitig die Geschichte vorlesen. Jede Gruppe erhielt also den Auftrag, nach einer gewissen Zeit an einem angemessenen Ort den Umschlag mit der Geschichte zu öffnen und sich diese vorzulesen. Da mittlerweile jeder über ein Mobiltelefon mit beleuchtetem Display verfügt, gingen wir davon aus, dass Lichtquellen, die das Lesen ermöglichen, nicht das Problem sind. Die Frage, ob die Geschichte am Anfang, in der Mitte oder am Ende vorgelesen wird, war

176

natürlich nun obsolet, denn wir konnten es nicht kontrollieren und mussten es den Teilnehmern überlassen.

Zudem diskutierten wir im Vorfeld die Frage, ob und welche Lichtquellen wir den Teilnehmer/-innen mitgeben wollten und/ oder „erlauben" sollten. Dass nach Möglichkeit alle Gruppen eine Taschenlampe für den Notfall dabei haben sollten, war für uns klar, doch sie sollten ja möglichst nicht verwendet werden. An dieser Stelle ging dann wohl unsere Experimentierfreude ein wenig mit uns durch, denn wir entschieden uns schließlich dafür, einem Drittel überhaupt keine Lichtquelle zu gestatten, dem zweiten Drittel brennende Teelichter in leeren Marmeladengläsern mit auf den Weg zu geben und den restlichen Kleingruppen schließlich die Verwendung der Taschenlampe anzuempfehlen. Wir versuchten also, immer ungefähr gleich viele Gruppen mit einer bestimmten Lichtquelle loszuschicken. Wir sahen jedoch gerade in der Kerze und der Taschenlampe eigentlich eine Einschränkung des Sichtfeldes, da man immer nur das Erkennen kann, was von dem Licht beleuchtet wird. Der Großteil der Umgebung wird jedoch, wegen dem ans Licht gewohnte Auge, in Dunkelheit gehüllt.

Ein weiteres Gestaltungselement, welches wir uns überlegten, um Angstgefühle bei den Exkursionisten zu steigern, war ein „Schweige-Gebot". Damit sollte verhindert werden, dass die Teilnehmer/-innen sich die Zeit mit einem netten Plausch vertrieben und sie sich damit selbst um die Erfahrung brachten, zu der die Exkursion schließlich verhelfen sollte. Die Teilnehmer/-innen sollten auch in der Kleingruppe möglichst in der Lage sein, Geräusche in ihrer Umgebung auch wirklich wahr zu nehmen und darauf zu reagieren.

Apropos Geräusche: Wir haben auch erwägt, einer kleinen Gruppe Exkursionisten den Hörsinn komplett zu nehmen, indem sie die Route mit Musik auf den Ohren ablaufen sollte. Wenn die Sicht bereits durch die Dunkelheit eingeschränkt ist, dann werden die anderen Sinne – und vor allem das Gehör – zu wichtigen Quellen der Informationsgewinnung. Kaum etwas sehen *und* nichts hören zu können, muss das Unsicherheitsgefühl zwangsläufig steigern. Nach einem durchgeführten Selbstversuch mit MP3-Player im Ohr haben wir entschieden, dass dieses Experiment einen Schritt zu weit geht. Obwohl wir aufgrund der vorherigen Begehungen die Angst im dunklen Park schon sehr gut im Griff hatten, entstand durch den Verlust des Hörsinnes eine Situation, die wir den Teilnehmern nicht zumuten wollten. Man hat ständig das Gefühl, dass hinter einem einer kommen könnte und ist andauernd dabei, sich umzusehen und nach anderen Menschen Ausschau zu halten. Dies führt soweit, dass man nicht in der Lage ist, irgendwelche anderen Erfahrungen außer der „Könnte da jemand hinter mir sein?" zu machen. Ich brach den Selbstversuch nach ca. fünf Minuten ab, weil mir vom dauernden Drehen schon ganz schwindelig wurde....

Bislang haben wir uns allein mit den Möglichkeiten beschäftigt, Angst- und Unsicherheitsgefühle zu erzeugen und zu steigern. Aber wir wollten nicht nur Angst erzeugen, sondern auch ein Gefühl von Sicherheit geben, indem wir allen Gruppen eine Trillerpfeife als „Notruf" mitgeben wollten. Neben dem Kommunikationseffekt zu und zwischen den anderen Teilnehmer/-innen der Exkursion, ist mit einem Pfeifen gleichzeitig auch ein abstoßender Effekt für einen potentiellen Angreifer oder Dieb verbunden. Wir haben erwartet, dass vor allem die Teilnehmer*innen* die Pfeife als „Sicherungs-Element" empfinden werden. Der Einsatz dieses „Sicherungs-Elements" wurde von uns im Vorfeld indes nicht ausreichend reflektiert. Jede Maßnahme, die zum *Schutz* vor einer potenziellen Gefahr getroffen wird, impliziert gleichzeitig, dass diese auch *benötigt* wird. Anders ausgedrückt: Mit Ausgabe der Trillerpfeifen und dem Satz: „Hiermit könnt ihr Hilfe herbeirufen oder Angreifer vertreiben" haben wir bei den Teilnehmer/-innen eher die Befürchtung hervorgerufen, dass es hier im Park wohl doch so gefährlich ist, dass wir als Exkursionsleitung solche Maßnahmen überhaupt für nötig erachten.

In unserer Vorbereitung der Nachtwanderung haben wir auch überlegt, welche Erfahrungen die Teilnehmer machen könnten. Wir sind recht schnell auf die bewusste und veränderte Wahrnehmung des Raumes, die Auseinandersetzung mit Ängsten, die Stärkung der sozialen Bindung innerhalb der (Klein-) Gruppen und ein paar weiteren Punkten gekommen. Wir haben uns diese Punkte natürlich notiert, uns dann jedoch nicht weiter in Vermutungen verstrickt, was alles erfahren werden könnte, sondern haben diesen Punkt sowohl in die Vor- als auch die Nachbesprechung verlagert. Hier können die notierten Punkte als hilfreicher Anstoß von Wert sein. In der Vorbesprechung sollten die Teilnehmer

zunächst einmal Vermutungen und Berichte aus ihren bereits gemach-
ten Nachtwanderungen äußern, um sich selbst in die Stimmung und
Lage zu versetzen, während der Nachtwanderung selbstreflexiv die
Erfahrungen beobachten zu können. Erst in der Nachbesprechung soll-
ten dann, gestützt durch subjektive Erfahrungen, die Vermutungen der
Vorbesprechung unterstützt oder verworfen werden. Die Möglichkeit,
dass während der Exkursion noch neue Erfahrungen zu der Liste der
Vorbesprechung hinzu kommen, ist natürlich auch gegeben.

Damit die Erfahrungen während des Heimwegs oder während der Diskussion um andere Erfahrungen nicht vergessen werden, mussten wir
uns auch Gedanken um eine angemessene Form der Dokumentation
machen. In Anlehnung an die „Blinde Exkursion", bei der auch Kleingruppen unterwegs waren, entschieden wir uns für ein Konzept, in dem
die Teilnehmer zunächst direkt nach der Nachtwanderung Notizen
machten, welche sie dann auf dem Weg zum Besprechungsraum dort in
einen gemeinsamen Plan zusammenfügen sollten. Es erschien uns
zweckmäßig, ihnen für ihre Notizen eine kleine Hilfestellung zu geben,
um vor allem das Zusammenfügen am Ende etwas vor zu strukturieren.
Wir erstellten also, wie unten zu sehen, Vorlagen, auf denen Start und
Ziel im Auepark verzeichnet waren und, je nachdem ob sie den direkten
Weg oder einen der seitlichen Wege wählen sollten, eine gerade oder
gebogene Linie als Anhaltspunkt. Im gemeinsamen Plan war dann nur
Start und Ziel gegeben, um den Teilnehmern dort die Möglichkeit einer
möglichst freien Gestaltung zu geben. Erfahrungen von der „Blinden
Exkursion" haben gezeigt, dass bereits das aufeinander Abstimmen mit
den anderen Teilnehmern und das Platz Lassen für die nächsten Teilnehmer, für manche eine große Herausforderung ist. Vorteil dieser Methode ist jedoch, dass jeder bereits gestuft über seine Gefühle und Erfahrungen reflektieren muss, die Erfahrungen des einzelnen betont
werden und am Ende doch ein gemeinsames Ergebnis der Nachtwanderung hergestellt wird. Für Nachtwanderungen mit Kindern ist die Dokumentation auf diese Weise nur schlecht möglich, da bereits die Sozialform der Kleingruppen schlecht realisiert werden kann. Das Abstimmen
aufeinander wird somit noch schwerer, was uns nahelegen lässt, mit
Kindern eine andere Methode der Dokumentation zu wählen, falls überhaupt eine erforderlich scheint.

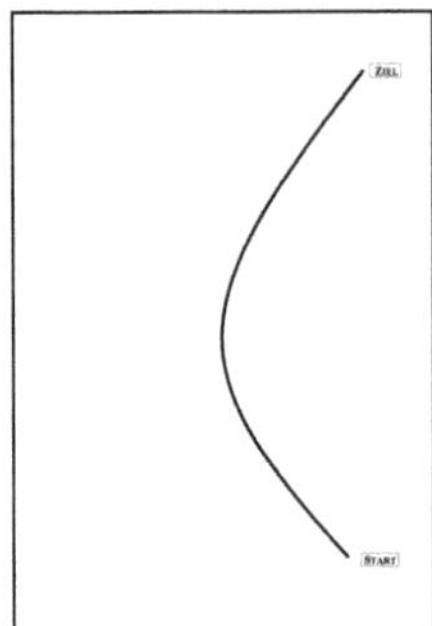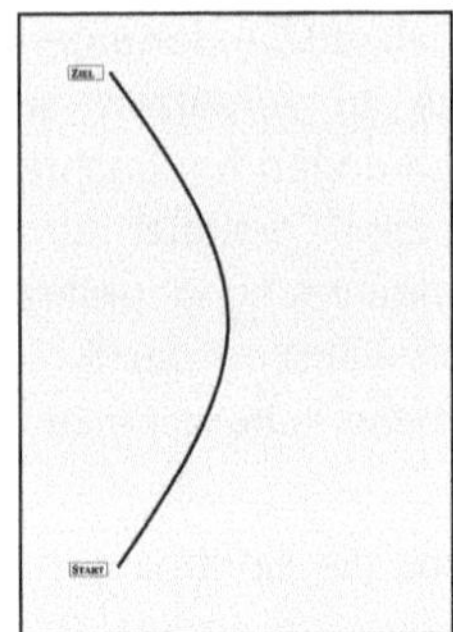

Um mit dieser Nachtwanderung nicht nur das Erlebnis alleine zu haben, sondern auch, um an Informationen zu gelangen, die jenseits des Erlebnisses liegen, haben wir uns auch für eine Vor- und Nachbereitung entschieden. Wie bereits angedeutet, haben wir deshalb einen Raum organisiert, in dem wir unsere Besprechungen machen wollten. Diesen *Raum* galt es zu _gestalten_, da es für unser Verständnis um sensible Informationen des einzelnen ging, die man nicht unbedingt in jeder Umgebung und Gesellschaft frei äußern möchte. Zum Beispiel bereits die Beantwortung der Frage „Wann hast du wo Angst gehabt?" kann schon für viele eine sehr intime Frage sein, vor deren Beantwortung man zurückschreckt. Da wir davon ausgehen mussten, dass einander fremde Personen aufeinandertreffen, wollten wir doch zumindest den Raum der Besprechung angenehm gestalten. Für die Vorbesprechung haben wir hierfür zunächst eine gemütliche Zimmertemperatur hergestellt (es war immerhin Dezember und der Raum länger nicht benutzt gewesen), für eine nicht zu grelle Beleuchtung gesorgt und bis alle angekommen waren, eine leichte Hintergrundmusik abgespielt. Für die doch deutlich persönlichere Nachbesprechung haben wir dann zur Lockerung der Runde zusätzlich noch Plätzchen, Tee und Glühwein bereitgehalten, wobei zu betonen ist, dass der Glühwein jahreszeitlich bedingte Tradition und ausdrücklich nicht für eine Lockerung der Zunge durch Alkohol gedacht war! Dieses Umfeld sollte es hoffentlich ermöglichen, dass die Teilnehmer eine Wohlfühlatmosphäre erleben, in der sie auch über persönlichere Empfindungen reden können.

Natürlich haben wir uns nicht nur mit dem beschäftigt, was wir machen wollen, sondern auch damit, wo bestimmte *Grenzen des Machbaren* liegen oder wir bestimmte Grenzen setzen wollen! Eine Grenze lag, wie bereits dargelegt, bei dem Wegnehmen des Hörsinnes, welches wir nach dem Selbstversuch verworfen haben. Natürlich gibt es noch andere Grenzen, welche wir in der Vorbereitung zu bedenken hatten. Zum Beispiel die Frage, ob es für unsere Unternehmung rechtliche Grenzen gibt. Da wir uns jedoch nicht mit Schülern, sondern mit Erwachsenen bewegten, sahen wir in der Aufsichtspflicht, aus welcher Grenzen resultieren könnten, kein Problem. Exakt diese Nachtwanderung mit Schülern durchzuführen erachten wir als fast unmöglich, was aber auf keinen Fall bedeuten soll, keine Nachtwanderungen zu machen, sie muss jedoch an die Grenzen der jeweiligen Gruppe angepasst sein. Wie ist als nächstes die rechtliche Lage, wenn man mit Kerzen (also offenem Feuer) durch die Aue geht? Wir haben uns, trotz Unwissenheit, über die exakte Gesetzeslage damit zufrieden gegeben, dass ein Teelicht in einem Marmeladenglas kein Problem sein dürfte. Auch die Teilnehmerzahl hatten wir überlegt zu limitieren. Als jedoch das Konzept stand, sahen wir keinen Bedarf, die Anzahl zu begrenzen. Jenseits dieser Grenzen gibt es bestimmt noch eine Vielzahl weiterer Grenzen, die wir nicht bedacht haben. Es ist jedoch für die Planung sehr hilfreich, sich ein paar Gedanken zu machen, was man nicht machen möchte und was man nicht machen darf und dies als Grenzen auch festhält.

Der Ablauf der „Nachtwanderung"

Wie ist aber nun die Nachtwanderung konkret abgelaufen? Alles begann im Europahaus des Studentenwerkes Kassel, in dem wir einen Raum mit kleiner Küchenzeile organisieren konnten. Der Beginn war auf 18 Uhr festgelegt und es kamen in unterschiedlich großen Gruppen nach und nach die Teilnehmerinnen und Teilnehmer zusammen. Alle sollten sich gleich bei ihrer Ankunft mit Handynummer in eine Liste eintragen um für den Notfall ein Kommunikationsnetzwerk zu haben. Nach einer kurzen Phase, in der sich die Teilnehmer auch mental auf die Nachtwanderung einstellen konnten, begannen wir mit der Vorbesprechung. Es ging uns hierbei nicht darum, dozierend unsere Zielsetzungen in die Runde einzubringen, sondern in einem Plenumsgespräch Erfahrungen und Erwartungen auszutauschen, um ein weiteres Einstimmen auf die Nachtwanderung zu erreichen. Wie bereits angedeutet, gab es unter den Teilnehmern die unterschiedlichsten Erfahrungen in Sachen Nachtwanderung. Neben diesem Erfahrungsaustausch, wurde auch das Thema „Angst" und „Gruseln" vertieft, welches auch von den Teilnehmern als ein zentrales Moment der Exkursion erkannt wurde. Ein besonders interessanter Abschnitt des Gespräches setzte sich mit dem Thema „Die Urangst vor der Dunkelheit" auseinander. Auch den durch die Dunkelheit, also dem Einschränken des Sehens, bedingten Kontrollverlust der Umwelt haben wir thematisiert und somit eine Parallele zu der im Januar 2007 durchgeführten „Blinden Exkursion" gesehen. Neben diesen einzelnen Erfahrungen haben wir auch über den gruppendynamischen Effekt gesprochen, der vor allem bei neu zusammengestellten Klassen wie zum Beispiel der Klasse 5 an den verschiedenen Schulzweigen als sehr bedeutender Katalysator für das Herausbilden einer Klassengemeinschaft gesehen werden kann.

Nachdem diese Themen umfangreich diskutiert worden waren, haben wir kurz erklärt, wie die Exkursion ablaufen soll. Wir erklärten, dass wir uns in Kleingruppen bewegen werden, wo der Start- und wo der Zielpunkt ist, dass wir einen zeitlich gestaffelten Start der Kleingruppen haben werden und dass sich während der Fahrt mit der Straßenbahn Pärchen bilden sollten, die dann gemeinsam die Aue erkunden.

Christiane und ich trennten uns hier. Für die Teilnehmer und mich ging es zu Fuß zunächst zur Straßenbahn, mit der Bahn bis zur Haltestelle Auestadion und dann wieder zu Fuß bis zum Startpunkt, einer Brücke, die zwischen dem Aueteich und der Blumeninsel gelegen ist (auf der obigen Karte am rechten unteren Ende der eingezeichneten Linie). Dort angekommen, entstand zunächst folgendes Gruppenbild der Teilnehmer (natürlich mit Stativ und nachträglich digital nochmals überarbeitet). Christiane fuhr bereits zum Zielpunkt, um dort die einzelnen Gruppen für die erste Phase der Dokumentation zu empfangen.

Das Gruppenfoto ist ein wichtiges, obligatorisches Element einer jeden Exkursion. Nach diesem kurzen Intermezzo ging es jedoch wieder ans Werk. Ich notierte die jeweilige Zusammensetzung der Kleingruppen, verteilte die verschiedenen Lichtquellen und die Routen und schon konnten die ersten drei Gruppen starten.

Ich nahm die ersten Gruppen ein paar Schritte von den später startenden Gruppen weg, erklärte ihnen noch mal die grundlegenden Punkte, gab ihnen ihr „Exkursions-Paket" und schickte sie los. Das Paket enthielt zum einem unsere Handynummern, die bereits erwähnte Trillerpfeife

und die Gruselgeschichte. Es war uns wichtig, dass noch mal alles erklärt wird, was von den Teilnehmern im Park zu beachten war. Die Teilnehmer sollten mit den entsprechenden Lichtquellen auf ihren Routen
gehen und dabei andere Personen und andere Lichter meiden. Sie
sollten nach Möglichkeit nicht reden und nach etwa zehn Minuten eine
ihnen passend erscheinende Stelle aufsuchen, an der sie sich die Geschichte vorlesen sollten. Danach sollten sie ihren Weg bis zum Treffpunkt direkt vor der Orangerie, an der sie von Christiane empfangen
werden, fortsetzen. Die Funktion der Trillerpfeife als Notruf erklärte ich
sowie unsere Telefonnummern bei etwaigen Problemen.

Nach und nach schickte ich so alle Gruppen los und während dessen
hatte Christiane am Ziel Stellung bezogen. Wenn eine Gruppe dann bei
ihr ankam, gab sie ihr den entsprechenden Zettel, den wir bereits oben
gezeigt hatten, und bat die Gruppe, ihre Eindrücke, Gefühle und Empfindungen auf diesem zu notieren. Haben die Gruppenmitglieder dieses
gemacht, wurden sie vorübergehend entlassen und sollten sich selbstständig zurück zum Europahaus bewegen.

Nachdem die letzte Gruppe unterwegs war bewegte, ich mich mit dem
Fahrrad schnell zum Zielpunkt, um eine kurzes Feedback mit Christiane
auszutauschen und fuhr dann schnell weiter in das Europahaus, um dort
die Ankunft der Gruppen vorzubereiten, d.h. Teewasser kochen, Glühwein warm machen, Kekse auspacken und so weiter.

Nachdem alle Gruppen angekommen waren, eröffneten wir noch einmal
die Gesprächsrunde. Wir diskutierten erneut manche Punkte der Vorbesprechung sowie die Durchführung und Kritiken an der konkreten
Nachtwanderung.

Auswertung - Die nächtlichen Erfahrungen

Auf der Nachtwanderung haben die Teilnehmer einiges über das Bewegen und Wahrnehmen bei Nacht gelernt. Aber auch ein Auseinandersetzen mit ihren Ängsten hat stattgefunden. Leider, so muss im Rückblick gesagt werden, haben wir uns bei der Gesprächsführung sehr stark zurückgehalten und so kamen die Gespräche der Vor- und Nachbesprechung hinsichtlich einer veränderten Raumwahrnehmung zu kurz. Es wurde deutlich mehr über die Umsetzung in der Schule gesprochen und darüber, welche Ängste bei Kindern aufkommen und weniger über Konzepte des Raumes. Der Raum wurde häufig nur als Impulsgeber für Gefühle und Ängste verstanden und kaum hinsichtlich seiner veränderten Dimension durch die veränderte subjektive Wahrnehmung diskutiert.

Alle Gruppen haben notiert, dass ihnen binnen sehr kurzer Zeit bewusst wurde, dass die Fortbewegung im Dunkeln nicht mit dem Gehen am Tag vergleichbar ist. Viele hielten es für erwähnenswert, dass sie sich erst an die Dunkelheit *gewöhnen* mussten. Obwohl wir bereits ein Stück von der Straßenbahnhaltestelle zum Startpunkt der Exkursion gemeinsam durch die Dunkelheit gegangen waren, bahnte sich die Erkenntnis von der Gewöhnungsbedürftigkeit an die Dunkelheit erst einen Weg in den Köpfen der Exkursionisten, als keiner mehr der Großgruppe vorne weg ging und die Verantwortung für den Weg den Kleingruppen überlassen war. Vor allem das reduzierte Licht und der somit eingeschränkte Sehsinn stellte hierbei viele vor Herausforderungen, die sie versuchten zu kompensieren. Es haben sich hierbei vor allem zwei Methoden der Anpassung an die Veränderung herausgestellt: Zum einem eine zusätzlich verstärkte Konzentration auf das beschränkte Sehen und zum anderen eine verstärkte Konzentration auf andere, sonst nicht so intensiv genutzte Sinne wie Hören oder mit den Füßen fühlen. Es fand eine deutlich verstärkte Fokussierung des Auges auf bestimmte Gegenstände statt und so fielen zum Beispiel plötzlich leere Parkbänke auf, der Moment in dem zum ersten Mal das beleuchtete Ziel (die Orangerie) in Sicht kam oder im Park aufgestellte Figuren. Aber auch die anderen Sinne wie Hören und Fühlen galten nun als wichtiges Orientierungsmittel. Zum Beispiel fiel einer Gruppe im Park eine andere Gruppe (ich hoffe keine von unseren) auf, die durch ein lebhaftes Gespräch und Gelächter auch noch über größere Entfernung zu orten war. Auch das Rauschen des Windes in den Ästen und das Rascheln der Blätter am Boden, war für viele überdeutlich wahrnehmbar und meist als unangenehm empfunden worden. Taktil war natürlich vor allem der Untergrund bemerkbar. Hier haben besonders die Gruppen Erfahrungen gesammelt, welche sich nicht an die Parkwege hielten, sondern sich ihren eigenen Weg suchten, was uns nicht unrecht war. Abseits der Wege wurden auf einmal Wurzeln und ein unebener Boden wahrgenommen, dies erforderte erhöhte Konzentration. Auch das Gehen über eine Wiese, wie sie im Park und vor allem vor der Orangerie zu finden ist, war nicht ein entspannter Spaziergang wie am Tage, sondern schwankte zwischen vorsichtigem Gehen, um im weichen, tiefen Boden nicht umzuknicken und ängstlichem Gehen, in dem Glauben, mit jedem Schritt in einen Hundehaufen zu treten.

Wie schon angedeutet, haben sich durch die anderen Umgebungsbedingungen auch die Raumwahrnehmungen stark verändert. Hierzu zählt, wie gerade beschrieben, dass man auf einmal verstärkt auf bestimmte Auffälligkeiten verstärkt fokussiert ist, aber auch, dass der Raum durch das eingeschränkte Sehen anders gesehen wird. Hier ist zum einem zu nennen, dass eine veränderte Entfernungswahrnehmung erfahren wird und dass bestimmten Orten eine völlig andere Bedeutung zugeschrieben wird.

Dass Entfernungen anders wahrgenommen werden, hat sich in zweierlei Weise gezeigt: Zum einen, dass es einige beim Betreten der kleeblatt-förmigen Wiese vor der Orangerie diese vereinfacht als rund wahrge-nommen hatten. Das erklärt sich damit, dass die Gruppen optisch die Entfernungen zu den Rändern nicht mehr so gut einschätzen konnten und auch die Ecken des Kleeblattes nicht mehr gut genug erkannten und am Kreis zweifelten. Ein weiteres Indiz für die veränderte Entfer-nungswahrnehmung sahen wir im Zusammenhang mit der Zeit. Viele Gruppen konnten nicht sagen, wie lang sie für den Weg durch die Aue gebraucht hatten und wie lang der Weg war. Die Strecke war in etwa 1,5 km lang und hätte unter normalen Bedingungen 15 bis 20 Minuten in Anspruch genommen. Durch die veränderten Lichtverhältnisse und die Pause mit der Gruselgeschichte, hat sich für die meisten jedoch die Wegstrecke auf eine Zeit von deutlich über 30 Minuten ausgedehnt.

So hat auch eine Gruppe in ihren Dokumentationszettel geschrieben: „(...)zum ersten Mal auf Uhrzeit geachtet" was zeigt, dass sich nicht nur die in messbarer Zeit die Strecke ausgedehnt hatte, sondern auch in der gefühlten Zeit eine deutliche Veränderung stattfand.

Wahrnehmung und der Erkenntnisgewinn erfolgten sehr subjektiv. Es war aufgrund der Konzeption und des angestrebten Erkenntnisgewinns nicht möglich, einen Containerraum zu erzeugen der mit den Gegenständen der Exkursion nach und nach gefüllt wurde. Dies ist ja eine klassische Vorgehensweise bei vielen stark reglementierten Exkursionen oder Führungen. Vielmehr war es hier die Absicht, den Realraum um subjektive Erfahrungen zu bereichern und Erfahrungen in der Methode zu sammeln. Ein Beispiel für das „Subjektiv" ist die Frage nach dem empfundenen Ende der Nachtwanderung. Dieses sollten die Teilnehmer auf der Karte durch einen Punkt verdeutlichen, während wir zusätzlich versuchten heraus zu finden, welche Einflüsse dieses Ende herbeiführte. In der oben stehenden Abbildung sind die subjektiv empfundenen Enden der Nachtwanderung durch Kreuze vermerkt. In der Diskussion fanden wir heraus, dass nicht nur das definitorische Ende am Zielpunkt die Nachtwanderung beendete, sondern eben subjektiv auch schon das Sehen des Zieles oder das Betreten der Freifläche vor dem Ziel.

Die veränderte Bedeutungszuweisung ist daran zu erkennen, dass zum Beispiel bestimmte Orte nicht mehr als erholsam, sondern als bedrohlich aufgefasst werden oder nicht mehr als Ruheplatz, sondern als Sicherheit vermittelnde Freifläche. Konkret bedeutet das, dass die waldähnlichen Haine im Auepark nicht mehr als angenehm empfunden wurden, sondern sie stellten mit dem Schattenwurf der Bäume, den Wurzeln und Nischen und ihrer Größe eine eher bedrohliche Kulisse dar. Der Platz vor der Orangerie hingegen ermöglichte es manchen Gruppen erstmalig, abgesehen vom Start, einen Blick in eine größere Entfernung zu erhaschen. Dies wurde von dieser Gruppe als sehr angenehm und als ein Sicherheit ausstrahlender Raum empfunden und nicht wie sonst also Einladung, sich auf der grünen Wiese zu einer Pause nieder zu lassen.

Bei allen Teilnehmern fand eine Auseinandersetzung mit ihren Ängsten statt. Wie später noch ausführlicher dargestellt, setzten sich alle Gruppen über das Schweigegebot und die Regeln hinsichtlich des Einsatzes ihrer Lichtquelle hinweg. Dies ist für uns ein eindeutiges Zeichen dafür, dass es uns durch die Nachtwanderung und die gesetzten Bedingungen gelungen ist, die meisten Teilnehmer an ihre Ängste heranzuführen. Wir hatten ja bereits bei der Vorbesprechung über Urängste und Angstvermeidungsstrategien gesprochen, welche eigentlich von allen Gruppen im Rahmen der Möglichkeit angewendet wurden. Die folgenden Aussagen sind als Beispiele für unbewusst getroffene Entscheidungen bei Dunkelheit zu sehen welche auch die Teilnehmer manchmal umsetzten:

o Wenn man schon durch den „dunklen Wald" gehen muss, dann immer schön weit weg von den Schatten und auf der Mitte des Weges bleiben.

o Wenn die Lichtquellen jenseits der Kerze und Taschenlampe bessere Sicht ermöglichen, wählen wir diese und lösen uns von dem kleinen Licht der Hand.

o Wenn es möglich ist, meide ich von ganz alleine Fremde und zu den Freunden ist es uns ja verboten.

o Wenn ich mit meinem Leidensgenossen rede, fühlen wir uns zusammengehörig, also stärker.

Mit weiteren ähnlichen Sätzen ließe sich diese Liste der Strategien fortsetzen. Leider waren einige der individuellen Dokumentationen sehr nichtssagend; eine unserer Ansicht nach sehr gute Dokumentation, haben wir weiter hinten in diesem Beitrag dargestellt. Besonders erfreulich ist, dass die gemeinsame Dokumentation in Form einer sogenannten „Mental Map", welche wir dann im Europahaus am Campus erstellten, trotzdem gut gefüllt war. Sie war neben den Punkten der Vorbesprechung Lieferant für einige interessante Diskussionspunkte. Einen gesamten Eindruck der Map zu vermitteln ist hier nur schlecht möglich, weshalb wir hier nur einen Ausschnitt der Map abbilden können, um ihnen eine ungefähre Vorstellung unseres materiellen Endprodukts zu vermitteln.

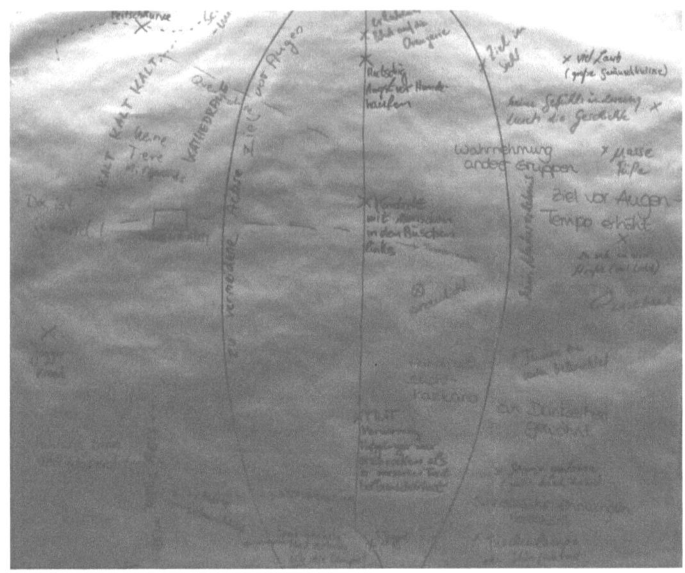

Handlungsempfehlungen

Und wie weiter? Wir fühlen uns nun in der Lage, konkret Aussagen treffen zu können, die in Verbindung mit unseren Vorüberlegungen fruchtbare Hinweise und Empfehlungen für ein möglichst gutes Gelingen zukünftiger Nachtwanderungen liefern können.

Der von uns gewählte Ort war für unsere ursprüngliche Zielsetzung, wie sich im Nachhinein herausstellte, eher suboptimal. In der Nacht der Wanderung war der Himmel mit tiefhängenden Wolken bedeckt, was zu einer sehr starken Reflexion der Lichter aus der Stadt führte und damit auch zu einer sehr hellen Nachtwanderung. Hinzu kommt, dass in der Aue viele Laubbäume stehen, die gerade im Winter keinen Schatten spenden, sondern das Licht durchlassen und einen weiten Blick ermöglichen. Auch in Wilhelmshöhe wäre es uns vermutlich ähnlich ergangen; für diese Nachtwanderung wäre der beste Ort wohl tatsächlich ein Waldstück etwas außerhalb der Stadt gewesen. Es sollte bei der Wahl des Ortes auf ein Mindestmaß an Dunkelheit geachtet werden. Ein richtiger Wald ist unserer Meinung nach sehr gut; ein freies Feld und erst

190

recht in der Stadt ist es oft schon durch Mondlicht oder andere Lichtquellen so sehr hell, dass das Gefühl einer Nachtwanderung nicht richtig
aufkommen mag.

Organisatorisch waren wir wirklich gut vorbereitet, so dass die Logistik
reibungslos geklappt hat. Wir hatten nur geringe Wartezeiten und wie
gesagt Glück, dass wir noch rechtzeitig den Fehler mit dem Bus bemerkten. Auch der den Teilnehmern selbst überlassene Rückweg war
kein Problem. Ferner stellte die mit der Logistik im Bezug stehende
Teilnehmerzahl für uns kein Problem dar. Die Kleingruppen ermöglich-
ten allen eine intensive Erfahrung und die Wartezeiten waren gut ertrag-
bar. Bei einer deutlich größeren Teilnehmerzahl hätten die langen Inter-
valle vielleicht zu Missstimmung führen können, dem hätte man aber mit
einer Reduzierung der Abstände von zehn auf fünf Minuten begegnen
können. Die Vorgabe, andere Gruppen zu meiden hätte dann vermutlich
deutlicher Anwendung gefunden.

Für uns war das Gehen in Kleingruppen ausschließlich mit eigenverant-
wortlichen, erwachsenen Teilnehmerinnen und Teilnehmern denkbar.
Obwohl wir auch Bedingungen diskutiert haben, unter denen man diese
Exkursion auch mit minderjährigen Exkursionisten durchführen kann,
bleibt festzuhalten, dass diese Entscheidung immer gut bedacht sein
sollte. Nicht zuletzt die allgegenwärtig zu erfüllende Aufsichtspflicht
erschwert ein solches Vorhaben doch sehr. Voraussetzung muss auf
jeden Fall sein, dass die Gruppe so viel Verantwortungsbewusstsein
hat, dass sie alleine eine Strecke zurücklegen kann und dass der Weg
sehr eindeutig festgelegt ist, also ein Verlaufen unmöglich ist. Die Vorbereitungen müssen noch akribischer ausfallen; in Vorüberlegungen
noch viel mehr Eventualitäten mit einkalkuliert werden.

Unsere Gruselgeschichte war bei den meisten Teilnehmern ein Reinfall.
Nicht gruselig, komisch und andere Kritikpunkte mussten wir über uns
ergehen lassen. Für einige und das sehen wir gerade in Kombination mit
der Kritik überaus positiv, war die Geschichte eine Bereicherung und
Erfahrung auf der Nachtwanderung. Zum einen fand eine Fokussierung
auf die Geschichte und den Zettel statt, so dass man in Verbindung mit
der Geschichte den Park scheinbar verlassen konnte und sich in den
dunklen Keller aus der Geschichte versetzt fühlte. Auch fanden mit Hilfe

der Geschichte eine Sensibilisierung für die dunkle, „unsichere" Umgebung statt: So steht zum Beispiel in der Darstellung eines Dokumentationsblattes erst nach der Gruselgeschichte der Begriff „gruselig" und ein

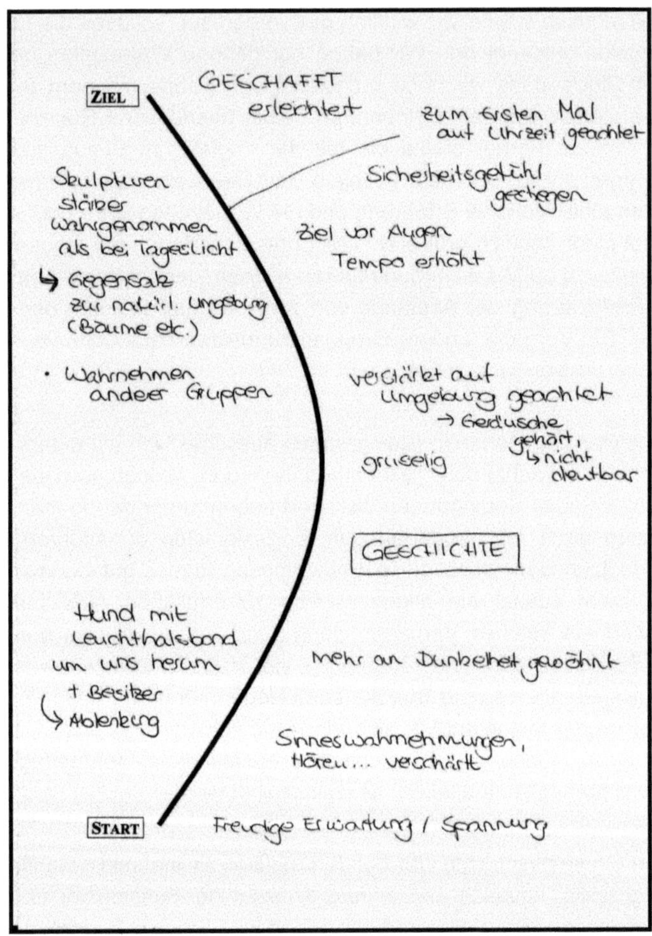

bedächtigeres Verhalten ist auch zu erkennen, da danach nochmals verstärkt auf die Umgebung geachtet wurde und auch die Gruppen in vermutlich größerer Entfernung wahrgenommen werden. Hier ist nun die Frage zu stellen, wie man es erreichen kann, dass eine Gruselgeschichte für alle eine Intensivierung der Erfahrungen mit sich bringt. Wir haben spontane Ideen gehabt, welche vernünftig erscheinen und die wir hier nennen wollen. Vorschläge waren, dass einer die Geschichte vorlesen soll, da es doch stark davon abhängig ist, wie die Geschichte vorgetragen wird. Im richtigen Vorlesen steckt ein großes Potential für eine Gruselgeschichte, es sollte also ein einziger und möglichst geübter Vorleser einige Vorteile mit sich bringen. Direkt mit dem Vorlesenden ist auch der Ort des Vorlesens verbunden. Die Vermutung machte in der Nachbesprechung die Runde, dass manche Plätze, die zum Vorlesen gewählt wurden, nicht die Besten waren. Was sich als guter Ort zum Vorlesen erwiesen hat, kann leider rückwirkend jetzt nicht mehr festgehalten werden, der Ort sollte aber unserer Ansicht möglichst abgelegen und relativ dunkel sein, damit keine Passanten an der spannendsten Stelle die Veranstaltung sprengen und durch die Dunkelheit die Möglichkeit gegeben ist, Phantasien in sie hinein zu projizieren.

Eine Idee, die uns besonders gut für das Vorlesen gefallen hat, ist das lokale Verankern der Geschichte. Oft gibt es bereits lokale Geschichten, die das Potential zu einer guten Gruselgeschichte haben. So kann man z.B. Gruselgeschichten durch einfache Beifügungen wie „... da vorne bei dem hohen Baum..." oder „... irgendwo hier im Wald gibt es..." an den konkreten Ort der Nachtwanderung übertragen. Problematisch wird es erst, wenn man versucht, eine Geschichte wie die unsere, die in einem Keller spielte, mitten in den Wald zu dichten.

Über die Lichtquellen sind wir in der Diskussion leider nicht zu einem Ergebnis gekommen, welches uns ermöglicht, hier einen Rat zu geben. Es war eigentlich allen bewusst, dass ihnen durch die Helligkeit und gleichzeitiger Beschränktheit der Lichtquelle ein Blick jenseits des Angestrahlten verweigert wird. Die Reaktion war, dass die Teilnehmer nach sehr kurzer Zeit bewusst die Taschenlampen ausschalteten und die Kerzen zumindest verdeckten, denn für die Geschichte wurden sie beide noch benötigt. Gerade dies mag aber eine weitere Erkenntnis sein, die man bezüglich einer Nachtwanderung gewinnen kann, weshalb wir hier die Empfehlung geben möchten, Lichtquellen anzubieten, um eben zu erkennen, dass man *ohne* Licht manchmal auch mehr sehen kann.

Das Schweigegebot auf unserer Exkursion wurde binnen Minuten von eigentlich jeder Gruppe gebrochen. Der Grund, warum es gebrochen wurde, war den meisten nicht bewusst, sie (nicht nur die Frauen, sondern auch die Männer) hatten einfach das Bedürfnis nach Kommunikation. Eine Vermutung, dass Kommunikation eine Form der Vergesellschaftung ist und somit Sicherheit produziert, fand in unserer Runde ebenso Anklang wie die, dass man durch Geräusche Wildtiere vertreibt, noch ehe man selber sie bemerkt. Falls ein Schweigegebot irgendwie herstellbar ist, würden wir dieses jedoch befürworten. Eventuell ist es möglich, über die Gruselgeschichte eine Argumentationskette zu erstellen, die das Schweigen verlangt und eine Selbstkontrolle durch die anderen Teilnehmer erzeugt.

Das Dokumentieren der Exkursion ist in jedem Fall sinnvoll. Sicher hängt es aber von den Vorkenntnissen der jeweiligen Gruppe ab, welche Formen der Dokumentation eingesetzt werden können. Gerade für die Entwicklung der Persönlichkeit und der sozialen Kompetenzen bei Jugendlichen, sollte großer Wert auf das adäquate Artikulieren persönlicher Empfindungen gelegt werden. Der Erfahrungsaustausch muss besonders bei Schülergruppen eingeübt und „versachlicht" werden. Das erfordert zum einen ein gutes Gesprächsklima und zum anderen eine dezidierte strukturierende Vorbereitung der Nachbesprechung. Eine gute Dokumentation der Ergebnisse einer Exkursion ist auch dann von Bedeutung, wenn längerfristig vom Erlebten profitiert werden soll. Eine Unternehmung, die in zwei Stunden erlebt und wieder vergessen wurde, mag ein netter Zeitvertreib sein, erfüllt den Anspruch einer Exkursion aber kaum. Es sollte auch längerfristig die Möglichkeit bestehen, mit Personen, die an der konkreten Exkursion nicht teilnehmen konnten, über das Erlebte zu reden.

Nach der Darstellung unserer Vorüberlegungen, des Ablaufs sowie der Auswertung unserer ExEx wird ersichtlich, dass es sich hierbei weder nur um eine „klassische" Nachtwanderung, noch allein um eine „klassische" Exkursion handelt. Wenn wir auf unsere Definition zu „Nachtwanderungen" schauen, zeigt sich zunächst, dass unsere Exkursion einer Nachtwanderung in dem Sinn entspricht, als dass es sich um eine von uns geplante Bewegung (zu Fuß) in der Dunkelheit handelte, bei der die Teilnehmer durchaus einem Angstgefühl ausgesetzt werden sollten. Die Elemente Dunkelheit, Angst(-gefühl) und die Gestaltung (durch Organisatoren) sprechen unserer ExEx dem Status „Nachtwanderung" durchaus zu. Zudem wurden in der Vorbesprechung Erfahrungen der Studentinnen und Studenten mit Nachtwanderungen sowie mögliche Erwartungen hinsichtlich unserer Nachtwanderung geklärt. Indem also der Begriff „Nachtwanderung" thematisiert wird, wird er damit zugleich gefestigt. Wo hat dieser Status aber bei unserer Durchführung seine Grenzen?

Unserer Meinung nach liegt die Grenze, dass die Exkursion einer reinen Nachtwanderung entspricht, darin, dass es trotz der genannten Elemente eine „überlegte Bewegung" war, d.h. mit einer Intention und einem Ziel. Somit könnte man auch von einer „durchdachten Nachtwanderung" sprechen, in der nicht nur das „Gruseln" an erster Stelle stand. Das kollidiert aber mit unserer Definition insofern, als dass in dieser keine expliziten Ziele definiert werden. In unserem Fall heißt das, es fehlt an (geographie-)didaktischen Gesichtspunkten, die unserer ExEx aber mit zugrunde lagen.

Ein wesentliches Zeichen dafür, dass unsere Exkursion auch eine solche ist, war schon unser Anliegen (Zielsetzung), bewusst unserer Exkursion den Titel „Exkursion – Nachtwanderung" zu geben, damit wir uns nicht auf einen Begriff festlegen mussten und wir die Beeinflussung möglichst gering halten konnten. Natürlich sprechen aber auch noch andere Gründe für die Bezeichnung „Exkursion": Ziel einer Exkursion ist u.a. die Begegnung mit dem Fremden. Bei uns drückte sich dies eindeutig in der Begegnung mit der Dunkelheit aus. Diese ist dahingehend fremd, weil wir üblicherweise schlafen, wenn es dunkel ist. Deshalb kommen wir mit der Dunkelheit nur selten in Kontakt. Zudem ist sie auch fremd, weil sie negativ konnotiert ist. Bereits das Wort „dunkel“ drückt ein unangenehmes Empfinden aus, sodass der Begriff automatisch ein Angst- bzw. Gruselgefühl impliziert. Nicht zuletzt kann man diese negative Konnotation auch damit begründen, dass bereits kleine Kinder vor der Dunkelheit gewarnt werden, da in ihr viele Gefahren lauern. So ist es gar nicht möglich, sich „vorurteilsfrei“ dem Thema „Dunkelheit“ zu nähern.

Ein weiterer wesentlicher Gesichtspunkt, der für die Bezeichnung „Exkursion“ spricht, ist die Ebene der Reflexion, die zugleich ein wichtiges Kennzeichen einer konstruktivistischen Exkursion ist. So haben wir versucht, alle drei Ebenen der Reflexion zu berücksichtigen: Das wäre zum einen die Frage nach dem Wer, also die Frage nach den erkennenden Subjekten. Uns war es wichtig, dass die Studentinnen und Studenten ihre eigene persönliche Ebene reflektieren, wie z.B. ihr „Vorwissen“ hinsichtlich bereits gemachter Nachtwanderungen. Eine weitere Ebene war die Frage nach dem Wie, sprich der Methode, mit der wir uns dem Ort nähern wollten. Dabei entschieden wir uns für Zweiergruppen, die verschiedene Routen bekommen, sowie für eine Gruselgeschichte, um die Intensität der Erfahrung zu erhöhen. Die dritte Ebene ist die Frage nach dem Was bzw. die Frage nach den Objekten. Sie reflektiert die subjektive Sicht auf den Exkursionsgegenstand und war für uns damit insofern wichtig, als dass sie den Studentinnen und Studenten die verschiedenen Raumwahrnehmungen verdeutlichen sollte. Diese drei Ebenen der Reflexion sind ein bedeutendes Merkmal, wenn es darum geht, unsere Exkursion von einer Nachtwanderung abzugrenzen, denn sie beinhalten die didaktischen Gesichtspunkte, die einer „gewöhnlichen“ Nachtwanderung meistens fehlen.

Diese Gegenüberstellung macht deutlich, in welchem Spannungsfeld wir uns mit unserer ExEx befanden und, diese reflektiert betrachtet, auch befinden. Sie veranschaulicht, dass wir weder das eine, also eine Nachtwanderung, noch das andere, also eine Exkursion, konsequent durchgeführt haben. Müssten wir dennoch die Frage beantworten, was wir gemacht haben, so würden wir sagen: Eine Exkursion, die eine Nachtwanderung zum Gegenstand hatte. Damit wollen wir deutlich machen, dass es uns zwar vorrangig um das Durchführen einer Exkursion

ging, gleichzeitig aber die Besonderheit dieser Exkursion eine Nachtwanderung war, mit deren Hilfe unsere Intentionen erreicht werden
sollten. Und eben daraus ergibt sich ein Spannungsfeld: Es muss ein
Spagat zwischen einer methodisch-didaktisch aufgearbeiteten Exkursion
und einer Nachtwanderung, die von den meisten schon einmal unhinter-
fragt gemacht wurde, gewagt werden. Und letztlich muss dieser Spagat
auch den Teilnehmern bewusstgemacht werden. Das macht deutlich,
dass es natürlich Nachtwanderungen gibt, die keine Exkursionen sind.
Unserer Meinung nach machen diese Nachtwanderungen den größten
Teil derer aus, die Kinder erleben. Inwiefern diese einen Potential für die
Schule bzw. Unterricht besitzen, mag dahingestellt sein. Für uns ist klar,
dass sie für den Geographieunterricht eher von untergeordneter Bedeutung sind, denn der Nutzen für die Geographie ist gering, wenn eben
keine didaktischen Leitkriterien definiert werden. Deswegen ist es für
uns so wichtig, den Unterschied zwischen einer Nachtwanderung und
einer Exkursion zu betonen. Eine Nachtwanderung im Rahmen des
Geographieunterrichts hat unserer Meinung nach dann einen Sinn,
wenn ihr eine Intention zugrunde liegt. Eine Nachtwanderung sollte
demzufolge nicht nur aus „Spaß an der Freude" initiiert werden, was
nicht bedeutet, dass der Aspekt der Motivation unberücksichtigt bleiben
soll. Als wesentlich empfinden wir es, Zielperspektiven zu bestimmen.
Wenn dieses Spannungsfeld zwischen Exkursion und Nachtwanderung
sowohl den Lehrerinnen und Lehrern als auch den Schülerinnen und
Schülern bewusst ist und demzufolge auch angemessen umgesetzt
wird, dann können auch Nachtwanderungen für den Geographieunterricht fruchtbar sein.

Wie in den vorausgehenden Abschnitten bereits mehrfach angesprochen, war es unser Anliegen, konkrete Überlegungen und Empfehlungen für die Schule bzw. den Geographieunterricht hinsichtlich einer Exkursion bzw. einer Nachtwanderung (oder besser: Einer Exkursion mit einer Nachtwanderung als Gegenstand) zu geben.

Wir haben erläutert, inwiefern unsere Exkursion eine Exkursion und zugleich eine Nachtwanderung war und inwiefern sich daraus ein Spannungsfeld ergibt. Dabei haben wir auch erwähnt, dass dieses Spannungsfeld in der Schule aufgegriffen und verstanden werden soll. Gehen wir nun einen Schritt weiter oder anders gesagt, etwas kleinschrittiger vor, dann müssen wir feststellen, dass es nicht ausreicht, lediglich zu klären, dass nicht nur eine Nachtwanderung „zum Vergnügen", sondern auch eine Exkursion unternommen wird; vielmehr müssen auch ganz grundlegende Überlegungen getroffen werden, die sich aus dem Spannungsfeld „Exkursion – Nachtwanderung" ergeben. Zur besseren Übersicht, möchten wir diese Überlegungen stichpunktartig vorstellen:

Grundlegende Überlegungen, die zu einer Befürwortung oder Ablehnung einer „Exkursion – Nachtwanderung" führen:

- o   Kann ich (als Lehrender) überhaupt eine Exkursion in Form einer Nachtwanderung mit *dieser* Klasse und *diesen* Lernenden unternehmen?
- o   Wie ist das Verhältnis der Schülerinnen und Schüler untereinander? Gibt es Außenseiter?
- o   Könnte die Exkursion etwas an dem Verhältnis ändern?
- o   Welche Möglichkeiten eröffnet mir die Institution Schule?
- o   Inwieweit muss ich mich absichern? Wie beziehe ich die Eltern mit ein?

o   Wieso sollte die Exkursion in Form einer Nachtwanderung stattfin-
    den?
o   Was sollen die Schülerinnen und Schüler auf der Exkursion erfah-
    ren?
o   Warum sollten sie es erfahren?
o   Wie gehe ich dieser Überlegung entsprechend (methodisch) vor
    und was legitimiert diese Vorgehensweise?
o   Welche Gruppengröße ist angemessen? (Unser Tipp: Nicht weni-
    ger als 2-3 Schülerinnen und Schüler; das ist natürlich mit abhän-
    gig vom Alter der Lernenden; grundsätzlich: So klein wie möglich
    und so groß wie nötig.)
o   Wie beziehe ich die Klasse in den Vorbereitungen mit ein?
o   Wie sollte die Reflexion erfolgen?

Grundsätzlich sind wir der Meinung, dass Nachtwanderungen im Rahmen von Exkursionen ein Potenzial für den Geographieunterricht aufweisen. Werden die aufgelisteten Fragen in die Planung mit einbezogen,
so kann unserer Meinung nach eine solche Exkursion neue Blickwinkel
eröffnen, die einer „normalen" Betrachtungsweise einer Thematik verborgen bleiben. Natürlich setzt das voraus, dass die (meisten) Fragen
positiv beantwortet werden bzw. dass die Überlegungen, die eher gegen
eine Exkursion in Form einer Nachtwanderung sprechen, nicht generell
eine solche Exkursion abschreiben. Es zeigte sich, dass sich vor allem
für das Fach Geographie neue Möglichkeiten eröffnen. Ferner ist jedoch
zudem zu betonen, dass sich Chancen auch über das Fach hinaus
ergeben. Ein wesentliches Kriterium bezieht sich z.B. auf die Schlüssel-
kompetenzen. So kann das Zusammengehörigkeitsgefühl der Schülerinnen und Schüler sowie die Beziehung zwischen Lehrenden und Lernenden gestärkt werden. Indem sich Nachtwanderungen gut eignen, um
Gruppenerlebnisse hervorzurufen, kann sich innerhalb einer Klasse eine
Gruppendynamik aufbauen. Sehr gut ließe sich eine solche Entwicklung
mithilfe eines Soziogramms darstellen, welches auch den Lehrerinnen
und Lehrern ein Feedback sowie eine Hilfestellung für zukünftige Unternehmungen mit der Klasse geben würde.

Nach der Durchführung und Reflexion unserer Exkursion haben wir einen Begriff geschaffen, der unserer Meinung nach das Spannungsfeld minimieren und Exkursionen mit Nachtwanderungen rechtfertigen könnte: Den Begriff der „Nachtexkursion". Unserer Meinung nach kann mit diesem Begriff weitergearbeitet werden und eine solche Form der Exkursion in der Schule an Boden gewinnen. Natürlich bedarf es hierbei noch reichlich (fachlich-)didaktischer Gesichtspunkte, aber wir hoffen, mit unserer ExEx und dem Beitrag in diesem Band einen richtungweisenden Anstoß gegeben zu haben.

Literatur

Böing, Maik; Sachs, Ute (2007): Exkursionsdidaktik zwischen Tradition und Innovation. Eine Bestandaufnahme. In: Geographie und Schule. H. 167. S. 36-44.

Rinschede, Gisbert (2005): Geographiedidaktik. 2. Auflage. Paderborn. (Grundriss Allgemeine Geographie)

   **MARTIN SCHARVOGEL: DIE KASSELER
UNTERNEUSTADT – AUF DER SUCHE
NACH BEDEUTUNGEN**

Ein Exkursionsexperiment.

Sinn einer Exkursion ist die Begegnung mit dem Fremden. Entweder begegnen wir einem uns fremden Ort, den wir noch nie aufgesucht haben. Oder wir bewegen uns an einem vertrauten Ort auf eine ganz spezifische Art und Weise, also unter einem bestimmten Blickwinkel. Das Fremde oder Verfremdende ergibt sich hierbei aus der Zugangsweise, die uns eine neue, andere Sichtweise auf das Bekannte erschließen lassen kann. Durch diese „unvertrauten Blicke auf vertraute Gegenstände" (Frauke Kruckemeyer) können neue Ansichten und Einsichten erlangt werden und Verstehensprozesse in Gang kommen. In diesem Exkursionsexperiment wird ein Setting vorgeschlagen, in dem diese „unvertrauten Blicke" gezielt provoziert werden. Der Zugang zur Unterneustadt wird in Form eines Rollenspiels vorgenommen. Bevor ich dieses Setting genauer vorstelle ist es sinnvoll einige kurze Vorüberlegungen anzustellen. Denn wie alle Exkursionsmethoden bewegt sich auch diese in einem Feld aus Wissen/Information – (Vor-) Erfahrung/ Wahrnehmung – Interpretation/Wertung. Um genauer erschließen zu können, welche Ebene dieses Exkursionsexperiment aufschließen möchte, sei ein kurzer, scherenschnittartiger und auf das Anliegen dieser Exkursion abgestimmter Streifzug durch die Exkursionspraxis vorangestellt.

Drei Ebenen der Begegnung mit einem fremden Ort

Begehen wir einen Ort, so treffen wir auf Dinge, Objekte, die uns umgeben. In der Unterneustadt finden sich beispielsweise mehrere Gebäude, die durch ihre eigenwillige Quaderform auffallen. Im Detail (z.B. Fassadengestaltung) unterscheiden sie sich, gemeinsam ist die Quaderform der Gebäude, ihre tendenziell mittige Lage im Grundstück und ihre vier- bis fünfgeschossige Bauhöhe. Wie können wir einem solchen Objekt begegnen? Eine Möglichkeit ist, sich über Wissensfragen zu nähern, beispielsweise Baujahr des Gebäudes, Name der Architekten - also

Daten und Fakten. Man kann diese erweitern und nach dem Baustil fragen: Handelt es sich um ein postmodernes Gebäude oder doch eher um „moderne" Architektur? Man kann die Bauform thematisieren und architekturgeschichtliche Bezüge herstellen: Das Gebäude knüpft an eine tradierte Bauform an, die Stadtvilla des 19. Jahrhunderts, und versucht eine bekannte Ikonographie an der Wende vom 20. zum 21. Jahrhundert fortzuschreiben. Dabei wird die Stadtvilla des 19. Jahrhunderts nicht einfach kopiert, sondern vielmehr versucht an bekannten und bewährten Prinzipien anzuknüpfen, um diese für die heutigen gesellschaftlichen Ansprüche und Bedingungen nutzbar zu machen. Aus solchen Informationen können wir eine Architektur hinsichtlich ihrer zugrunde liegenden Planungsideen und architekturgeschichtlichen Bezüge erschließen.

Diese Art der Begegnung ist den meisten sicher vertraut. Es handelt sich um Daten, Fakten - um Dinge, über die man sich einigen kann. Es geht um städtebauliche und architektonische Ideen und Leitbilder, um Absichten von Planern und Architekten und um historische Kontexte. Welche Rolle spielt hierbei der Teilnehmerinnen und Teilnehmer der Exkursion? Er ist gleichsam austauschbar. Diese Informationen sind weitgehend unabhängig vom Teilnehmer der Exkursion. Dies ist eine Stärke dieses Zugangs und gleichzeitig eine Schwäche. Denn die individuellen Zugangsweisen und Wahrnehmungsweisen der Exkursionsteilnehmerinnen werden ausgeblendet. Wir befinden auf der Ebene des „veräußerlichen Wissens" (Lyontard). Ich will diesen Zugang nicht schlecht reden oder gar eine dogmatische Abkehr von diesem Prinzip fordern. Dieser Zugang ist wichtig und kann sehr aufschlussreich sein. Es ist aber nur einer von vielen, der in seiner Reichweite, um das Fremde zu verstehen, ebenso begrenzt ist, wie jeder andere Zugang. Wichtiger ist mir ein Bewusstsein dafür, dass die Art und Weise, wie wir uns einem Ort nähern nicht nur bestimmt, *wie* wir einen Ort kennen lernen, sondern auch *was* wir von einem Ort kennen lernen.

Eine ganz andere Form des Kennenlernens ergibt sich, wenn wir gezielt die individuelle Ebene der Exkursionsteilnehmer in den Mittelpunkt rücken. Im Zentrum steht dann der „Reisende" und sein Wissen, seine Wahrnehmungsweisen und seine Empfindungsweisen, die er mitbringt. Dies knüpft an einer anthropologischen Beobachtung an: Als „Fremde" sind wir zuallererst Beobachter. Wir versuchen Orientierung zu finden und das Wahrgenommene mit unseren Erfahrungen in Beziehung zu setzen. Durch diesen Abgleich versuchen wir uns eine fremde Wirklichkeit zu erschließen, dies ist – stark zugespitzt – der Rahmen, den wir besitzen, um uns Orte zu erschließen und um im vorgefundenen Sinn und Ordnung zu erkennen. Hierfür ist das faktische Wissen erst einmal unbrauchbar, vielleicht sogar hinderlich. Fragen, die sich dann stellen sind eher auf das „Lesen" von Stadtlandschaften bezogen. Können wir im Wahrgenommenen Sinnhaftes erkennen? Können wir die Zeichen entschlüsseln (z.B.: Wissen wir, wie wir uns verhalten sollen, welche Flächen sind eher öffentlich, welche eher privat?). Und es sind auch ästhetische Fragen: Wie empfinden wir so ein Gebäude (adjektivische Kategorien: schön, hässlich, vertraut, befremdlich, einladend, abstoßend, großzugig, eng, anregend, langweilig etc.)? Und natürlich: Warum empfinden wir das so (Kontexte unserer Einschätzungen, Bezugsrahmen)? Welche Assoziationen verbinden sich mit dem Ort? Es geht also um die Fokussierung von Wahrnehmungsweisen und Erlebensweisen (ästhetischer Zugang) genauso wie um Fragen der Orientierung – Wie lesen wir ein solches Quartier? Finden wir uns zurecht? Welche Vorstellung entwerfen wir von dem Ort (z.B.: Welche Menschen wohnen hier? Wie funktioniert das Leben?)? Die Begegnung mir dem Fremden wird zum Anlass, sich mit den eigenen Wahrnehmungsgewohnheiten auseinanderzusetzen. Es kann sein, dass wir dabei mehr über uns selbst lernen als über den Ort – auch das kann ein lohnendes Ziel von Exkursionen sein.

Eine dritte Ebene haben wir bislang ausgeklammert: In diesem Gebäude wohnen und leben Menschen. Von den Menschen haben wir wenig erfahren – zu äußerlich ist das faktische Wissen, als dass wir daraus ein Verstehen der Lebenswelten erschließen könnten, zu innerlich ist der Fokus auf unsere Wahrnehmungsweisen. Wenn wir uns Lebenswelten verstehend annähern wollen, dann können wir weder einseitig nach Fakten noch nach unseren subjektiven Zugangsweisen fragen. Zum Wissen und zur Wahrnehmung tritt eine dritte Komponente: Die Bedeutung. Ein Verstehen der Lebenswelten lässt sich sinnvoll wohl nur über die Kategorie der Bedeutung ableiten. Eine Grünfläche vor einem Gebäude hat eine Funktion, sie schafft Abstand zur Straße, sie schafft einen Repräsentationsraum für die Bewohner, doch das ist nicht ihre Bedeutung. Wir können eine Grünfläche als schön gestaltet oder abstoßend wahrnehmen, auch dies sagt uns nichts über ihre Bedeutung. Die Bedeutung erschließt sich ausschließlich über den Lebensvollzug der Menschen: Ob eine solche Fläche als Erweiterung des Wohnhauses genutzt wird und eine Bedeutung hat zum Verweilen, zum Unterhalten, zum Hinsetzen, zum Repräsentieren ... Bedeutsam werden die Dinge durch die tatsächliche Lebenspraxis. Dabei können sich Bedeutungen überlagern, dieselbe Fläche, dasselbe Gebäude kann für unterschiedliche Menschen unterschiedliche Bedeutungen haben. Auf der Ebene der Bedeutung müssen wir in Schichten denken, in Netzen, die sich über einen Ort spannen. Verschiedenste, zum Teil auch konfliktträchtige Bedeutungsfelder überlappen oder überschneiden sich. In dieser Betrachtungsweise geht es um Geschichten, die sich die Menschen vor Ort von einem Ort erzählen und die diese mit Handlung und Leben ausfüllen. Diese Ebene ist schwer zu erschließen, denn hier geht es immer darum zu fragen, wer aus welcher Perspektive mit welchen Interessen einem Ort welche Bedeutungen zuschreibt. Auch dieser Zugang ist außerordentlich lohnend. Denn wir begeben uns auf die Spur der Lebenspraxis – letztendlich das *eigentliche* Feld jeder (sozial-)geographischen Exkursion. Denn das Soziale erschließt sich weder aus dem Wissen, der Information, noch ist es aus unserer Wahrnehmungsperspektive erschließbar. Der Lebensvollzug funktioniert primär als Bedeutungszuschreibung, so eine zentrale Überlegung.

Das hier vorgestellte Exkursionsexperiment versucht das Feld der Bedeutung mit der Ebene der Wahrnehmung zu verknüpfen. Es ist als ein Zugang zu einem Ort gedacht, welches einerseits die subjektiven (Vor-)Erfahrungen der Exkursionsteilnehmer aktiviert und andererseits ein Denken in Bedeutungsschichten provoziert. Absicht dieser Exkursion ist also nicht die Bedeutungsschichten der Menschen vor Ort zu erschließen. Dies könnte ein weiterer Schritt sein, er ist aber für das anvisierte Vorhaben nicht notwendig. Das Exkursionsexperiment fokussiert vielmehr ein „Denken in Bedeutungen". Es geht also um eine prinzipielle Form, eine allgemeine Methode, die zuerst einmal unabhängig ist vom tatsächlich aufgesuchten Ort. Die im Nachfolgenden vorgestellten Exkursionsergebnisse dokumentieren, was man erfährt, wenn man sich einem Ort mittels des „Denkens in Bedeutungen" nähert.

Das Experiment hat einen einfachen Aufbau. Die Exkursionsteilnehmer erhalten eine Rolle und sollen sich entsprechend dieser Rolle in der Unterneustadt bewegen und eine eigene Führung aus Sicht ihrer Rolle für die anderen gestalten. Auf Vorinformationen kann, je nach Gruppe und nach Exkursionsgebiet, vollständig verzichtet werden. Natürlich können auch einige Vorinformationen stimulierend und inspirierend sein und den Blick schärfen. Dies ist ein sehr komplexes Feld. Denn es besteht offensichtlich eine Wechselwirkung – jede Information lenkt den Blick und wirkt somit auf den Exkursionsverlauf zurück. Beispielsweise können Informationen über Planungsabsichten wie ‚autofreies Wohnen' oder den Versuch die Geschichtlichkeit eines Ortes erlebbar zu machen durchaus spannende Referenzen für das Rollenspiel herstellen. Allerdings können diese Informationen den Zugang bereits stark vorstrukturieren bis hin, dass im Rollenspiel fast nur noch „erwartbare" Ergebnisse produziert werden. Hier ist sicherlich Fingerspitzengefühl gefragt und für uns von der GRUPPE experiment exkursion KASSEL noch allerhand Erfahrungsarbeit zu leisten.

Das Rollenspiel als Versuch eines empathischen Einlassens

Der Ausgangpunkt für diese Exkursion ist ein Rollenspiel. Die Exkursionsteilnehmer sollten in Rollen schlüpfen und aus diesem Rollenverständnis heraus den Stadtteil erkunden. Warum ein Rollenspiel? Das Rollenspiel hat bekanntlich mehrere Vorzüge. Zum einen ermöglicht die Adaption einer Rolle eine Distanz herzustellen und zwar in erster Linie eine Distanz zu uns selbst. Wenn wir mit den „Augen eines anderen" oder besser gesagt eines vorgesellten anderen blicken, so „befreit" uns dies ein Stück weit von unseren eigenen Blickwinkeln. Wir können partiell unseren eigenen Wahrnehmungsroutinen entkommen, ob diese professionell bedingt sind – unser „Über-Ich", das uns sagt, dass ein Geograph z.B. die städtischen Funktionen in einem Gebiet wahrnehmen und bewerten muss oder das uns sagt, dass ein Architekt die Baugeschichte, die Stile und die technisches Details der Gebäude bestimmen muss oder das uns sagt, dass ein Soziologe die Bevölkerungsstruktur, die soziale Schichtung und die Altersstruktur eruieren muss usw. – oder ob es sich um unsere sozialisierten Wahrnehmungsroutinen handelt, also darum, wie wir gewohnt sind und wie wir gelernt haben, auf etwas

Fremdes zuzugehen. Natürlich werden wir uns nicht gänzlich von unserem Selbst verabschieden, das ist auch gar nicht erstrebenswert. Aber wir werden gezwungen, unsere eigenen Routinen neu zu sortieren und neu zu strukturieren. Ziel ist also weniger ein Abstreifen unserer Routinen, sondern eine produktive Irritation innerhalb unserer Wahrnehmungsgewohnheiten. Es wird so etwas hergestellt wie ein Distanzraum zwischen unseren (voreiligen) Wahrnehmungen und den Blick nach außen auf die Dinge.

Ein zweiter Aspekt der „Befreiung" scheint mir wesentlich zu sein: Wir müssen nicht für uns selbst sprechen. Wir müssen in dem was wir sagen und berichten nicht die Angst haben, allzu viel von uns selbst kundzugeben. Bekanntlich erzählt jeder, der spricht immer auch etwas ganz Persönliches von sich. Ob er will oder nicht, das Sprechen ist immer auch Selbstkundgabe (Schulz von Thun). Dies Aspekt kann ein Hemmnis sein, dann nämlich, wenn die „dummen Fragen" erst gar nicht gestellt werden. Man kann im Rollenspiel ein Stück weit in Distanz treten zum eigenen Selbstverständnis und zu den eigenen Erwartungshaltungen. Dies ermöglicht, dass auch naiv erscheinenden Fragen zugelassen werden. Denn häufig sind es ja gerade die naiv oder allzu selbstverständlich erscheinenden Dinge, die interessante, komplexe Themen aufwerfen, weil sie am Selbstverständlichen rütteln und ein Anders-Denken erst ermöglichen.

Durch das Hineingleiten in die Rolle können wir ein Stück weit aus uns heraustreten, um uns schließlich selbst wieder neu zu begegnen. Dieser Anspruch ist der individuell subjektive. Er ermöglicht jedoch auch ein empathisches Verhältnis zum Gegenüber aufzubauen. Das Hineingleiten in die Rolle ist verwandt mit dem Hineingleiten in einen anderen Empfindungs- und Wahrnehmungshorizont und erhöht die Chance sich auf das Fremde einzulassen. Das Rollenspiel changiert zwischen Selbstbegegnung und Fremdbegegnung und setzt in diesen Zwischenraum die Empathie.

Das Hineingleiten in die Rolle ist nicht einfach und erfordert Aufgeschlossenheit beim Exkursionsteilnehmer ebenso wie Fingerspritzengefühl beim Exkursionsleiter. Es gibt eine Reihe verschiedener Methoden, die dieses Hineingleiten erleichtert. Möglichkeiten sind das Biographisie-

ren (Erfindung einer Biographie, die Geschichte und die Lebensumstän-
de einer Person), das Charakterisieren (Entwurf eines Persönlichkeits-
profils), die Ausstattung mit Requisiten (z.B. Spazierstock für eine alte
Dame), die gegenseitige Vorstellung der Rollencharaktere, bevor das
Rollenspiel beginnt (Vorstellung in der Ich-Form: „Ich bin...“). Das Hin-
einleiten in die Rolle wird durch symbolische Gesten erleichtert (mit der
Überreichung einer Requisite beginnt der Rollentausch, etc.).

Die Aufgabenstellung als Wegbereiter für die Exkursion

Im Exkursionsexperiment wurden zwei Aufgabenstellungen gegeben,
die beide etwas anders fokussiert waren. Die erste Aufgabe ist darüber
gekennzeichnet, den Ort aus einem Rollenverständnis heraus zu erleben, gleichsam mit den Augen einer anderen Person zu blicken:

Aufgabe 1:
„Überlegen Sie sich ein Persönlichkeitsprofil und schlüpfen sie in die
Rolle einer durchaus klar definierten Person (ob Hans, der zwölfjährige
Junge aus der Christophstraße 7 oder Frau Schneider, die zur documenta 12 die Stadt besichtigt). Versetzen Sie sich in die Rolle und
sammeln Sie in Ihrer Rolle verschiedene Eindrücke, wie Sie den Ort
erleben in Beziehung zu ihrer ‚eigenen‘ Biographie und Ihren Interessen.
Zum Abschluss sollen die verschiedenen Personen den (Teil-)Ort und
ihre Beziehung zu dem Ort aus ihrem Rollenverständnis heraus „erzählen“, beginnend mit einer kurzen Vorstellung der (gewählten) Person.“

Bei dieser Aufgabe handelt es sich um eine perspektivische Rollenüber-
nahme. Um es vorwegzunehmen, wir werden exemplarisch eine ältere
Dame begleiten, die in der Unterneustadt ihre Verwandten besucht.

Die zweite Aufgabe ist etwas diffiziler. Es geht dabei nicht darum, sich
direkt in eine Person hineinzudenken, die die Unterneustadt erlebt.
Vielmehr wurde noch eine weitere Distanzschleife eingeführt. In der
Rolle von Polizeibeamten, die aufgrund des Verschwindens eines Jugendlichen gerufen werden, sollen die „Polizisten“ die Lebenswelt des
Jugendlichen (re-)konstruieren und ein Panorama seiner Lebenswelt
entwerfen.

Aufgabe 2:

„Der 16-jährige Herbert F., wohnhaft in der Christophstraße, ist spurlos verschwunden – es existiert nur ein kurzer Zettel mit der Aufschrift: „Komme vielleicht mal wieder." Um seinen Motiven und möglichen Aufenthaltsorten auf die Spur zu kommen versuchen die Kriminalbeamten zuerst ein Persönlichkeitsprofil von Herbert F. zu erstellen. Wer war Herbert F.? Wie hat sich sein Alltagsleben in der Unterneustadt dargestellt? Mit wem war er in Kontakt? Wen kann man fragen?
Die Kriminalbeamten stellen die Ergebnisse ihrer Recherche im Rahmen einer Führung durch die Unterneustadt ihren Kollegen vor: auf den Spuren des 16-jährigen Herbert F."

Erste Runde: Auf den Spuren von Herbert F.

In diesem Szenario wird gleichsam ein doppeltes Einlassen verlangt. Ziel ist es nicht, den Jugendlichen darzustellen, sondern zu versuchen, die Lebenswelt eines Jugendlichen zu rekonstruieren. Das Rollenspiel ist auf das Narrative ausgelegt. Eine Geschichte wird vorgegeben, eine fiktive Geschichte wohlgemerkt. Diese Geschichte soll Anlass sein für weitere Erzählungen – Erzählungen darüber wo und wie sich ein Jugendlicher in der Unterneustadt sein Leben einrichtet. Die „Kriminalbeamten" sind Spurensucher, sie betätigen sich als Konstrukteure unter dem Vorwand der Rekonstruktion. Bei der Rekonstruktion der Geschichte von Herbert F. greife ich auch meine Aufzeichnungen zurück, die ich während der von der Gruppe organisierten Rundgangs durch die Unterneustadt gemacht habe ebenso wie auf die Exkursionsprotokolle.

Herbert F. wurde nicht gefunden. Dies war auch nicht die Intension des Experiments. Gefunden wurden vielmehr Geschichten, die aus dem Leben eines (fiktiven) Jugendlichen in der Unterneustadt berichten, Geschichten, die erzählen wo sich der Junge aufhielt, warum er das tat und wie er, aus seiner Perspektive, die Unterneustadt als Lebenswelt wahrgenommen hat. Diese Geschichten sind Mutmaßungen aus den Erfahrungen der Exkursionsteilnehmer. Es sind Mutmaßungen darüber, wie ein Jugendlicher seinen Lebensort mit Bedeutung auflädt. Mit dem Experiment wurde eine Spur ausgelegt, die darauf abzielt, Orte über Bedeutungen zu erschließen.

Zwei Stellungnahmen der Exkursionsteilnehmer:

Thomas P. :
„Ist die Herangehensweise an die Erkundung eines Ortes über eine
solche Form der Perspektivübernahme, bei der eine derart gelagerte
Erzählung entsteht, sinnvoll? Ich glaube ja! Mit der Entwicklung einer
solchen Erzählung müssten sich nämlich die Schüler mit unterschiedlichen sozialen Rollen, deren Einbindung in die Gesellschaft und den
räumlichen Entsprechungen der sozialen Einbindungen befassen. Allerdings besteht das Risiko hierbei stereotype Persönlichkeiten zu entwerfen und den Raum nach bereits bekannten Mustern zu erschließen, wie
auch die Figuren der vorliegenden Erzählung ebenso agieren, wie es
ihre Rolle in der Erzählung rein oberflächlich bedingen dürfte. Es bedarf
also grundlegend einer kritischen Auseinandersetzung mit den Produk-
ten und der Schaffung des Bewusstseins, dass diese fiktiv sind.
Nützlich ist diese Methode der Exkursion also nur, wenn man sich in
einen Ort „einfühlen“ möchte und man zum anderen das Feingefühl
besitzt und die Arbeitsatmosphäre schaffen kann, in der die Arbeitsergebnisse kritisch reflektiert werden können.“

Stephan K. :
„Diese Art der Exkursion ist für mich gänzlich neu. Ich konnte aber viele
neue Aspekte und Ansatzpunkte entdecken, wie ich mir ein Viertel er-
schließen und verstehen kann. Besonders das Hineinversetzen in die
Lebens(um)welt des Herbert F. hat mir ganz neue Ansichten zur der
Unterneustadt aufgezeigt, da ich meine Perspektive auf das Viertel
gravierend ändern musste.
Das Viertel erschien auf einmal nicht mehr so farbenfroh und modern.
Vielmehr legte sich die Stimmung auf mein Gemüt und lässt die Flucht
des Herbert F. verständlich werden.
Insgesamt hatte mir die Exkursion sehr gut gefallen, denn mir wurden
neue Ideen für eine Realisierung einer Exkursion mit Schülern gege-
ben.“

Zweite Runde: Auf den Spuren einer älteren Dame

In unserem zweiten Zugang begeben uns auf einen Spaziergang durch die Unterneustadt mit Ingeborg Albert, einer fiktiven älteren Dame von 78 Jahren. Sie kommt extra aus dem Dorf „Schmalland" nach Kassel, um ihren Sohn und dessen Familie zu besuchen. Diese Familie wohnt in der Christophstraße in der Kassler Unterneustadt. Bei diesem Zugang wird die Frage in den Mittelpunkt gerückt, wie eine ältere Dame als Besucherin den Lebensraum Unterneustadt für sich verstehbar macht.

Die ältere Dame kommt schließlich zu dem Schluss, dass sie sich in der Unterneustadt sehr wohl fühlt und sogar überlegt, in die Unterneustadt zu ziehen. Spannend ist diese Perspektive sicherlich im Vergleich zu den Erzählungen über Herbert F. Denn viele Elemente in der Unterneustadt – „dörfliche" Nähe, soziale Kontrolle, Sicherheitsgefühl, Ordentlichkeit u.a.m. –, die von der älteren Dame als außerordentlich erstrebenswert und anziehend wahrgenommen wurden, wurden von der anderen Gruppe als potenzielle Gründe für das Verschwinden von Herbert F. angeführt. Es sind nicht nur unterschiedliche Orte, für die die ältere Dame und Herbert F. eine Vorliebe entwickeln, es sind auch jeweils perspektivisch ganz unterschiedliche Wahrnehmungen und Wertungen derselben Örtlichkeiten. Damit wird ein interessantes Spannungsfeld angerissen: Das Verhältnis von Perspektivität und Bedeutung.

Zwei Stellungnahmen der Exkursionsteilnehmer:

Julia H. :
„[...] Durch das Hineinversetzen von unterschiedlichen Personen können Schüler und Schülerin nach dem Experiment einen Austausch aus den verschiedenen Perspektiven erleben und somit die zu erkundende Umgebung anders wahrnehmen. In dieser Art und Weise wird es den Jugendlichen leichter fallen ihr Gebiet zu erkunden und wahrzunehmen, als bei herkömmlichen Methoden wie z.B. des passiven Zuhörens. Außerdem werden alle Teilnehmer in dieser Aufgabe involviert und sie können durch diese handlungsorientierte Methode Gelerntes besser behalten."

Carola C. :

„Ich kann mir gut vorstellen solch eine Exkursion auch später im Rahmen des Geographieunterrichts mit Schulklassen durchzuführen. Man kann die Kinder in kleine Gruppen unterteilen und dann jede Gruppe aus einem anderen Blickwinkel, also einer anderen Rolle die Gegend erkunden lassen. Die dabei festgestellten unterschiedlichen Beobachtungen können z.B. mittels Fotos festgehalten werden. Durch das Nebeneinander dieser können im nachhinein die Differenzen für jeden verdeutlicht werden. Um nachzuvollziehen wie diese Unterschiede zustande kommen, sollte man sich mit seiner „Rolle" nochmals auseinandersetzen. Des Weiteren erfahren die Schüler, dass es auch immer auf den Blickwinkel ankommt, wenn ich etwas betrachte. Eine solche Exkursion biete hinterher viele Diskussionsmöglichkeiten und man kommt sicher nicht zu einem eindeutigen Ergebnis zu bestimmten Fragen. Dies stellt einem totalen Kontrast zu den Exkursionen meines Geographieunterrichts dar, wo man immer Fragen beantworten musste und dies immer aus der gleichen Perspektive geschah, d.h. der Lehrer hatte immer eine konkrete Erwartungshaltung an den Schüler. Bei der hier angewandeten Methode der Exkursion kann der Exkursionsleiter zwar auch eine Erwartung haben, aber die Möglichkeiten der Erfahrungen und Beobachtungen der Exkursionsteilnehmer sind nicht unbedingt vorauszusehen."

Ausblick und Ende

Ist das hier vorgestellte Exkursionsexperiment gelungen? Zumindest die Aussagen der Studierenden scheinen die Frage klar zu beantworten. Lohnend scheint dieser Zugang in jedem Falle zu sein. Er ermöglicht auf eine ganz eigene Art, sich in einen Ort hineinzudenken und hinein zu fühlen. Seine Stärke liegt sicherlich in der Beziehung, die wir zu einem Ort aufbauen können. Darin unterscheidet sich der Ansatz von der in der Einleitung aufgeführten kognitiven und wissensfokussierten Ebene – das Wissen bleibt tendenziell im Außen. Es ist eine formalisierte Zugangsweise, die das Leben und das Erleben eines Ortes weitgehend außer Acht lässt, um präzise und detaillierte Kenntnisse hervortreten zu lassen. Das Experiment unterscheidet sich auch von stark wahrnehmungs- und subjektorientierten Zugangsweisen – unsere sinnlichen Eindrücke, assoziativen Verknüpfungen und ästhetischen Erfahrungen bleiben tendenziell auf den einzelnen Exkursionsteilnehmer fokussiert. Dies ist ein introspektiver Zugang, der das Wissen und das Leben weitgehend ausblendet, um Fragen des individuellen Wahrnehmens und Erlebens zu konkretisieren.

Das Herstellen von Beziehung bedeutet zuallererst ein Sich-Einlassen auf einen Ort in seiner Vielgestaltigkeit – soll heißen kognitives und emotionales Einlassen – und ein Sich-Hineinbegeben in einen Ort – eine empathische Beziehung aufbauen. An weiteren Erfahrungen mit diesem Zugang wird gearbeitet. Durch diese Erfahrungen werden noch allerhand notwendige Schärfungen und Konkretisierungen zu erwarten sein. Exkursion bedeutet eben nicht nur ein Streifzug an fremde, exotische Orte, sondern meint auch immer die Art und Weise, wie diese Begegnungen stattfinden können und sollen.

Aber das wurde bereits erwähnt und überhaupt: Das nächste Exkursionsexperiment muss noch vorbereitet werden ...

3.5 ANDREA GERHARDT: AUF EXKURSION OHNE (AN-) LEITUNG. „FINDET DEN TOTEN KÜNSTLER!"

Bei diesem Experiment ging es vorrangig darum, eine didaktische Zugangsweise zu erproben, die davon ausgeht, dass Lerner besser lernen, wenn sie eine persönliche motivationale Beziehung zum Stoff, der Fragestellung und zum Lernen selbst aufbauen. Bei der hier erprobten Methode wird den Exkursionisten zum Einstieg ein „Impuls" gegeben, der den Lernprozess einleiten soll. Experimentell erprobt wird also ein *Impulsdidaktischer Ansatz.*

Da Lernen mit Irritation, Neugier und Zweifel beginnt, sollte die Lehrperson zunächst in den Hintergrund treten, um den Lernenden einen eigenen Zugang zum Thema zu ermöglichen. Der Impuls kann im Unterricht aus einem Zitat, einem kurzen Text, einem Bild- oder Tondokument bestehen, welches einen inhaltlichen Bezug zum zu bearbeitenden Thema hat. Die Erwartung ist, dass die Lernenden dadurch zum aktiven Mitdenken angeregt werden, ihre Meinungen und Interpretationen über den gegebenen Impuls austauschen und so im Gespräch zu ersten Ergebnissen hinsichtlich der zu bearbeitenden Aufgabe kommen. Ist der Impuls gut gewählt, sollten sich alle Gruppenmitglieder an diesem Prozess beteiligen und schlussendlich selbstständig dazu übergehen, aufgeworfene Fragen beantworten zu wollen.

Für ein Exkursionsvorhaben muss die Frage nach einem guten Impuls ganz neu gestellt werden. Es kann nicht ausreichen, die Exkursionisten mit den Worten „Schaut Euch mal um und seht mal, was Euch so auffällt..." loszuschicken. Sie benötigen eine Aufgabe, die aber nicht zu sehr einschränkt und nicht bereits erwartete Ergebnisse vorwegnimmt. Gleichwohl muss die Aufgabe auch lösbar sein – d.h. die Teilnehmerinnen und Teilnehmer müssen, innerhalb des zeitlichen Rahmens der Exkursion, zu für sie befriedigenden Ergebnissen kommen können. Auch wenn der eigentliche Gegenstand des Exkursions-Experimentes die Erprobung der Methode des Impulsdidaktischen Ansatzes ist, soll mit der Durchführung und Teilnahme an dem Experiment auch ein neues Wissen über den Raum, in dem wir uns alltäglich bewegen, erworben werden.

Vor dem Hintergrund der nahenden documenta stellte ich mir die Frage, ob und wenn ja in welcher Weise Künstlerinnen und Künstler in Kassel zu finden sind; also was von Künstlern in Kassel „gesehen" und was „gezeigt" wird. Neben den allseits bekannten Artefakten (z.B. die Spitzhacke an der Fulda und die Beuys-Steine überall in Kassel), werden Künstlerinnen und Künstler ja auch dadurch im Stadtraum repräsentiert, dass eine Straße oder ein Platz nach ihnen benannt ist. Wird das aber überhaupt noch wahrgenommen? Sieht noch jemand das Standbild des Typen auf dem Opernplatz und fragt sich, wer das wohl sein mag? Und was ist z.B. mit den Brüdern Grimm – sind das überhaupt „Künstler"?

Die verschiedenen Repräsentationen von Künstlerinnen und Künstlern in Kassel sollten also das Thema sein, welches mit Hilfe der Exkursion zu erkunden war. Als Impuls zur Aktivierung der Exkursionisten wählte ich nach einigen Überlegungen schließlich die Formulierung *„Findet den toten Künstler!"* Dieser Titel sollte den Aufforderungscharakter des exkursionistischen Vorhabens unterstreichen und gleichzeitig Neugier und Zweifel wecken, indem schon vorab Fragen bei den Teilnehmer-/innen provoziert werden.

Weitere Informationen sollten nicht gegeben werden. Geplant war, die Teilnehmer-/innen der Exkursion in Kleingruppen einzuteilen und sie allein mit der Aufforderung im Titel des Exkursions-Experimentes ins Feld zu schicken. Die Arbeitsgruppen sollten selbstständig über ihre Vorgehensweise und Aufgabenstellung beraten und zunächst die Aufforderung „Findet den toten Künstler!" für sich interpretieren. Der zeitliche Rahmen war vorgegeben, und die Gruppen bekamen von mir einen kleinen Stadtplan, Karteikarten und die Auflage, ihre Vorgehensweise zu dokumentieren.

Abschließend möchte ich darauf aufmerksam machen, dass ich keinen „Plan B" in der Schublade hatte, weshalb dieses Exkursions-Experiment für mich auch ein Selbstexperiment darstellte. Da es keine vorgegebene Route gab und keine weiteren Hilfestellungen, welche weder die Teilnehmer-/innen noch mich selbst vor der Gefahr des Scheiterns bewah-

214

ren konnten, musste ich mich mit der Frage auseinandersetzen, ob ich wirklich in der Lage bin, diese formalen Unsicherheiten auch auszuhalten. Erwarteten die Teilnehmer-/innen nicht (zu recht!?) eine „durchgeplante" Veranstaltung? Wie würden die Exkursionisten auf die gestellte Aufgabe reagieren? Was würde ich machen, wenn alles schief ging? Es stellte sich heraus, dass viele dieser Zweifel unbegründet waren.

3.5.1 Kamil Zgierski / Sebastian Müglich: Auf den Spuren toter Künstler in Kassel

Eine sachliche und methodische Untersuchung des Exkursionsexperimentes „Findet den toten Künstler!"

Nach dem Erhalt des Auftrages *„Findet den toten Künstler!"* machten wir uns zunächst Gedanken über eine geeignete Vorgehensweise. Da gerade verkaufsoffener Sonntag war und viele Menschen in der Innenstadt unterwegs waren, entschieden wir uns für eine Befragung der Passanten. Zu diesem Zweck suchten wir den stark frequentierten Königsplatz auf. Zunächst mussten wir uns allerdings Gedanken darüber machen, *wonach* wir eigentlich genau fragen wollten. Damit wir nicht den Eindruck einer Gruffti- bzw. Sektenvereinigung erweckten, wollten wir die Passanten nicht mit der direkten Fragestellung nach dem „toten Künstler" konfrontieren. Deshalb entschlossen wir uns, die Passanten zunächst nach ihrer Herkunft zu befragen, um somit festzustellen, ob sie uns überhaupt helfen können. Bei der Befragung spezialisierten wir uns auf ältere Personen, da wir bei diesen einen besseren Kenntnisstand der Kasseler Kultur- und Stadtgeschichte vermuteten.

Die Befragung von 13 Uhr 25 bis 14 Uhr ergab folgende Ergebnisse:

Passanten sind keine Kasseler – Passanten haben keine Zeit – Passanten sind keine Kasseler – Passanten haben keine Ahnung aber verweisen auf Touristeninformation im Rathaus – Steinkunstwerk in der Treppenstraße / Ludwig-Spohr-Denkmal / Denkmal bei Murhardscher Landesbibliothek – Passanten haben keine Lust – Passanten haben keine Ahnung – Passanten antworten gar nicht und lehnen ein Gespräch von vornherein ab – Fürstengräber bei der Kurfürstengalerie – Spohr-Denkmal am C & A / Neue Galerie beim Friedrichsplatz.

Mit diesen ausführlichen Informationen im Gepäck machten wir uns zunächst auf den Weg zur Murhardschen Bibliothek. Das Denkmal, welches wir als unseren ersten Treffer verbuchten, war uns vorher nicht bekannt. Es handelt sich um einen Bronzeguss der Gebrüder Grimm. Auf der Vorderseite ist die Inschrift *„Wilhelm und Jacob Grimm Denkmal"* zu lesen. Nach unserer Auffassung gehören die Gebrüder Grimm als Schriftsteller und Märchenerzähler zur Künstlerriege, weshalb wir also nun eindeutig sogar gleich zwei „tote Künstler" gefunden hatten.

Bei näherer Betrachtung stellte sich uns die Frage, warum dieses Denkmal gerade an dieser Stelle platziert war, da sich für uns weder auf den ersten, noch auf den zweiten Blick ein räumlicher Bezug erschloss. In Hoffnung auf weitere Informationen über den Sinn und Zweck des Denkmals, nahmen wir das Objekt näher in Augenschein. Auf der Rückseite des Denkmals fanden wir aber lediglich einen Stiftungs- und Gestaltungsnachweis (gestiftet 1985: von Lions Club Kassel, Brüder Grimm, gestaltet: Erika Maria Wiegand aus Kassel). Zur Klärung unserer Fragestellung sprachen wir einen Passanten an, der uns ausführlich berichtete, dass sich unmittelbar hinter dem Denkmal das ehemalige Wohnhaus der Gebrüder Grimm befindet und wir uns unmittelbar auf dem Brüder-Grimm-Platz befanden. Damit war der räumliche Bezug doch noch recht klar geworden...

Am Rathaus trafen wir gleich auf mehrere Denkmäler. Zum einen findet man auf der linken Seite unmittelbar vor der Treppe eine Minotaurus-Figur (zumindest denken wir, dass es so etwas ist), über deren Sinn und Zweck keinerlei Informationen in Form von Inschriften oder Gedenktafeln zu finden waren. Einige befragte Passanten konnten uns ebenfalls keine nützlichen Informationen über diese „Kreatur" erteilen.

Direkt dahinter befindet sich ein Brunnen mit einem Denkmal in der Mitte. Auf der Rückseite findet man die Inschrift *„Der Vaterstadt von Oskar Henschel – gestiftet von dessen Witwe, 1910."* Demzufolge handelt es sich um eine Widmung für den verstorbenen Kasseler Großindustriellen Oskar Henschel. Auch zu diesem Denkmal konnten wir anhand einiger Passanten Befragungen keine weiteren Informationen beschaffen. Selbst die Angestellten des Rathauses konnten uns keine Auskunft erteilen. Beide Werke stellen zwar im direkten Sinne keine Repräsentation eines verstorbenen Künstlers dar, doch aufgrund der Tatsache, dass sie von einem Künstler geschaffen worden sind, stellen sie indirekt doch eine Künstlerrepräsentation dar, womit wir also einen zweiten Treffer unserer Suche verbuchen konnten.

Das nächste, von uns anvisierte Denkmal befindet sich vor der Karlskirche auf dem Karlsplatz. Zufälliger Weise – wer hätte es gedacht – handelte es sich um das Denkmal des Landgrafen Karl, was man direkt der Inschrift entnehmen kann. Auf der Rückseite fanden wir wieder einen Verweis auf den Künstler (Kop. F. Sommer, 1936). Auch hier repräsentiert das Schaffen der Figur den eigentlichen Künstler und nicht die Figur an sich. Und obwohl wir nicht überprüft haben, ob der Künstler, der das Landgraf-Karl-Denkmal geschaffen hat, noch lebt, verbuchten wir hiermit unseren dritten Treffer. Daran anschließend, verbuchten wir als Treffer Nummer vier das Friedrichs-Denkmal auf dem Friedrichsplatz.

Vor dem C&A fanden wir unser nächstes „Opfer". Dabei handelt es sich um das Louis Spohr–Denkmal, welches von H. Gladenbeck & Sohn gegossen wurde. In diesem Fall zeigt das Denkmal direkt einen Künstler, da es sich bei Louis Spohr um einen bedeutenden Komponisten aus Kassel handelt. Obwohl sich das Denkmal an einem der höchst frequentierten Plätze der Stadt befindet, konnte uns keiner der Passanten eine nähere Auskunft über das Denkmal geben. Überhaupt fand das Denkmal an diesem Tag keine große Beachtung bei den Leuten, da auf diesem Platz mehrere Vorführungen im Rahmen des verkaufsoffenen Sonntags stattfanden. Doch Louis Spohr wurde unser Treffer Nummer fünf.

Unsere letzte Station im Stadtgebiet war der Friedhof am Lutherplatz. Neben den Grabstätten von Ministern, Kaufleuten und Pfarrern fanden sich auch die von Tenören, Steinmetzen und Malern. Zwar handelt es sich nicht wie in den vorherigen Fällen um Denkmäler, aber mit den – wenn auch stark verwitterten – Grabsteinen werden die Künstler auf andere Art und Weise im Bild der Stadt Kassel repräsentiert. Der alte Friedhof an der Lutherkirche war somit der sechste Treffer.

Im Zuge unserer Suche nach „toten Künstlern", bot sich schließlich ein Besuch der Künstler-Nekropole an. Diese leistet sogar gleich in doppelter Hinsicht eine Repräsentation von toten Künstlern; denn die Grabdenkmäler sind zum einen die Werke von Künstlern und stellen gleichzeitig ihre eigene Ruhestätte dar. Derzeitig kann man die Werke von acht Künstlern auf einem Rundgang durch die Nekropole besuchen und ihre ganz individuelle Interpretation einer Ruhestätte begutachten. Treffer Nummer sieben.

Dokumentation auf einen Blick: Unsere Kartierung „toter Künstler" in Kassel

219

*Was haben wir eigentlich gemacht? Zur Reflexion
der methodischen Vorgehensweise*

Zur Bearbeitung der Aufgabenstellung bieten sich zahlreiche Möglichkeiten. Aufgrund der Tatsache, dass die Exkursion an einem verkaufsoffenen Sonntag stattfand bot sich für uns die Möglichkeit der Passanten Befragung besonders an. Unsere Methode erwies sich jedoch nicht als die Ergiebigste, da die Personen vorwiegend mit ihren Einkäufen beschäftigt waren und kein offenes Ohr für solch skurrile Fragen hatten.

Bei der Analyse und Interpretation der Denkmäler nutzten wir die Inschriften und Informationstafeln als willkommene Hilfe, um genauere Infos über das Objekt, den Schöpfer und die Verortung des Denkmals zu erhalten. Zusätzlich befragten wir Passanten, was teilweise sehr ergiebig war (zum Beispiel am Brüder-Grimm-Denkmal). Andererseits konnte die Mehrzahl der Passanten keine genaueren Informationen zu den Denkmälern liefern. Am Louis-Spohr-Denkmal zum Beispiel konnte uns wirklich niemand sagen, wer Spohr eigentlich war, und die meisten Leute nahmen erst nach unserer Befragung das Denkmal überhaupt wahr.

Als weiteres Untersuchungswerkzeug eignet sich die Fragestellung nach dem räumlichen Bezug des jeweiligen Denkmals. Diese Methode erfordert jedoch in den meisten Fällen eine tiefere Recherche, da der räumliche Bezug eines Denkmals nicht immer auf den ersten Blick ersichtlich ist. In unserer Untersuchung stellte sich heraus, dass die Denkmäler in der Regel am zugehörigen Platz verortet waren (Bsp.: Karls-Denkmal am Karlsplatz, Friedrichs-Denkmal am Friedrichsplatz...). Daraufhin stellt sich jedoch die weiterführende Frage, wieso die Plätze gerade an diesem Ort sind. Nur im Fall des Brüder-Grimm-Denkmals erhielten wir durch die Auskunft eines kundigen Passanten eine Antwort auf diese Frage.

Neben der Untersuchung von Denkmälern bieten sich natürlich noch zahlreiche andere Möglichkeiten an, um Repräsentationen von verstorbenen Künstlern in der Stadt aufzusuchen. So kann beispielsweise auch nach Straßennamen, Museen, Ausstellungen und Friedhöfen oder auch nach Informationen im Internet Ausschau gehalten werden. Der Lehrer sollte bei seiner Aufgabenstellung diese Vielfalt an Untersuchungsobjekten berücksichtigen. Möchte er sich jedoch auf einen bestimmten Aspekt bei der Aufgabe konzentrieren, läuft er Gefahr, dass die Teilnehmer diesen Aspekt in ihrer Untersuchung nicht mit aufgreifen. Deshalb muss er dann seinen Impuls spezifizieren.

Speziell bei diesem Impuls drängt sich die Nekropole als Untersuchungsstandort auf. Gerade die vielseitige Gestaltung der Repräsentationsstätten verstorbener Künstler in natürlicher Umgebung könnte für die Schüler sehr interessant und spannend sein. Allerdings gilt zu berücksichtigen, dass ein Impuls an diesem Ort in der Schule sorgfältig vorbereitet werden will, da die Informationsbeschaffung im Gegensatz zur Stadt erschwert ist.

Wie war das mit der Methode? Tipps für Impuls-Exkursionen

Zunächst ist zu sagen, dass wir mit der Methode der Impulsdidaktik bisher noch nicht in Berührung gekommen waren, weshalb sie für uns erstmal befremdlich wirkte. Zudem erschien der Impuls *„Findet den toten Künstler!"* relativ unkonkret und wenig greifbar. Andererseits hatte diese befremdliche Wirkung nicht lange Bestand, da sich bei genauerer Betrachtung sehr vielfältige und eigentätige Möglichkeiten zur Umsetzung der Aufgabenstellung ergaben. Die Teilnehmer-/innen einer solchen Exkursion werden durch den einleitenden Impuls zur Reflexion der Fragestellung und zur aktiven Planung ihrer Vorgehensweise angehalten. Somit werden wichtige Kompetenzen wie Kommunikation, Argumentation und Reflexion innerhalb der Arbeitsgruppe gefördert. Die offene und ungebundene Arbeitsanweisung bietet zudem viel Spielraum für kreative Herangehensweisen und Lösungsansätze für die zu bewältigende Aufgabe.

Bei der Umsetzung der Exkursion muss allerdings besonders auf die Wahl des Ausgangspunktes geachtet werden. Der Ort des Anfangs der Exkursion beeinflusst entscheidend deren Durchführbarkeit. Der gegebene Impuls muss für die Gruppe zugänglich und verständlich sein und die gewählte Umgebung muss die nötigen Informationen für die Problemlösung auch bereithalten, um die „Frustrationstoleranz" der Teilnehmer-/innen nicht über Gebühr zu strapazieren.

Wie oben dokumentiert, hat sich für die Bearbeitung des konkreten Impulses „Findet den toten Künstler", der Raum der Kasseler Innenstadt als gut geeignet erwiesen. Die Fragestellung ist so offen gewählt, dass sie sowohl für Studierende als auch für Schülerinnen und Schüler zahlreiche Möglichkeiten zur Problemlösung bereithält.

Bei der Auswahl eines Impulses sollte der Exkursionsleiter den zeitlichen Rahmen und den damit verbundenen Arbeitsaufwand für die Teilnehmer-/innen der Exkursion berücksichtigen. Bei der Offenheit der Fragestellung bleibt jedoch zu berücksichtigen, dass man den Gruppen entsprechend viel Zeit zur Verfügung stellen muss, um eine ergiebige und vielfältige Bearbeitung des Themas zu ermöglichen.

Beim durchgeführten Exkursions-Experiment war die angesetzte Bearbeitungszeit unserer Meinung nach zu kurz gewählt. Die Durchführung hat insgesamt vier Stunden beansprucht und war damit länger als ursprünglich beabsichtigt. Das Sammeln von Informationen kostet viel Zeit, vor allem, wenn noch nicht so ganz klar ist, was man eigentlich sucht! Innerhalb einer Stunde kann eine Arbeitsgruppe wahrscheinlich nicht allzu viele Informationen sammeln oder müsste sich auf einen ganz speziellen Aspekt der Fragestellung konzentrieren. Sind jedoch genug Arbeitsgruppen vorhanden, so ergibt sich durch ein mögliches Zusammentragen der einzelnen Ergebnisse eventuell ein vielfältiges und fruchtbares Konglomerat. Aus diesem Grund müsste man die einzelnen Arbeitsgruppen nach einer ersten Orientierungsphase zusammenrufen, um eine erste Ergebnissicherung durchzuführen und das weitere Vorgehen mit den Teilnehmerinnen und Teilnehmer abzustimmen. Außerdem sollte im Hinblick auf das Engagement und die Konzentrationsfähigkeit der Teilnehmerinnen und Teilnehmer die Bearbeitungsphase nicht zu lange angesetzt werden.

Die folgenden Beiträge führen die exkursionistische Gemeinschaft in die Umgebung von Kassel. Wir beginnen mit einem Ausflug nach Hirschhagen, den Annegret Luck und Timm Winter vorbereitet und durchgeführt haben. Experimentiert wird hier mit dem Vorwissen und Nichtwissen der Exkursionisten.

Anschließend streifen wir durch den Reinhardswald, um unser Wissen über den Wald und die Natur zu erweitern. Darüber hinaus werden die Themen Tourismus, Forstwirtschaft und Naturschutz anschaulich gemacht und Experten kommen zu Wort. Auch auf die Entwicklung des ländlichen Raumes im Allgemeinen soll eingegangen werden. Dabei gerät der abschließende Besuch des FriedWaldes fast in den Hintergrund...

Zum Abschluss besuchen wir den Edersee. Diese Exkursion hat zwei klar voneinander getrennte Teile; sie findet an zwei unterschiedlichen Tagen statt und beide Teile können nur übereinandergelegt, nicht aber wirklich miteinander verbunden werden.

Bei allen drei hier vorgestellten Tagesausflügen fällt auf, dass die jeweilige Exkursionsleitung ganz besonders bemüht war, ihre Expertenrolle auszufüllen. Machen Sie sich auf viel fachliches Wissen und großen Sachverstand gefasst!

4.1 ANDREA GERHARDT: VOM ERKUNDEN UND ERFINDEN. EIN EXKURSIONS-EXPERIMENT NACH HIRSCHHAGEN

Die Exkursion nach Hirschhagen fand nach Konzept und unter Anleitung von zwei Studierenden, Annegret Luck und Timm Winter, statt, denen an dieser Stelle recht herzlich für ihre Arbeit gedankt sei. Da beide aufgrund ihres Studienabschlusses und beginnenden Referendariats zeitlich sehr eingebunden sind, konnten sie den Beitrag für den vorliegenden Band der GRUPPE nicht selbst zusammenstellen.

Konzeptioneller Schwerpunkt des Vorhabens war die Erkundung ein und desselben Ortes mit a) unterschiedlich gutem Vorwissen der Exkursionisten und b) unterschiedlicher Aufgabenstellung. Im Grunde genommen wollten wir ausprobieren, ob wir einen Ort anders wahrnehmen, wenn wir vor dem Besuch wenig darüber wissen oder aber unsere Aufmerksamkeit gezielt auf ganz bestimmte Dinge gelenkt wird. Die Erwartung war, dass je nach „Ein-stellung" der Exkursionisten die Beobachtungsergebnisse deutlich voneinander abweichen müssen. Beide Ansprüche in *einem* Exkursions-Experiment miteinander zu kombinieren schien zunächst nicht sehr sinnvoll und im Nachhinein ist es in der Tat schwierig, auseinander zu halten, inwiefern das mangelnde Vorwissen oder aber die spezifische Aufgabenstellung die „Entdeckungen" der Exkursionsteilnehmer beeinflusst haben. Der Grundgedanke, dass diejenigen, die überhaupt kein Vorwissen über das Exkursionsgebiet haben, wohl am besten für eine möglichst unvoreingenommene Erkundung des Gebietes geeignet sind, lässt sich meines Erachtens nach diesem Experiment nicht mehr aufrechterhalten. Auch „Spurensucher" müssen wissen, wonach sie suchen. Wenn Exkursionisten so gar nichts über das zu erkundende Gebiet wissen, dann fällt es ihnen auch sehr schwer, Ergebnisse zu produzieren. Ohne Vorwissen, kann man auch nicht wissen, was man sieht.

Doch sehen Sie selbst. Folgen Sie mit mir den Ausführungen, Berichten und Gedanken der Exkursionisten und lassen Sie uns abschließend ein gemeinsames Fazit ziehen!

Kay Janne Wiemann: Exkursion nach Hirschhagen

Die Exkursion begann auf einem Parkplatz am Eingang des Ortsteils Hirschhagen, der zu Stadt Hessisch Lichtenau gehört. Hirschhagen ist, laut der Straßenbeschilderung, als Industriegebiet ausgewiesen. Die Gruppe wurde in drei Kleingruppen eingeteilt „Spurensuche" (Gruppe 1), „Flächennutzungsplan" (Gruppe 2) und Gruppe 3 „Geschichte". Die Spurensucher sollten Teilnehmer sein, die kein Vorwissen über Hirschhagen hatten. Gruppe 2 und 3 bekamen eine kurze Einweisung in das Thema, um das Exkursionsgebiet unter ganz bestimmten Gesichtspunkten zu begehen. Die Gruppe der Spurensucher wurde von vier Teilnehmern/innen gebildet, zu der ich gehörte.

Wir „Spurensucher" bekamen den Arbeitsauftrag, mit offenen Augen das Gebiet zu erkunden und zu notieren, was uns auffällt. Bei dem ersten gemeinsamen Blick auf die Übersichtskarte, die wir zur Orientierung bekamen, stellten wir fest, dass die Straßen Namen von Industriellen trugen. Diese Tatsache war uns allen als typisches Merkmal für ein Industriegebiet bekannt. Das Gebiet erweckte jedoch nicht den Eindruck eines Industriegebietes. Wir assoziierten mit dem Gebiet einen ehemaligen Wald, der vielleicht von der Gemeinde als Industriegebiet ausgewiesen wurde, allerdings von sehr wenigen Firmen angenommen wurde. Die Stimmung in Hirschhagen ist sehr schwierig zu beschreiben. Es schien wie „ausgestorben", das kann zum einen daran liegen, dass die Betriebe an Werktagen von montags bis freitags arbeiten und nicht am Wochenende. Aber zum anderen die Menschen Hirschhagen aus einem uns unbekannten Grund meiden. Auf den ersten 100m der Erkundungstour führte die Straße bzw. der Bürgersteig über Eisenbahnschienen, die allerdings ganz offensichtlich seit langer Zeit nicht mehr in Betrieb sind, was sich am Gras- und Strauchbewuchses links, rechts und zwischen den Schienen ablesen lässt. Die Gehwege sind nur an den gut ausgebauten Straßen des Industriegebiets zu finden.

Wir waren verwundert in dem ausgewiesenen Industriegebiet Einfamilienhäuser zu finden, die im Vergleich zu anderen Einfamilienhäusern riesig sind. Auf der Erkundungstour kamen wir auch an kleineren Häusern und an kombinierten Geschäfts- und Wohnhäusern vorbei. Bis auf einzelne Ausnahmen hatten alle Häuser sehr massive Flachdächer, die teilweise mit Gras aber auch mit kleinen Bäumen bewachsen sind. Die Dächer der Gebäude erinnerten uns an einen Bunker. Die Flächen zwischen den Grundstücken waren mit Wald überzogen. Diese bewaldeten Flächen waren mit Zäunen und/ oder Warnschildern abgegrenzt. Auf den Warnschildern standen Verbote beziehungsweise Warnungen, dass das Betreten des Grundstücks/ der Baustelle verboten ist sowie, dass bei Betreten des Geländes mit gesundheitlichen Schädigungen gerechnet werden muss. Aufgrund dieser Tatsache fühlten wir uns nicht besonders wohl und verhielten uns auffällig vorsichtig. Dies äußerte sich darin, dass kein Gruppenmitglied die Straße verließ, um z.B. die Ruinen, die auf allen unbebauten Flächen zu finden waren, zu erkunden. Die Ruinen in Verbindung mit Erdhügeln und Erdwällen, die offensichtlich begehbar waren (Klappen als Eingang und Schornsteine, vermutlich zum Luftaustausch), verstärkten unseren Eindruck, dass es sich um Bunker handeln muss. In einem Waldstück fielen uns Pfeiler auf, die uns an eine Seilbahn denken ließen. Bis auf zwei große und gut ausgebaute Straßen existierte keine Straßenbeleuchtung und die Stromversorgung verlief oberirdisch. Zu den Betrieben des Industriegebiets Hirschhagen kann gesagt werden, dass es sich überwiegend um Maschinenbetriebe handelt. Außerdem waren unter anderem ein Fliesenlegerbetrieb, ein Autotuning-Betrieb, ein Kraftfahrzeugbetrieb, ein Fit & Fun Club, ein Waldgasthaus und ein Winterquartier eines Zirkus ansässig.

Zum Abschluss der Erkundungstour fanden wir an einem unauffälligen Eckhaus folgende kleine Informationstafel am Ortseingang: Hirschhagen war zwischen 1936 und 1945 mit 233 ha Betriebsgelände und 399 Werksgebäuden unter dem Tarnnamen „Friedland" eine der größten deutschen Sprengstofffabriken mit bis zu 4500 Beschäftigten, mehrheitlich Dienstverpflichteten, Zwangsarbeitern und KZ-Gefangenen.

Die Abschlussbesprechung fand mit allen in dem bereits erwähnten Waldgasthaus statt. Zum Abschluss der Exkursion sollten die drei Gruppen ihre Ergebnisse präsentieren und darüber diskutieren, wobei es Ergänzungen von Seiten der Exkursionsleitung gab. Die Ergebnisse von Gruppe 1 wurden bereits erörtert. Die Gruppe 2 „Flächenplan" fand heraus, dass das Industriegebiet erst seit sieben Jahren in dieser Form ausgewiesen ist. Aufgrund dieser Lücke konnten die heutigen Anwohner die Grundstücke, vermutlich sehr günstig, erwerben und als Wohnfläche bebauen. Der Beschluss von 1999 untersagt jedoch, dass Hirschhagen bewohnt werden darf. Die ansässigen Bewohner haben ein Wohnrecht bis zu ihrem Lebensende. Anschließend dürfen die Häuser nicht mehr bewohnt werden und lediglich als Industriefläche verkauft werden. Das geschaffene Eigenheim ist somit wertlos.

Die Gruppe 3 „Historische Einordnung/ Hintergrund" präsentierte folgende Ergebnisse: Auf dem Gelände des heutigen Hirschhagen stand von 1936 bis 1945 eine Sprengstofffabrik. Die Ruinen und Bunker ähnlichen Wohnhäuser waren Werksgebäude dieser Fabrik. Bei der Planung der Sprengstofffabrik erhielt jedes wichtige Gebäude einen Zwilling, um bei einem eventuellen Bombenangriff weiter produzieren zu können. Jedoch wurden die sanitären Anlagen sowie eine Kläranlage vergessen. Dies waren große Planungsfehler zum einen mussten die Beschäftigten mit Bussen von den Quartieren zu der Fabrik pendeln und zum anderen konnten die Abwässer der Produktion nicht einmal in Ansätzen gereinigt werden. Folglich wurde der Boden des Geländes kontaminiert. Aber auch die unterhalb des Geländes liegenden Dörfer und deren Brunnen wurden verseucht. Die giftigen Substanzen konnten wegen einer großen Sandsteinplatte, die ein Gefälle hat, in die unterhalb Hirschhagens liegenden Dörfer gelangen. Die giftigen Dämpfe ließen die Haare der Beschäftigten gelb werden und die Haut bekam einen bronzenen Farbton. Ein Gespräch mit einer Anwohnerin ergab, dass die Geschichte der ehemaligen Sprengstofffabrik verschwiegen wird. Bei den meisten Anwohnern oder bei der Stadt Hessisch Lichtenau trifft man auf eine „Mauer des Schweigens". Damit lässt sich auch eine nicht vorhandene Gedenkstätte erklären. Einige noch existierende Gebäude stehen unter Denkmalsschutz, aber wegen der Tatsache, dass keine Gelder für die Beseitigung bereitgestellt werden. Die Fabrik konnte vermutlich bis Kriegsende produzieren, weil die Angriffsflüge in der Nacht stattgefunden haben und die Technik noch nicht so weit war, das Gebiet in der Nacht zu orten. Obwohl bekannt war, dass die Sprengstofffabrik existierte.

Abschließend ist zu sagen, dass die Exkursion sehr interessant war. Die Spurensuche gestaltete sich sehr spannend, machte neugierig und war zugleich etwas unheimlich aus meiner Sicht. Die dreieinhalb Stunden Erkundungstour ohne konkrete Aufgabe gestalteten sich zum Ende zäh.

Die anschließende Abschlussbesprechung war sehr aufschlussreich und es hätte vermutlich noch Stunden weiter diskutiert beziehungsweise spekuliert werden können.

Julia Harder: Spurensuche der Ahnungslosen

Ich befand mich in der „Gruppe der Ahnungslosen" und hatte die Aufgabe, im Zuge der Erkundung von Hirschhagen die Flächennutzung des Gebietes ausfindig zu machen.

Ich muss gestehen, dass ich diesen Arbeitsauftrag zu Beginn als eher langweilig empfunden habe, da ich mir Spektakuläres in einem Industriegebiet wirklich nicht vorstellen konnte. Als wir jedoch die ersten Bunker, Ruinen und andere Überreste der ehemaligen Sprengstofffabrik entdeckten, bewies sich bald das Gegenteil. Nachdem wir eine Erinnerungstafel auffanden, waren wir mit den ersten Grunddaten eingedeckt und konnten uns somit auch schon ein eindeutigeres Bild von dem Gebiet machen. Sehr interessant war, dass viele Ruinen und alte Gebäude von dort Ansässigen heutzutage funktional genutzt werden und dabei auch kein Wert auf das äußere Erscheinungsbild gelegt wird. Zum Beispiel gab es da eine Garage, auf deren Dach noch zwei alte Treppen in die Höhe ragten. Ebenso faszinierend war die Tatsache, dass viele Bewohner in alten, aus früheren Zeiten stammenden Häusern leben, was sich oft eindeutig am Bau, der Fassade des Hauses, sowie der Größe erkennen ließ. Außerdem wurden auf die ehemaligen Flachdachhäuser Dächer zwecks Wasserschutzes gesetzt, was auch bei genauerem Hinsehen erkannt werden konnte. Des Weiteren sind uns übermäßig viele Verbotsschilder vor den Grundstücken und auf dem gesamten Gelände aufgefallen, die vor verschiedenen Dingen warnen. Als wir dann noch ein Schild mit der Aufschrift „Wer hier parkt wird angezeigt" entdeckten, verstärkte sich das Unwohlsein in unserer Gruppe und fanden den Ort um einiges unheimlicher. Verwundert waren wir, dass es in Hirschhagen neben den vielen Familienhäusern, Firmen, Büros und Werkstätten sogar ein Fitnessstudio und ein Restaurant gibt, jedoch keinen einzigen Kiosk oder Geschäft. Als spektakulär erwies sich neben anderen Firmen die Anwesenheit einer Sportwagen-Tuning-Werkstatt, die sich erstaunlicher Weise auch noch auf einer Anhöhe befand.

228

Nach knapp drei Stunden waren wir mit unserer Erkundungstour am Ende und haben dann noch interessante Informationen von den Organisatoren sowie den anderen Teilnehmern einholen können. Die Erbauung der Sprengstofffabrik bot sich in diesem Gebiet außerhalb Hessisch Lichtenaus ganz besonders an, da es sich zum einen um ein Waldgebiet handelt, was das Gelände im Krieg gut tarnen konnte, und zum anderen war das für den Sprengstoff benötigte Wasser dort in Mengen vorhanden. Erschreckend fand ich, dass bei der Errichtung des Geländes in den 1940er Jahren Kläranlagen vergessen worden sind und somit die Losse sowie die nähere Umgebung mit Giften belastet worden sind. Erst in den 1970er Jahren ist die Verunreinigung des Trinkwassers aufgefallen. Darüber hinaus wurden Fabrikgebäude, in denen der Sprengstoff hergestellt worden ist, im Duplikat erbaut, um bei einer möglichen Explosion und Zerstörung die Arbeiten in dem zweiten fortsetzen zu können.

Welches Ausmaß dieses Gebiet wirklich hatte, konnten wir am Ende der Exkursion am riesigen Kohlebunker feststellen. Insgesamt war die Exkursion in Hirschhagen sehr spannend und informativ, und erwies sich für mich darüber hinaus definitiv als spektakulär, vor allem weil ich in meiner „Gruppe der Ahnungslosen" selbst auf Entdeckungstour gehen konnte.

Carola Conrad: Zur Flächennutzung in Hirschhagen

Ich habe bestimmt schon mal von Hirschhagen gehört, aber als die Exkursion anstand und wir uns auf den Weg dorthin machten, war mir das nicht mehr bewusst. In Hirschhagen angekommen beschäftigte sich unsere Gruppe mit der heutigen Flächennutzung Hirschhagens. Dazu sollten wir uns vornehmlich in zwei uns zugeteilten Gebieten umsehen. Auf unserem Weg in das erste Gebiet kamen wir an einem recht kleinen und unauffälligen Schild vorbei auf dem stand, dass Hirschhagen 1933 bis 1945 unter dem Decknamen *Friedland* eine der größten Sprengstoffherstellungsfabriken in Deutschland war.

Wir kamen zunächst an einem Wohnhaus vorbei in dem ein Planungsbüro untergebracht war. Nur wenige Meter weiter fanden wir eine Fabrik, die auf der einen Seite von überwucherten alten Eisenbahnschienen begrenzt wurde und auf der anderen Seite durch eine kleine Straße, die sich in einem relativ schlechten Zustand befand. Als wir der Straße weiter folgten, kamen wir an lauter alten Schrott vorbei, der hinter einer merkwürdigen Schranke lag. Danach wurde es immer merkwürdiger, auf der einen Straßenseite war Wald, in dem ein altes Fabrikgebäude verfiel und auf der anderen befand sich eine Autotuning-Werkstatt. Gleich nebenan standen zwei Wohnhäuser und hinter diesen fing wieder der Wald an. In diesem Waldteil konnte man noch zahlreiche Bunkeranlagen gut erkennen. Anschließend kamen wir zu einer Kreuzung an der sogar eine Bank stand, obwohl es nicht so aussah als ob dort je irgendwelche Leute sitzen würden. Wir gingen dann Richtung „Ortskern" und kamen erneut an alten Fabrikgebäuden vorbei, die teilweise heute zweckmäßig genutzt werden, z.B. als Unterstand für Fahrzeuge. Daneben fand man wieder Wohnhäuser durchmischt mit Autohändlern, die auf und vor dem ganzen Grundstück alte Karosserien lagerten. Zwischendurch kamen wir an Malern, Fliesenleger und Beautyproduktherstellern vorbei. Auf dem Weg zu dem anderen Gebiet sahen wir hauptsächlich Wohnhäuser. In dem zweiten Gebiet fanden wir merkwürdige Unternehmen, die alle Boxen für Schrott an der Straße stehen hatten und alte kaputte Fahrzeuge jeglicher Art waren vor dem Haus zu sehen. Die Häuser wurden teilweise im Obergeschoss als Wohnungen genutzt. Es war jedoch nicht wirklich ersichtlich womit die Leute, bzw. Unternehmer ihr Geld verdienen. Daneben gab es jedoch auch größere Firmen, die z.B. Natursteine verarbeiten oder Plastikprodukte herstellen. Es fiel uns allerdings auf, dass es nirgendwo einen kleinen Supermarkt, einen Bäcker oder Kiosk gab. Die einzige gewerbliche Einrichtung, die wir fanden, war ein Café und Restaurant mit angeschlossenen Fitnessstudio, wo wir uns allerdings auch fragten, wie das hier überleben kann, da der Ort Hirschhagen nur sehr wenige Einwohner hat.

Wir halten also fest, dass in Hirschhagen keine streng untergliederte Flächennutzung stattfindet, sondern es zu einer enormen Durchmischung von Industrie- und Wohnfläche kommt. Des Weiteren sind die einzelnen Gebäude recht weit voneinander entfernt, so dass man sich zwischendurch fragt, ob man sich noch im Ort befindet. Wie schon erwähnt, wurde in Hirschhagen während des 2. Weltkrieges Sprengstoff hergestellt. Aus diesem Grund stehen die Gebäude weit auseinander, denn wenn eines in die Luft geflogen wäre, sollten die andern nicht beschädigt werden. Nach dem Krieg wurden nur ca. 1/3 der Gebäude zerstört, die anderen wurden vor allem Flüchtlingen aus dem Sudetendeutschland als Wohnobjekte angeboten. Dadurch wurden einige Gebäude so umgestaltet, dass man ihnen heute erst auf den zweiten Blick ansieht, dass sie mal Produktionsgebäude waren. Dann kam wahrscheinlich im Laufe der Zeit informelle Industrie hinzu und seit 7 Jahren ist Hirschhagen nur noch als Industriegebiet ausgewiesen. Hierfür erhält es von der EU Fördergelder zur Sanierung der chemisch belasteten Böden, denn viele der Säuren und Stoffe zur Sprengstoffherstellung sind im Boden versickert, wodurch dieser verseucht ist. Die Bodensanierung soll 2008 beendet werden. Dass Hirschhagen nun Industriegebiet ist, hat folgende Konsequenzen: Zum einen dürfen keine neuen Wohnungen entstehen und zum andern dürfen die Wohngebäude nicht als Wohngebäude, sondern nur noch als Industriegebäude verkauft werden.

Als wir durch Hirschhagen gingen, fragten wir uns die ganze Zeit, was Menschen dazu bewegt, an einem solchen Ort zu wohnen, wo man vom Wohnzimmerfenster aus auf Bunkeranlagen blicken kann. Eine Einwohnerin sagte dazu, dass man im Sommer die Bunker nicht mehr sieht, da sie von dem vielen Grün der Bäume verdeckt werden. Für sie sind also die Bunker nicht mehr da, sobald sie aus ihrem Sichtfeld verschwunden sind. Des Weiteren trafen wir einen Mann, der zufällig in Hirschhagen war und sich nicht erklären konnte warum der Ort so merkwürdig „gestaltet" ist. Man beginnt automatisch sich über den Ort Gedanken zu machen, da er sich so sehr von den von uns als „normal" wahrgenommenen Orten unterscheidet. Leider fanden wir keine weiteren Erklärungen dafür, außer dem kleinen Schild, das uns auf die Vergangenheit des Ortes hinwies.

Die Exkursion nach Hirschhagen fand an einem bedeckten Tag statt, an
dem es auch ab und zu ein leichtes Tröpfeln gab. Die Anreise erfolgte in
privaten PKW von Kassel aus. Vor Ort teilten wir uns in drei Gruppen
auf. Eine dieser Gruppen war ohne Vorwissen über das Exkursionsgebiet und erhielt den Auftrag der Spurensuche. Sie sollten Besonderheiten notieren, welche ihnen bei der Durchstreifung des Gebietes auffiel.
Die zweite Gruppe, zwar ohne Vorwissen aber von der Exkursionsleitung über die ehemalige Funktion informiert, erhielt den Auftrag das
Gebiet unter dem Aspekt der Analyse der Flächennutzung zu untersuchen. Die letzte Gruppe, dieses Mal Personen die bereits etwas über die
Gegend wussten und von der Exkursionsleitung zusätzlich sehr gut
Informiert, erhielt den Auftrag herauszufinden, wie der heutige Umgang
mit der Geschichte und den alten Installationen ist.

Ich gehörte zu der historischen Gruppe, möchte aber wegen der aufeinander aufbauenden Struktur der Aufträge meine Rekapitulation auch in
der oben genannten Reihenfolge abhandeln. Diese Reihenfolge wurde
auch bei der abschließenden Besprechung der Exkursion eingehalten.
Die Spurensucher teilten uns verschiedene Merkmale mit, die ihre Aufmerksamkeit erregte. Zu diesen zählte ein dickes Flachdach bei vielen
Häusern und bei einigen ein relativ flaches Giebeldach, welches nachträglich auf das Flachdach installiert wurde. Außerdem bemerkten sie
noch, dass eine Großzahl der Hauser sehr groß ist, in dem Gebiet keine
Straßenbeleuchtung existiert und viele Ruinen, alte Maschinen und Müll
im Gelände verteilt stehen. Insgesamt erweckte das Gebiet bei ihnen,
auch durch die Ruinen welche sie sahen und das bedeckte Wetter, eine
eher traurige Stimmung. Sie schrieben dem Gebiet in Bezug auf die
Nutzung eine Mischzone zu, wodurch sie der zweiten Gruppe etwas
vorwegnahmen. Eine freie Interpretation der gefundenen Spuren war
ihnen jedoch nicht möglich, da sie bei der Zufahrt in das Industriegebiet
das einzige Mahnschild entdeckten und dadurch bekamen viele Auffälligkeiten einen Sinn. Die dicken Decken waren eine Schutzeinrichtung
gegen Luftangriffe und die Dächer nur zur Verschönerung aufgesetzt,
die Beleuchtung war im Krieg unnötig und bis heute nicht nachgerüstet

232

und die Größe der Hauser war durch die Funktion als Produktionsstätte und durch die stabile Bauweise vorgegeben. Die Ruinen sind gesprengte oder gesperrte Gebäude was zur Zerstörung der Möglichkeit der Munitionsproduktion nach dem Krieg dienen sollte. Die alten Maschinen sowie der Müll sind zum Teil Kriegsreste aber das meiste eher Müll und Schrott, der dort zur Entsorgung von der heute ansässigen Industrie abgestellt wurde.

Der Arbeitsauftrag der zweiten Gruppe wurde zum Teil bereits von der ersten erfüllt. Das Gebiet ist heute durch Mischnutzung gekennzeichnet. Es gibt also immer verschiede Besetzungen benachbarter Gebäude durch Gewerbe und Privatpersonen. In manchen war sogar eine gemeinsame Nutzung in einem Haus zu erkennen, zum Beispiel indem das Erdgeschoss mit Gewerbefläche belegt war und in einem ganzen aufgesetzten Haus Wohnraum geschaffen wurde. Vor den Hintergrundinformationen, die sie von Annegret erhielten, schlussfolgerten sie, dass es nach der Zerschlagung des NS-Regimes zunächst keine exakt festgelegte Bebauungs- und Nutzungsordnung gab. Annegret ergänzte dann, dass erst seit den 1970er Jahren (als auch die Bodenverschmutzung festgestellt und deren Behebung beschlossen wurde) einheitliche Planungsentwürfe existieren. Seit circa 1999 ist auch durch europäischen Druck entschieden, dass es ein reines Industriegebiet werden soll. Menschen, die dort noch wohnen, dürfen zu ihrem Nachteil nur noch an industrielle Nutzer verkaufen, was den Preis natürlich senkt, da im industriellen Sektor eine weit geringere Nachfrage nach Grund ist, welcher bereits mit sehr stabilen aber unflexiblen Gebäuden bebaut ist. Auffällig war jedoch, dass die bewohnten Häuser wie Inseln erscheinen, da sie durch den gepflegten Garten und den guten Gebäudezustand von dem Umgebenden hervorstechen.

Der dritte Auftrag wurde von uns modifiziert und ergänzt, indem wir durch ein Interview den persönlichen Kontakt zu einem Anwohner suchten und nach Gründen fragten, wieso sie dorthin zogen und wie sie auf die Geschichte reagieren. Eine Frau, um die 70 Jahre alt, die wir ansprachen sagte uns, dass sie vor allem in das alte Führergebäude zog, da es in einem sehr ruhigen Gebiet liegt und ein sehr schöner Altersruhesitz ist. Sie war sich sicher, dort auch Sterben zu wollen. Sie war sich aber sehr wohl bewusst, dass ihre heutige Heimat ein historisch emotional geladener Ort und durchaus nicht historisch aufgearbeiteter Raum ist. Es scheint regelmäßig Bustourismus von ehemaligen ungarischen Zwangsarbeitern und deren Verwandtschaft zu geben, welche dann die alte Dame dazu veranlasst „In Deckung zu gehen", da sie dort existierenden Spannungen ausweichen möchte. Gerade weil die ehemaligen Zwangsarbeiter aus Ungarn versuchen, die Geschichte aufzuarbeiten, ist es umso verwunderlicher, dass wir als Deutsche nicht versuchen, die Geschichte zu erarbeiten und einen so unüblichen Umgang mit diesem historischen Ort pflegen. Im Vergleich dazu findet eine enorme Verarbeitung der Geschichte von KZs statt. Die Gemeinde Hessisch Lichtenau jedoch meidet die Aufarbeitung. Zum Beispiel im Zusammenhang mit dem Hessentag wurde ein Artikel über Hirschhagen nicht in eine Broschüre aufgenommen, die Gebäude werden nicht als Gemeingrund oder Denk- oder Mahnmahl bewahrt, andere Mahnmahle (mit Ausnahme eins Schildes) existieren nicht und die gemeinsame Aufarbeitung mit den Ungaren und anderen Zwangsarbeitern findet ebenfalls nicht statt. Es ist, als ob an dem Ort ein Geschichtsbewusstsein vorhanden ist, es scheint aber nicht erwünscht, einer Aufarbeitung eine Chance zu geben, sondern eher, dass alle Ansässigen versuchen, die Geschichte einfach auszublenden. Ebenso auszublenden wie die im Sommer durch Pflanzen eingewachsenen Ruinen oder die „Bunkerarchitektur" durch schöne Fassaden verdeckt ist.

Nach der gemeinsamen Besprechung in der Gaststätte fuhr ein Teil der Exkursionsteilnehmer noch zu dem beeindruckenden Kohlebunker am Rande des Gebietes, welcher zum Kriegsende zur Sicherung der Energieversorgung errichtet würde. Nach diesem Besuch beendeten wir die Exkursion vor Ort und fuhren zurück nach Kassel.

Für mich war der Besuch in Hirschhagen sehr beeindruckend. Vor allem der Kontrast zwischen den Gebäuden und der modernen Nutzung und der Überblendung und Ausblendung der Geschichte stellt für mich ein extrem spannendes Feld dar. Aber auch die plumpen Bauten inmitten der Natur sind für mich vor allem fotografisch ein sehr interessanter Kontrast. Eine Frage die mir blieb, ist die nach dem Einfluss der Amerikaner nach dem Krieg auf die Gegend und die Personen die noch heute dort wohnen. Dies, da ich mir die verschiedenen Symboliken wie die deutlichste Abgrenzung des Grundstückes, ein Geweih oder ein gezeichneter Adler am Giebel und den fast obligatorischen Pool nicht erklären kann und dabei stark an amerikanische Ideen und Vorstellungen erinnert werde. Weiter stellt sich mir daraus die Frage, ob durch diese eventuell auch die Beeinflussung der Aufarbeitungsarbeit stattfand? Eine Antwort darauf zu erwarten dürfte allerdings leider eher unrealistisch sein.

Christoffer Beermann: Historisches Hirschhagen

Diese Ganztagsexkursion stellt unter den bisherigen Exkursions-Experimenten ein Novum dar, denn sie wurde ausschließlich von Studenten organisiert und umgesetzt. Hinzu kommt, dass nicht ausschließlich nach dem klassischen Schema verfahren wurde, indem ein Ort aufgesucht wird und der Leiter den Zuhörern etwas über diesen konkreten Ort referiert, was wahrgenommen und bestenfalls protokolliert wird. Stattdessen konnten die Teilnehmer zusätzlich etwas über sich selbst erfahren, wie sie zum Beispiel diesen Raum wahrnehmen und wir diskutierten auch über die Umsetzung der Exkursion.

Ziel der Reise war die ehemalige Sprengstofffabrik und heute als Industrie- und Gewerbegebiet ausgewiesene Hirschhagen nordöstlich der Stadt Hessisch Lichtenau.

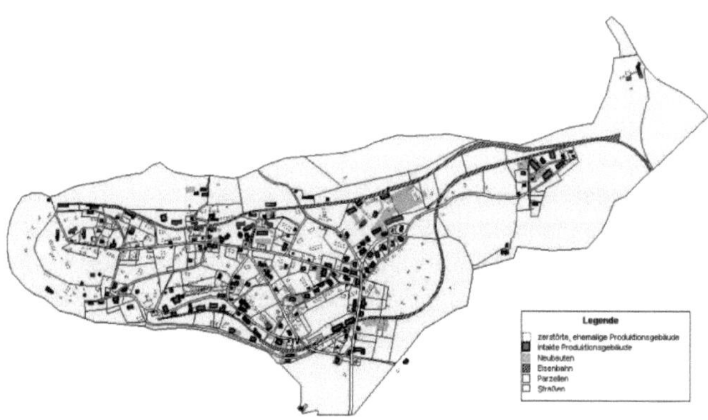

(Quelle: URL <http://www.rpkasel.de/static/themen/umwelt/hirschhagen/hirsch hagenlageplan>)

Die drei Arbeitsgruppen sollten selbst das Gelände erkunden. Allerdings mit jeweils unterschiedlichen Aufträgen und Vorwissen. Jene, die nichts etwas über das Objekt wussten, sollten das Gelände auskundschaften und Auffälligkeiten notieren. Die zweite Gruppe hat sich speziell auf die Flächennutzung fokussiert und hat dementsprechende Vorinformationen erhalten. Schließlich sollte die letzte Partei, wozu auch ich zählte, sich mit der Historizität auseinandersetzen und erhielt einige Angaben. In einem abschließenden Plenum wurden die Ergebnisse gesammelt und besprochen.

1936 wurde auf einem 230 Hektar großen Areal mit dem Bau der Anlagen zur Herstellung von Sprengstoffen begonnen. Man entschied sich für diesen Standort, weil es ausreichend Arbeitskräfte gab, der Ort abseits von Großstädten in einem Wald zur Tarnung lag, gute Anbindungen an das Schienennetz möglich waren und zwei Zechen in der Nähe die notwendige Kohle lieferten. Zwischen 1938 und 1945 wurden dort vor allem Trinitrotuluol (TNT) und Prikrinsäure produziert, welche teilweise zu Bomben, Granaten und Minen weiterverarbeitet wurden. Hauptsächlich arbeiteten dort Dienstverpflichtete und seit dem Krieg auch Zwangsarbeiter unter erschwerten Bedingungen. Um die eventuellen Schäden einer Explosion zu minimieren, wurden die Produktionszweige in verschiedene Gebäude verlagert, die über Förderbänder verbunden waren. Zusätzlich wurden Erdwälle aufgeschüttet, um eventuelle Explosionen einzudämmen. Trotz der Sicherheitsmaßnahmen kam es gehäuft zu Detonationen und zur Kontamination des Bodens. Nach dem Zweiten Weltkrieg wurden die Anlagen teilweise demontiert beziehungsweise gesprengt. Allerdings blieben die ökologischen Altlasten und ein Teil der Gebäude erhalten. Die ehemaligen Bunker und Produktionsgebäude wurden nach einigen Baumaßnahmen als Wohnunterkünfte oder als Gewerbestätten genutzt, was ihr kurioses Aussehen erklärt. Seit 1992 begann die planmäßige Sanierung der Umweltverschmutzungen im Auftrag des Landes Hessen in Zusammenarbeit mit der Firma Arcadis, indem man unter anderem die kontaminierte Bodenoberschicht austauschte, eine Wasseraufbereitungsanlage und ein Abfallzwischenlager errichtete.

Bei der Erkundung fiel besonders auf, dass man mitten in einem bewaldeten Gebiet zerstreut zahlreiche verlassende Bunker, merkwürdig aussehende Wohn- und Gewerbegebäude beobachten konnte.

Die Mehrheit der Exkursionsteilnehmer äußerte bei der Auswertung, dass sie nicht dort gerne wohnen würde, wenn sie die Wahl hätten, außer man liebte den Blick aus dem Küchenfenster auf verfallende Bunker oder das Flair eines Industriegebietes. Eine ältere Anwohnerin erwiderte auf die Frage, warum sie dort wohnte und ob sie sich wohl fühlte, dass man zwischen 1950 bis 1970 in Hirschhagen günstig Immobilien erwerben konnte. Weiterhin arbeitete man häufig vor Ort in einem der Unternehmen. An den Blick auf die Reste der Sprengstofffabrik hatte sie sich im Laufe der Zeit gewöhnt. Außerdem sah sie kaum noch die Anlagen im Frühling und Sommer, weil das Laub der Bäume die Sicht versperrte. Allerdings hatte sie immer Angst um ihre damals kleinen Kinder, die manchmal unerlaubt in den Ruinen spielten. Ansonsten merkte sie kaum noch, dass sie auf dem Gelände einer ehemaligen Rüstungsfabrik lebte. Nur wenn manchmal Busse mit den einstigen Zwangsarbeitern oder andere dorthin kamen und man sie nach der

Geschichte dieses Gebietes fragte, wurde sie zwangsläufig daran erinnert.

Kathrin Sickinger: Künstliche Landschaften

Die Gruppe war in 3 kleinere Gruppen eingeteilt, welche die Themen Spurensuche, Flächennutzung und Historie bearbeiten sollten.

Ich beschäftigte mich mit dem Thema der Historie, da ich bereits durch eine künstlerische Arbeit, die in der Ausstellung „Examen 05" im Kulturbahnhof zu sehen war, Hintergrundwissen über Hirschhagen erworben hatte. Durch die eben genannte Arbeit hatte ich von der ehemaligen Sprengstofffabrik dort gehört und auch dokumentarische Berichte von einer, bzw. der einzigen noch überlebenden ehemaligen Arbeiterin dieser Zeit durch Erzählungen und einem Video von ihr, mir einen ersten Eindruck machen können.

Durch die Exkursion wurde mir die Bedeutung dieses Ortes auf ganz andere Weise deutlich. Während die Gruppe der Spurensucher nach Auffälligkeiten in dem Gebiet von Hirschhagen suchten und über keinerlei Wissen über den Ort verfügten, fand die Gruppe welche für die Flächennutzung zuständig war heraus, dass nach dem 2. Weltkrieg das Gebiet der Dynamit-AG gehörte. Die Menschen, die sich nach dem Krieg dort ansiedelten, dürfen nur noch bis sie tot sind dort wohnen. Seit 7 Jahren ist das Gebiet als reines Industriegebiet ausgeschrieben. Hauptsächlich wegen EU-Fördergelder.

Wie Inseln stechen die umgebauten und renovierten Häuser der Bewohner Hirschhagens aus dem Rest des Industriegebietes hervor, das hauptsächlich bewaldet und voller alter Ruinen aus der Kriegszeit ist.

Während eine Person vor einem Interview zurückschreckte und „in Deckung" ging, erklärte eine andere Anwohnerin: „Die Ruinen werden im Sommer nicht gesehen." Aus einem anderen Gespräch ging hervor, dass die Gebäude, in denen man evtl. noch Sprengstoff hätte produzieren können, aufgrund des Marshallplans gesprengt wurden.

In der anschließenden Diskussion, kamen wir zu verschiedenen Frage-
stellungen. Unter anderem „Wie kann Geschichte bewältigt werden?"
Statt ein Industriegebiet aus der Fläche zu machen und zu warten bis
der letzte Bewohner verstorben ist, stellt sich die Frage nach einem Ort
an den man geht, um zurückblicken zu können, wie z.B. ein Museum
oder eine Gedenkstätte mit einer Dokumentation der Geschehnisse und
der Aufarbeitung der Menschen dieser Geschichte. Etwa eine interaktive
Plattform für Beteiligte, Betroffene, Bewohner. Um nicht zu sagen eine
Stätte, ebenfalls gedacht um Öffentlichkeitsarbeit zu leisten und andere
auf den kaum bekannten Ort aufmerksam zu machen. Nach Auskunft
einiger Anwohner, kommen sehr wenige „Schaulustige" nach Hirschhagen.

Würde das Gebiet den Status einer Gedenkstätte haben, könnte man
den noch „voyeuristischen Blick" der Besucher in offizielle richtige Bahnen lenken, und zusätzlich mehr Besucher anlocken. Ich persönlich
empfinde das als eine sehr wichtige und menschliche Geste einer grau-
samen Vergangenheit gegenüber, verantwortungsvoll mit Geschichte
umzugehen und sie nicht einfach in Form eines Industriegebietes weg-
zuwischen.

Drei Gruppen, drei Aufgabenstellungen – drei verschiedene Ergebnisse? Eher nicht. Die Dokumentation der Exkursionsergebnisse ist ein schönes Beispiel dafür, dass die meisten von uns allerspätestens im Studium gelernt haben, was allgemein als relevantes Wissen eingestuft wird und dieses dann auch in entsprechender Weise dokumentieren.

Selbst die „Ahnungslosen" verweilten nicht sehr lange in diesem Stadium der Ahnungslosigkeit und begannen sogleich mit der Anwendung des bereits Gelernten: Das Straßenschild weist ein Industriegebiet aus; die Straßennamen sind nach Industriellen benannt; das sieht aus wie ein Bunker; hier ist zu viel Wald für ein Industriegebiet; Viel los ist hier nicht, aber es ist ja auch kein Werktag; und da ist ja auch eine Informationstafel... Folgt man den Ausführungen der „Spurensucher", lässt sich vermuten, dass es sehr viele und sehr eindeutig einzuordnende „Spuren" gegeben hat.

Das Lesen dieses Gebietes fiel nicht sehr schwer, wenngleich in jedem Bericht Irritationen und Uneindeutiges zunächst stehenbleiben muss. Aus den Berichten wird deutlich, dass das vorhandene Vorwissen, selbst wenn es sich nicht explizit auf das zu erkundende Gebiet bezieht, nicht ausgeschaltet werden kann. Es wird aber auch deutlich, dass die Gruppe der „Spurensucher" mit hoher Motivation an die Erkundung herangegangen ist. Die abgegebenen Einschätzungen reichen von „spannend" bis „unerwartet spektakulär" und die zugestandene Eigentätigkeit ließ Platz für Verwunderung und das vorsichtige Reagieren auf Warn- und Verbotsschilder. Zudem klingt an, dass die drei Stunden Eigenerkundung sich gegen Ende auch ein wenig „zäh" gestalteten und dass erst die Zusammenführung und der Austausch mit den anderen Gruppen zum Diskutieren anregte.

Das Lesen des Exkursionsortes der ersten Gruppe vermischt sich mit den Deutungsversuchen der zweiten Gruppe. Als Resultate sind die Berichte kaum voneinander zu unterscheiden. Interessanterweise liefern die „Flächennutzer" keine dezidierten Kartierungen ab, zu deren Anfertigung die Aufgabenstellung ja praktisch eingeladen hat. Zwischen den Zeilen wird deutlich, dass sich die Exkursionisten durch die auf der Begehung festgestellte Vermischung von Gewerbe-, Industrie-, und Wohnbebauung in Kombination mit den Relikten der ehemaligen Sprengstofffabrik kein Urteil hinsichtlich einer eindeutig zu identifizierenden Flächennutzung zutrauen. So könnte man etwas überspitzt sagen: Die „Spurensucher" schätzen den Wert ihrer eigenen Empfindungen und subjektiven Eindrücke nicht sehr hoch ein und die „Flächennutzer" vertrauen angesichts der „irritierenden" historischen Relikte nicht auf ihre fachlichen Fähigkeiten, die in der Anfertigung einer klassischen Kartierung bestehen.

Der dritten Gruppe fällt es dagegen überhaupt nicht schwer, von dem Beobachteten direkt in den Modus des moralischen Urteilens zu wechseln. Hier zeigt sich am Eindrücklichsten ein konkretes Ergebnis der Exkursionsmethodik: Indem der Blick der Exkursionisten konkret auf die Geschichte des besuchten Gebietes gelenkt wurde, konnten die gemachten Beobachtungen auch eindeutig zugeordnet werden. Es ist von einem „unüblichen Umgang" mit geschichtlichen Ereignissen die Rede, von einem „Ausblenden" und davon, dass auf diesen Ort aufmerksam gemacht werden muss. Die im Gelände zu beobachtende „Verdrängung" der geschichtlichen Ereignisse und die gleichzeitige (Noch-) Sichtbarkeit der Artefakte ruft die (politische?) Forderung nach Errichtung einer Gedenkstätte, einer angemessenen Form der Öffentlichkeitsarbeit und damit einem Beitrag gegen das Vergessen auf den Plan.

Zusammenfassend lässt sich festhalten: Betroffen macht vor allem die vor Ort angetroffene fehlende Auseinandersetzung mit der Vergangenheit – die einstmalige Beschäftigung von Zwangsarbeitern und die Vergiftung des Bodens mit den Abfällen aus der Sprengstoffproduktion. Die immer wiederkehrende Frage, wie Leute hier – mit ständigem Blick auf die halb verfallenen ehemaligen Industrieanlagen – überhaupt wohnen können und die Tatsache, dass die derzeit hier ansässige Wohnbevölkerung nach und nach ausstirbt, finden in den Berichten von der Exkursion immer wieder Erwähnung und verweisen damit auf für die Exkursionisten bedeutsame Zusammenhänge. Insgesamt wird in den Berichten sichtbar, dass die Exkursionisten weniger konsequent an der Erledigung der ihnen gestellten Aufgaben gearbeitet haben als dass sie versuchten, ihre je subjektive Betroffenheit zu verarbeiten, welche die Begegnung mit dem Exkursionsgebiet ausgelöst hat. Nicht das schlechteste aller möglichen Ergebnisse für eine Exkursion, wie ich finde.

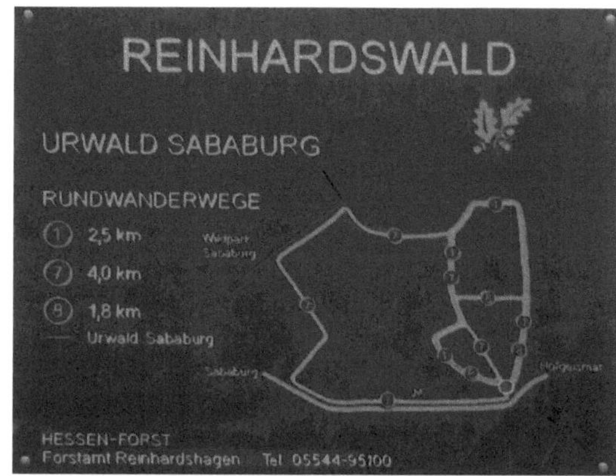

Ein wichtiges Ziel dieser Exkursion ist für mich, den oft vernachlässigten Kontakt zur Natur wieder auf zu frischen und das Wissen über den Wald und die Natur zu erweitern. Die Exkursionisten sollen darüber hinaus exemplarische Erkenntnisse über die Waldentwicklung und den Tourismus innerhalb Deutschlands gewinnen. Die Schnittstellen zwischen Forstwirtschaft, Naturschutz und Tourismus können mit einer solchen Exkursion sehr gut dargestellt und anschaulich gemacht werden. Auch auf die Entwicklung des ländlichen Raumes im Allgemeinen kann eingegangen werden. Die Exkursion soll in einer kritischen Auseinandersetzung mit dem Thema „Ferien in der Natur" münden, damit auch das eigene Verhältnis zum Wald reflektiert wird und ein Bezug zum eigenen Verhalten hergestellt werden kann.

Eine Vorbereitungsveranstaltung für die Exkursion ist nicht geplant. Eine erste Besprechung wird am Treffpunkt (Parkplatz Tierpark Sababurg erfolgen. Auf der Wanderung zum Urwald werden „Info-Stopps" eingelegt.

Die Erkundung des Gebietes soll in Abhängigkeit von der Teilnehmer/-innenzahl entweder in kleineren Gruppen oder aber bei maximal sechs Personen zusammen erfolgen. Bei dieser Erkundung sollen Arbeitsfragen blickführend sein; wie beispielsweise:

Wie ist die Altersstruktur der Waldbestände? Wie sieht die Umgebung aus? Wie sind die Bäume angeordnet und welche Zwecke könnte das haben? Wo liegt die Besonderheit des sogenannten Urwaldes? Sind Auswirkungen des Tourismus sichtbar? Wenn ja, wie ließen sich diese dokumentieren?

Da am Wochenende wahrscheinlich Spaziergänger unterwegs sein werden, könnten diese befragt werden warum sie in den Urwald kommen und woher sie kommen. Das ginge auch ohne Befragung, z.B. durch eine Auswertung der Kfz-Kennzeichen auf dem Parkplatz. Es wäre interessant, heraus zu bekommen, ob nur Besucher aus der näheren Umgebung kommen oder auch aus der Region oder sogar aus ganz Deutschland.

Verschiedene Exkursionsmethoden können angewendet werden. Man kann beobachten, interviewen, erkunden, auch kartieren etc. Bestimmte Ergebnisse ließen sich mit Hilfe der Digitalfotografie gut visualisieren. Für Informationen über die Waldentwicklung des Reinhardswaldes, seine Funktion und Erläuterungen anhand konkreter Beispiele habe ich Herrn Forstdirektor Schulzke als Experten gewinnen können. Um den Tourismus-Aspekt besser erfassen zu können, möchte ich mit den Studierenden über die Vor- und Nachteile des geplanten Projektes „Ferienresort Beberbeck" diskutieren. Ich erwarte, dass die Diskussion unter

Einbeziehung der im Verlauf der Exkursion gesammelten Erkenntnisse stattfinden wird.

Vorbereitung und Vorexkursion

Die Hintergrundidee zu einer Exkursion in den Reinhardswald liegt darin, dass heutzutage der Kontakt zur Natur immer mehr verloren geht. Viele Menschen leben in Städten, aus denen sie nur selten herauskommen. Besonders Kindern fehlt ein Verhältnis zur Natur und viele waren noch nie in einem richtigen Wald. Die virtuelle Welt bestimmt vielmehr zunehmend den Alltag. Es ist allgemein bekannt, dass Kinder immer seltener die Wohnung verlassen, sich wenig bewegen und ihre Gesundheit darunter leidet. Den Kindern sollte daher ein Bewusstsein für Natur und Umwelt vermittelt werden. Eine Exkursion in einen Wald ist eine sehr gute Möglichkeit. Besonders der Reinhardswald, der durch die Gebrüder Grimm und das Dornröschenschloss einen romantischen, märchenhaften Charakter hat, bietet sich dafür an. Touristisch hat er viel zu bieten. Neben dem eben erwähnten Dornröschenschloss, der Sababurg, gibt es am Fuße der Sababurg einen Tierpark mit vielen heimischen Tierarten. Des Weiteren befindet sich in der Nähe der sogenannte „Urwald", der mit seinen uralten Eichen und Buchen unberührte Natur repräsentiert. Die Forstämter stehen für Führungen von Schulklassen zur Verfügung und haben sogar für Blinde einen „Blindenpfad" eingerichtet, um die Natur auch für diese Zielgruppe erlebbar zu machen.

Eine Exkursion in den Wald bietet auch für viele Studierende eine Abwechslung und weckt bei dem einen oder anderen vielleicht größeres Interesse. Die Exkursion soll dazu beitragen den Wald als Unterrichtsgegenstand und als Teil unserer Umwelt näher zu bringen und die Studenten zu motivieren vielleicht dasselbe später mit ihren Schülerinnen und Schülern zu machen. Wandertage sind gerade für den Erdkundeunterricht von großer Bedeutung und sollten entsprechend genutzt werden.

Ich selbst bin in einem Forsthaus mitten im Reinhardswald, fern ab von Dörfern und Nachbarn, aufgewachsen und bin während meiner gesamten Kindheit täglich im Wald unterwegs gewesen. Schüler würden sehr davon profitieren aber leider kümmern sich viele Eltern nicht darum, ihren Kindern insbesondere ein Bewusstsein für Natur und Umwelt zu vermitteln und ihnen beizubringen, die Natur zu schätzen und ihnen die Wichtigkeit für unser Leben zu verdeutlichen. Klimaveränderung, Erderwärmung etc. sind täglich in den Medien und es wäre wichtig, Kinder früh zu sensibilisieren wie sie dazu beitragen können die Umwelt zu schützen.

Beim Literaturstudium über den Reinhardswald sowie speziell über den Urwald und den Friedwald haben sich für mich gewisse inhaltliche Kernpunkte herauskristallisiert, die ich mit der Exkursion gern bearbeiten möchte. Immer wieder fanden sich Hinweise auf Waldschäden durch den Tourismus, wie beispielsweise die Beschädigung von Bäumen, Müllablage und Lärmbelästigungen. Während der Exkursion sollte speziell auf die Auswirkungen, Probleme, Vor- und Nachteile des Tourismus eingegangen werden.

Um die Exkursionsgruppe kompetent führen zu können, war es wichtig vorher den Ort der Exkursion schon einmal selbst zu erkunden und Ideen zu sammeln. Aus diesem Grund fuhr ich zwei Tage vor der Exkursion schon einmal zum Urwald und ging die geplante Strecke ab und notierte dabei Ideen und Fragen, die ich mir stellte, die ich dann an der eigentlichen Exkursion auch den Kommilitonen stellen würde.

Da das Augenmerk speziell auf den Tourismus gelegt werden sollte, habe ich mir die Autos am Parkplatz angeschaut. Es war Freitag Mittag und es standen fünf Fahrzeuge dort. Eins aus Berlin, eins aus Bremen, eins aus Homberg und zwei aus Kassel. Dies bestätigte die Annahme, dass nicht nur Leute aus der Umgebung den Urwald besuchen. Ich war gespannt, ob sich diese Momentaufnahme am Tag der Exkursion auch so bestätigen würde.

Während meiner Vorexkursion fielen mir zwei Aspekte besonders auf und ich wollte diese dann auch zur Diskussion stellen. Zum einen die Begehbarkeit des Urwalds. Die Wege sind sehr uneben, was bedeutet, dass ein Spaziergang durch den Urwald für Familien mit Kinderwagen oder auch Rollstuhlfahrer so gut wie unmöglich ist. Da stellt sich die Frage, ob diese Personengruppen überhaupt ein Interesse an einem Spaziergang durch einen „verwilderten" Wald haben und diese nicht lieber in den nahegelegenen Tierpark gehen?!

246

Der zweite Aspekt betraf die Verkehrsicherungspflicht, der immer dann Bedeutung erlangt, wenn neben dem freien Zugang zur unberührten Natur der Anspruch einer gewissen Sicherheit zu erfüllen ist. Der konkrete Fall ergab sich anlässlich der Begehung wie folgt: Ein Paar mit zwei Kindern und ein älterer Herr standen vor der Kamineiche, einem toten Baum, der durch Schimmel im Kern von innen hohl ist und in den man durch einen großen Riss im Stamm in die Innenhöhle hineingehen kann. Für Kinder ist dies ein großer Spaß. Sie kletterten rein, holten Äste, bauten etwas und die Eltern sahen zu. Anhand dieser typischen Situation stellt sich die Frage: Ist es in Ordnung, Kinder dort spielen zu lassen obwohl sie sich verletzen können oder sollte man solche „Kletterbäume" absperren oder Schilder aufstellen die das verbieten? Aber würde das nicht den Charakter des Urwaldes zerstören? Ist es überhaupt sinnvoll, Schilder in einem Naturschutzgebiet aufzustellen? Diese Fragen sollten bei der Exkursion zwischen den Kommilitonen weiter erörtert werden. Vom Besuch des Friedwaldes habe ich bei meiner Vorerkundung abgesehen, um eine stattfindende Trauerfeier nicht zu stören. Vor der eigentlichen Exkursion fertigte ich dann noch ein Faltblatt mit dem Programm und einigen Eckdaten zur Exkursion an, die jedem Exkursionsteilnehmer zu Beginn der Exkursion ausgehändigt wurde.

Am 06. Januar 2008 trafen wir uns am Eingang des Tierparks Sababurg. Ich habe diesen Ort als Treffpunkt bewusst ausgewählt, da er in der Region sehr bekannt ist und auch mit dem Bus erreicht werden kann. Ein Waldparkplatz wäre deshalb nicht so geeignet gewesen. Wir waren insgesamt neun Personen.

Die vorbereiteten Faltblätter mit den wichtigsten Daten sowie dem Programm wurden zunächst verteilt. Wir fuhren dann gemeinsam zum Parkplatz des Urwaldes, wo wir gleich feststellen mussten, dass bei dem etwas regnerischen Wetter leider nicht viele Touristen und / oder Spaziergänger den Urwald aufsuchen. Die Möglichkeit, anhand der Autos auf dem Parkplatz ein paar Eindrücke über die Verbreitung des Urwaldes bei Besuchern von weiter entfernt zu erlangen, ließ sich Mangels Fahrzeugen nicht sehr gut realisieren.

Am Startpunkt des Urwald-Weges gab ich einige Informationen zum Reinhardswald und zum Urwald. Einer der Kommilitonen fragte, woher der Reinhardswald seinen Namen hat. Forstdirektor Schulzke, der sich bereit erklärt hatte, die Exkursion als Forstfachmann und Experte zu begleiten, erläuterte die Namensgebung anhand der nachfolgenden Anekdote zu der Geschichte.

Der Reinhardswald ist mit seiner über 200 qkm großen Fläche eines der Größten Waldflächen und am geringsten besiedelten Gebiete Deutschlands. Es führen nur wenige Straßen durch den Reinhardswald. Er ist damit das größte geschlossene Waldgebiet in ganz Hessen. Der gesamte Reinhardswald erstreckt sich von Kassel bis Bad Karlshafen, sowie Hann. Münden und Hofgeismar. Es lässt sich eine Vielfalt von Flora und Fauna im Reinhardswald entdecken. Durch die Gebrüder Grimm, die 30 Jahre lang in Kassel lebten, gilt der Wald als sehr romantisch und märchenhaft. Die Sababurg wird auch als das Dornröschenschloss aus dem Grimmschen Märchen Dornröschen bezeichnet. Der Wald ist sehr vielfältig und hat vieles zu bieten. Seine alten knorrigen Eichen und Buchen im „Urwald" verleihen dem Gebiet einen einzigartigen Charakter.

Der Urwald ist kein Urwald im üblichen Sinne. Es ist ein ca. 92 ha großer Hutewald. Ein Hutewald ist ein Wald, der einst als Waldweide genutzt wurde. Vieh wurde in den Wald getrieben, damit es die Eicheln und Waldfrüchte fressen konnten. Die Schweine wurden dabei ‚gehütet' – daher der Name. Hutewälder sind meist sehr offene Wälder mit wenig Unterwuchs. Der Urwald im Reinhardswald wurde 1907 auf Initiative des Malers Theodor Rocholl unter Naturschutz genommen, der dort viele Landschaftsgemälde anfertigte. Deshalb  ist der Urwald auch als „Malerreservat" bekannt. Im Urwald befinden sich vor allem Huteeichen, die etwa 200 – 600 Jahre alt sind und Buchen die über 400 Jahre alt sind. Da es ein Naturschutzgebiet ist, greift die Forstwirtschaft nicht mehr ein. Aus diesem Grund bleiben tote und kranke Bäume liegen und geben somit Pilzen und Käfern einen Lebensraum, die diese alten Bäume dann zersetzen.

Die Exkursionisten wurden von mir aufgefordert, sich die Informationstafeln anzusehen und dabei auch auf Kleinigkeiten zu achten. Unter anderem war der Text auf der Informationstafel nämlich auch in Englisch, Französisch und Spanisch abgebildet, was sehr überraschte, aber wiederum zeigt, dass man versucht den Urwald auch für internationale Besucher zugänglich zu machen. Die Begehung folgte der von mir vorher auserwählten Strecke von ungefähr 1,8 km und mit Stopps bei einigen charakteristischen Punkten, wie z.B. der Kamineiche, ein paar entwurzelten Bäumen, einem Baum der von einem Blitz getroffen wurde, der Wappeneiche und bei einer sehr alten Buche. Neben ein paar generellen Informationen konnten ein paar fachspezifische Dinge vorgestellt werden. An ein paar entwurzelten Birken und Fichten konnte demonstriert werden, warum diese Bäume (besonders bei dem Sturm Kyrill im letzten Jahr) recht leicht entwurzeln. Das Wurzelwerk geht nicht sehr tief; es ist flach aber breit gefächert. Der Boden ist tonhaltig und sauerstoffarm. Deshalb kann das Wasser im Boden nicht gut ablaufen und staut sich. Das Wurzelwerk kann sich dadurch nicht gut ausbilden, was es dem Wind leichtmacht, die Bäume aus dem Boden zu reißen.

Im Verlauf der Exkursion konnte ein Spaziergängerpaar angesprochen und interviewt werden. Das Ehepaar kam aus Wuppertal. Sie hatten bereits vor einigen Jahren vom Urwald gelesen und besuchen seitdem immer den Urwald, wenn sie zum Urlaub in der Gegend sind. Sie sagten uns, dass sie schon vor Jahren mit ihren Kindern hier waren und diese immer sehr viel Spaß hatten in den alten Bäumen rum zu klettern und zu spielen. Es sei der Charakter des Urwaldes der sie immer wieder herzieht. Auf die Frage, ob sie es besser fänden, wenn es befestigte Wege und mehr Schilder gäbe, verneinten sie sofort und sagten uns, dass dies das Flair dieses Waldes zerstören würde. Auch wenn es in unserer Gesellschaft immer darum geht, niemanden zu benachteiligen, waren die Exkursionisten der Meinung, dass es auch Grenzen geben muss. In diesem Fall würde eine Umgestaltung des Urwaldes zu Gunsten von Behinderten (z.B. Ausbau des Wegenetzes) das Bild und den Charakter

250

des Naturschutzgebietes zerstören. Daraus ergibt sich die Notwendigkeit, an geeigneten Stellen entsprechende Einrichtungen zu schaffen, die allen Zielgruppen ein ungetrübtes Naturerlebnis ermöglichen. Im Bereich der Stadt Kassel (Naturpark Habichtswald), sind daher bereits beispielsweise rollstuhl- oder sehbehindertengerechte Naturinformationspfade erfolgreich aufgebaut worden. Kind- und jugendgerechte Walderlebnispfade tragen dazu bei, Lern- und Spaßeffekte optimal zu kombinieren. Was die Belastung des Urwaldes durch Tourismus betrifft, konnten lediglich Spuren um die alten toten Bäume herum festgestellt werden, die wahrscheinlich durch die vielen Kinder die in die hohlen Eichen klettern verursacht wurde. Trotz Fehlens von Mülleimern wurde kein Müll gefunden. Dies kann als Indiz gewertet werden, dass sich vor allem Besucher für den Spaziergang im Urwald entscheiden, die ein ausgeprägtes Naturbewusstsein aufweisen.

Am Ende der Strecke, wieder am Startpunkt angekommen, wurde über die Funktion von Wald unter dem Eindruck der Exkursion diskutiert. Die Teilnehmerinnen und Teilnehmer trugen die verschiedenen Funktionen, die ein Wald erfüllt, zusammen. Kurzgefasst lässt es sich mit folgenden Stichworten ausdrücken: „Schutz - Nutz - Erholung". Der Wald ist ebenso Erholungsort, wie er dem Bodenschutz (Erosionsschutz) dient; trägt zum Klimaschutz ebenso bei wie zum Gewässerschutz. Er bietet einen einzigartigen Lebensraum für Tiere und Pflanzen. Schließlich durfte auch der Aspekt der Bewirtschaftung nicht ungenannt bleiben. Als Lieferant des nachwachsenden Rohstoffs Holz hat der Wald eine wichtige Bedeutung. Daraus ergibt sich die Frage, ob es überhaupt möglich ist, mehrere Funktionen auf gleicher Fläche zu erfüllen. In Deutschland versucht man durch geschickte Bewirtschaftung mehrere Funktionen auf einer Fläche zu vereinen, wohingegen man in den USA ökologische von ökonomischen Faktoren trennt. Dort gibt es zum einen Nationalparks und auf der anderen Seite Orte, die nur zu ökonomischen Zwecken genutzt werden. Dort trennt man die Funktionen voneinander. Um diese Diskussion noch weiter zu vertiefen, stellte ich das Projekt des geplanten Ferienresorts Beberbeck vor und wir sprachen über Vor- und Nachteile, Probleme und ob dieses Projekt das momentane Bild und die „stille Erholung" im Reinhardswald nicht zerstören würde.

Das geplante Ferienresort Beberbeck

Das Projekt Ferien- und Freizeitresort Beberbeck beinhaltet eine Umgestaltung und neue Nutzung einer hessischen Staatsdomäne, einem ehemaligen preußischen Gestüt. Geplant ist eine Ferienanlage, ähnlich dem ‚Center-Parks'-Konzept. Das Hotel soll nach der Fertigstellung etwa 7100 Gästebetten zur Verfügung stellen. Zu der gesamten Ferienanlage werden drei Golfplätze und eine Reitanlage mit Ställen gehören. Freizeitaktivitäten, die angeboten werden sollen, beinhalten daher auch Gelände- und Distanzreiten, Ausflüge per Pferd, Pony oder Kutsche aber auch geführte Fahrrad- und Mountainbiketouren sowie Kanufahrten auf der Diemel. Dieses eher umweltfreundliche Angebot wird erweitert durch Fahrten mit Quads und Geländemotorrädern. Dennoch ist das geplante Angebotsprofil der Freizeitaktivitäten deutlich am Naturerleben orientiert, da Natur- und kulturorientierte Exkursionen ebenso auf dem Programm stehen sollen wie diverse Wanderungen, Fotosafaris und Walking.

Einerseits ist da die romantische Geschichte der Gebrüder Grimm um Dornröschen und die Sababurg. Der Tierpark mit Museum und der Urwald mit seinen uralten Bäumen und unberührter Vegetation sind zwar ein attraktiver Anziehungspunkt für Besucherinnen und Besucher, doch eher für den Individual- als für den Massentourismus geeignet und ausgelegt. Genau dieser Massentourismus hält aber Einzug, wenn das geplante Resort mit über 7000 Hotelbetten wirklich realisiert wird.

Wer würde überhaupt dort Urlaub machen? Würden die Menschen, die gerade den derzeitigen Naturpark lieben, dann überhaupt noch kommen? Würde man, wenn man ein Ausländer wäre und in Deutschland Urlaub machen will, in ein Ferienresort in den Reinhardswald fahren? Erscheinen die angestrebten Resultate, Feriengebiet mit zahlreichen Arbeitsplätzen unter den gegebenen Umständen realistisch zu sein? Es schien unserer Gruppe doch recht unvorstellbar, dass dieses Gebiet in Zukunft von großen Besuchermassen durchströmt werden soll. Vor allem, weil wir auf unserer Exkursion soeben die hier herrschende Stille genossen hatten.

252

Die drei Organisationen *Bund für Umwelt und Naturschutz Deutschland* (BUND), der *Naturschutzbund Altkreis Hofgeismar* (NABU Ortsgruppe) und die *Hessische Gesellschaft für Ornithologie und Naturschutz* (HGON) lehnen das Projekt insbesondere wegen seiner umweltrelevanten Auswirkungen grundsätzlich ab. Momentan sei, so der Tenor, die Region nicht auf eine so enormen Belastung eingestellt. Es fehlen zum Beispiel ausreichende Straßen. Der gesamte Bau hätte enorme Auswirkungen auf Tier- und Umwelt. Die Lärmbelastung kann zum Beispiel die Vogelwelt und Fledermauspopulation erheblich schädigen. Und dabei ist es überhaupt fraglich ob dieses Konzept Erfolg haben wird. Auch befürchten die drei Organisationen, dass die im Reinhardswald lebende Wildkatze, die äußerst selten ist, durch dieses Projekt gefährdet wird. Die Grundbelastung durch Müll und Abwasser wird in jedem Fall steigen. Es bestehen auch ernsthafte Befürchtungen, dass der Wasserhaushalt des Reinhardswaldes gestört und beeinträchtigt werde. Für die Gegner des Resorts steht fest, dass die Wahrung der ökologischen Qualität oberste Priorität hat.

Der Friedwald im Reinhardswald

Abschluss der Exkursion bildete ein Besuch im Friedwald. Im Schutz von ein paar Bäumen, auf einem Platz der mit Hackschnitzeln ausgelegt war und eine Art Altar mit Tannenzweigen und sonst anscheinend für Trauerfeiern genutzt wird, gab ich den Exkursionisten wieder einige Informationen zum Friedwald.

Der Friedwald im Reinhardswald wurde 2001 eröffnet und war damit der erste Friedwald in der gesamten Bundesrepublik. Mittlerweile gibt es 22 Friedwälder in Deutschland. Wie der Name schon sagt, findet man hier seinen Frieden, das bedeutet, dass man nach dem Tod am Fuße eines Baumes bestattet werden kann. Jeder Baum ermöglicht maximal zehn Personen an seinem Fuße die letzte Ruhe zu finden. Ein Grab wird für 99 Jahre geschützt. Man kann sich an einem Familienbaum oder Freundschaftsbaum beisetzen lassen. Es ist nur eine Urnenbestattung möglich, was bedeutet das Personen die sich nicht verbrennen lassen möchten oder deren Religion es ihnen verbietet, es nicht möglich ist im Friedwald beerdigt zu werden. Die Urnen sind aus biologisch abbaubarem Material und geruchsneutral damit man nicht befürchten muss, dass diese von Wildtieren ausgegraben werden. Zur Sicherheit werden sie jedoch auch tief genug eingegraben. Die Grabpflege übernimmt die Natur. Der Friedwald ist nicht vom umliegenden Waldgebiet abgegrenzt. Es dürfen keine Gestecke oder Blumensträuße niedergelegt werden. Es soll, auch wenn es ein Friedwald ist, trotzdem ein natürlicher Wald bleiben. Es ist lediglich erlaubt, Blüten auf das Grab zu streuen. Es gibt auch kein Kreuz oder Grabstein. Jeder Baum bekommt lediglich eine kleine Plakette worauf allein der Name steht.

Das Friedwaldkonzept wird immer beliebter. Viele Menschen kommen bereits zu Lebzeiten und reservieren sich einen Baum, an dem sie später beigesetzt werden möchten. Im Reinhardswald sind es mittlerweile schon um die 500 Bestattungen pro Jahr. Ein Friedwald wird durch eine Kooperation von Kommune, Forstverwaltung und dem Unternehmen Friedwald ins Leben gerufen. Im Wesentlichen bestimmen zwei Aspekte die Entscheidung, sich im Friedwald beisetzen zu lassen. Zum einem wird damit eine Naturverbundenheit dokumentiert. Zum anderen lassen sich viele Menschen hier bestatten, um ihre Nachkommen von der Grabpflege zu entlasten. Sie reagieren damit auch auf den Trend in unserer Gesellschaft zur Mobilität. Die Familien leben nicht mehr in einem lokal begrenzten Gebiet. Nachdem wesentliche Informationen ausgetauscht und einige Fragen diskutiert wurden, gingen wir durch einen Teil des Friedwaldes und betrachteten einige Grabstellen. Von einem Mitarbeiter des Friedwaldes, einem pensionierten Förster, der sich dort um alles kümmert, konnten noch einige Fragen beantwortet

254

werden. Wir erfuhren zum Beispiel, dass vielen Menschen der Gedanke gefällt, ein Teil des Baumes zu werden, mit ihm zu wachsen und irgendwann an der Baumkrone anzukommen und dem Himmel damit ein Stück näher zu sein. Manchmal reden Angehörige auch mit den Bäumen. Der Verstorbene ist nun Teil von etwas Lebendigem. Ein interessanter Aspekt der erörtert wurde, war die Frage, wer etwas gegen den Friedwald haben könnte. Steinmetze und Friedhofsgärtner fürchten die Konkurrenz. Für Katholiken ist eine Bestattung im Friedwald undenkbar, da der Katholizismus eine Feuerbestattung ablehnt (obwohl sie seit den 1960er Jahren nicht mehr verboten ist). Es bestehen auch individuelle Vorbehalte, die sich in der jeweiligen persönlichen Einstellung zur Trauer begründen.

Fazit der Exkursion

Insgesamt ziehe ich insbesondere angesichts der kurzfristigen Anberaumung der Exkursion, bedingt durch die Weihnachtsferien, insgesamt ein positives Fazit. Die Berichte meiner Kommilitonen zeigen, dass sie das ein oder andere dazugelernt haben und es auch genossen, den Wald wieder näher gebracht zu bekommen. Wenn ich diese Exkursion jedoch mit Schülerinnen und Schülern durchführen würde, würde ich einiges anders machen. Für Kinder und Jugendliche müssen andere Dinge im Mittelpunkt stehen. Da sollten eher Baumarten, die verschiedenen Funktionen vom Wald und der Umweltschutz im zentralen Blickfeld stehen und vielleicht nicht unbedingt die Auswirkungen des Tourismus. Es kommt natürlich auch darauf an welche Klassenstufe man unterrichtet.

Bei einer Wiederholung der Exkursion und längerer Vorbereitungszeit, böte sich eine Verlegung in den Sommer an und die Einbindung praktischer Aufgaben. Natürlich wäre es interessanter gewesen, wenn die Teilnehmer eigene Untersuchungen hätten durchführen können. Sie hätten zum Beispiel selbst Informationen sammeln können, den Urwald auf eigene Faust erkunden und Ideen und Erkenntnisse zusammentragen können. Hierauf musste aus Witterungsgründen verzichtet werden. Wie eine Kommilitonin in ihrem Bericht angemerkt hat, gab es keinen richtigen Abschluss. Man hätte vielleicht noch einmal kurz alle Ergebnisse zusammentragen lassen können, also ein Resümee erstellen. In

Anbetracht der Wetterverhältnisse und des Fehlens geeigneter Räumlichkeiten wurde darauf verzichtet. Auch diese Erfahrung spricht, vor allem wenn Kinder und Jugendliche beteiligt sind, für eine Verlegung entsprechender Exkursionen in eine passende Jahreszeit.

4.2.1   „... DEN WALD VOR LAUTER BÄUMEN NICHT ..." AUSGEWÄHLTE PROTOKOLLARISCHE EXTRAKTE ZUR EXKURSION IN DEN REINHARDSWALD

Inga Bode: Bericht zur Exkursion in den Reinhardswald

Der Treffpunkt zu dieser Exkursion war der Parkplatz des Tierparks Sababurg. Bereits auf dem Weg dorthin fuhr man lange durch Wald. Wie sich später herausstellen sollte, gehörte auch dieser Teil zum Reinhardswald, der eines der größten Waldgebiete Deutschlands ist. Im Bundesland Hessen ist es sogar das größte in sich geschlossene Waldgebiet. Im Rahmen der Exkursion erkundeten wir zwei Bereiche des Reinhardswalds: den „Urwald" und den „Friedwald".

Beim „Urwald" handelt es sich nicht um tropischen Urwald, wie wir ihn aus Südamerika oder anderen Ländern kennen. Der nordhessische Urwald ist ein Stück des Waldes, das dem natürlichen ökologischen Prozess überlassen wird. Es liegt sozusagen brach und es werden forstwirtschaftlich keine Maßnahmen durchgeführt. Seit 1907 ist es ein Naturschutzgebiet. Es wurde aufgrund der Initiative einiger Maler unter Schutz genommen, die die Atmosphäre inspirierte. Besonders imposant ist das Totholz. Zahlreiche liegende oder stehende tote Reste von Bäumen schaffen eine besondere Atmosphäre. Für den Betrachter bieten sie eindrucksvolle Bilder und für die Bewohner des Waldes Lebensraum. Arten, die totes Holz für ihre eigene Entwicklung brauchen, wie z.B. bestimmte Arten von Pilzen, können sich hier ungestört entwickeln, während sie in anderen Wäldern schon längst beseitigt worden wären. Manche der toten Bäum haben sogar Namen wie z.B. die „Kamineiche". Auch die Eiche aus dem Wappen des Landkreises Kassel kann man im Urwald finden. In diesem Teil des Waldes findet man außer einer Tafel am „Eingang" keine Informationen. Trotzdem ist der Urwald ein Magnet für Touristen aus vielen Teilen Deutschlands. Im Rahmen der Exkursion stellten wir uns die Fragen: „Welche Art von Touristen besuchen den Urwald?" und „Ist die Präsentation des Urwaldes adäquat oder braucht man für den Tourismus weitere Beschilderung oder / und befestigte Wege?“

Aus einem Gespräch mit Spaziergängern ging hervor, dass diese schon seit etlichen Jahren hierher kommen, da es für sie ein „besonderer Wald“ ist. Gerade der natürliche Charakter des Urwaldes machte für sie den Reiz aus. Die Besucher des Waldes sind wohl Familien mit Kindern, wanderfreudige und naturverbundene Erwachsene oder Gruppen wie Schulklassen oder Studenten mit einem speziellen Anspruch. In jedem Fall müssen alle gut zu Fuß sein, da sie sonst die unbefestigten Wege nicht passieren könnten. Dies führt zu der Frage, ob man den Wald so herrichten müsste, dass man ihn auch per Rollstuhl oder Kinderwagen erkunden könnte. Allerdings ginge dann ein großes Stück der Natürlichkeit und des Charakters des Urwaldes verloren.

Nachdem wir uns einen Eindruck vom Urwald verschafft hatten, ging es um die Frage, wie das Projekt des Ferienresorts Beberbeck mit dem Urwald und seiner Art von Tourismus zu vereinbaren ist. In Beberbeck soll ein großes Gelände mit luxuriösen Hotels mit bis zu 7000 Betten, Golfplätzen, Reitanlagen und künstlich angelegter Seenlandschaft entstehen. Das Vorhaben kostet ca. 400 Millionen Euro. Das Konzept des Freizeithotels in Beberbeck unterscheidet sich erheblich vom Konzept des Reinhardswalds mit Tierpark, der Sababurg, dem Urwald und dem Friedwald. Überspitzt gesehen, prallen hier wohl zwei Besuchergruppen mit unterschiedlichen Vorstellungen aufeinander. Langfristig könnte es so sein, dass die eine die andere Gruppe verdrängen wird. Und meistens wird die Gruppe bleiben, die den größeren politischen und gesellschaftlichen Einfluss und die stärkeren finanziellen Mittel hat.

Die Exkursion in den Reinhardswald war zu großen Teilen eine Übersichtsexkursion. Eva Schulzke als Exkursionsleiterin empfing uns, präsentierte uns das Programm, auch mittels einem kleinem selbst entworfenen Heftchens, und führte uns durch die Wälder. Als Experte kam ihr Vater dazu, der eine leitende Position im Kasseler Forstamt Inne hatte. Im Urwald gingen wir eine Art Rundweg, der uns an markanten Punkten vorbeiführte. Eva hatte die Strecke vorher ausgesucht und erkundet. Am Anfang des Rundganges und an einzelnen Stationen gab sie uns Informationen. Die Atmosphäre wurde aufgelockert durch die interessanten

Einwürfe ihres Vaters, der über viel Wissen verfügt. Teilweise wechselten sie sich in der Leitungsfunktion ab.

Im Urwald führte Eva ein kurzes Gespräch mit Spaziergängern um etwas über deren Hintergründe zu erfahren. Danach berichtete sie uns davon. Wir konnten zu jeder Zeit Fragen an sie oder ihren Vater stellen. Am Ende des Teils der Exkursion im Urwald regte Eva uns mit einigen provokanten Fragen zur Diskussion an.

Im zweiten Teil im Friedwald kam es zuerst zu einer kleinen Einführung in der dortigen „Waldkapelle". Eva gab uns Hintergrundinformationen. Wir fragten und ihr Vater ergänzte. Im Anschluss daran, gingen wir einige Schritte durch den Friedwald um uns einen Eindruck zu verschaffen. Zufällig trafen wir einen Herrn, der im Friedwald arbeitet, und hatten so die Möglichkeit weitere Frage zu stellen und Antworten aus erster Hand zu bekommen. Einen richtigen Abschluss oder Schlusspunkt der Exkursion gab es leider nicht. Insgesamt war die Auseinandersetzung mit dem Reinhardswald eine gute Erfahrung. Für mich war dieser Wald gänzlich neu. Die beiden Bereiche, Urwald und Friedwald, machten exemplarisch die Vielfalt dieses Gebietes deutlich.

Die verwendete Methode fand ich weniger gut, denn ich glaube, man hätte mit dem Wald als Exkursionsgegenstand wesentlich mehr anfangen können, gerade in diesen beiden Gebieten, die so viel Atmosphäre bieten. Man hätte die Teilnehmer ungeleiteter den Wald erkunden lassen und ihnen verschiedene Aufgaben an die Hand geben können. Evas Vater als Experte hätte alle Fragen beantworten können, die aufgekommen wären.

Auch mit Schulklassen halte ich diese Orte geeignet als Ziel einer Exkursion. Viele Schüler haben keinen Wald mehr in ihrem Nahraum und kennen ihn oft nur aus Erzählungen. Eine Exkursion in den Reinhardswald könnte diese Lücke schließen und auch den Kindern, die sich schon mit dem Thema Wald auseinander gesetzt haben, noch neue Facetten aufzeigen. Eventuell sollte man vorher Versicherungsfragen klären (aufgrund der unbefestigten Wege und Gefahren im Urwald). Ich glaube, dass gerade die eigene Auseinandersetzung mit dem Wald noch viel mehr Eindruck hinterlassen kann, als er das schon so getan hat.

Tim Reitz: Exkursion Reinhardswald

Die Exkursion durch den Reinhardswald unter Leitung von Eva Schulzke war für mich als Nordhesse eine willkommene Gelegenheit, die heimische Region etwas besser kennen zu lernen. Obwohl mir der Tierpark Sababurg als Magnet für Touristen und beliebtes Ziel für Wochenendausflüge von Familien und auch der Urwald Reinhardswald bekannt waren, erfuhr ich – auch durch die Fachkenntnisse von Herrn Schulzke – weitere interessante Aspekte, die einige diskussionswürdige Fragen aufwarfen. Bevor ich aber auf diese Fragen eingehe bzw. die Diskussionspunkte erläutere, möchte ich zunächst inhaltlich ausführen, was mir als Exkursionsteilnehmer „hängen geblieben" ist. Dabei beziehe ich auch methodische Überlegungen, nach denen die Exkursion durchgeführt wurde, mit ein.

Der Treffpunkt auf dem Parkplatz des Tierparks Sababurg erschien mir besonders geeignet, da die Burg und auch der Tierpark bereits kilometerweit im Voraus ausgeschildert waren. So war ein schnelles Konstituieren der Gruppe auch für Nicht-Ansässige problemlos möglich. Nachdem sich alle Exkursionsteilnehmer am Treffpunkt eingefunden hatten, stellte Eva zunächst ihren Vater vor, der als Förster momentan in Georgien tätig ist, über die Weihnachtszeit aber zu Hause sei. Er kenne sich natürlich besonders gut in seinem „Heimatwald" aus und stünde uns für Fragen jederzeit zur Verfügung. Anschließend händigte uns Eva einen Flyer mit Informationen zum Programmablauf und zum Reinhardswald aus. Nach einem kurzen gemeinsamen Blick darauf und wenigen Erläuterungen zum Konzept der Exkursion, brachen wir zum Urwald auf. Das Hauptaugenmerk bei uns Teilnehmern soll auf dem Tourismus und dessen Spuren im Wald sowie mögliche Einflüsse auf den Wald bzw. die Region liegen. Anschließend hielten wir nach Fahrzeugen Ausschau, die uns Aufschluss über die Herkunft der Besucher des Urwaldes geben sollten. Leider war zu diesem Zeitpunkt niemand zu sehen, auch auf dem Parkplatz stand kein PKW. Erst später beim Durchwandern des Urwaldes trafen wir ein Pärchen an, das uns gerne Auskunft gab. Die Frau schilderte uns, dass sie aus Wuppertal kämen und bereits seit über

18 Jahren den Reinhardswald als Urlaubsort besuchen würden. Die Naturbelassenheit sei in diesem Naturschutzgebiet einmalig. Wer Ruhe und Erholung suche, wäre hier inmitten von über 200 – 400 Jahre alten Bäumen goldrichtig. Der Mann führte noch an, dass es bei Wuppertal zwar auch schöne Wälder gäbe, jedoch keinen, der so faszinierend wäre, wie dieser. Besonders die prächtigen Auswüchse der sehr alten Eichen bzw. die Formen der sich im Zerfall befindlichen toten Eichen seien eine Augenweide. Um den Reinhardswald gibt es viele Sagen. Die zweifelsohne bekannteste handelt von ihm als Märchenwald, durch den auch die weltberühmte Märchenstraße führt. Die Sababurg gilt als Dornröschenschloss.

Zu Beginn des Wanderpfades wurden wir von Eva auf ein großes Informationsschild aus Holz hingewiesen, auf dem zum Teil die bereits genannten und noch einige andere Fakten sowie Verhaltensanweisungen in Form eines Gedichts zu lesen waren. Dieses Schild lud die meisten Exkursionsteilnehmer zum Schmunzeln ein, da in einem aufgelockerten, netten Stil dazu aufgefordert wurde, selbstverständliche Dinge, wie bspw. das Mitnehmen von Abfall, zu beherzigen. Positiv aufgefallen war uns, dass diese Informationen auch auf Englisch, Französisch und Spanisch aufgeführt waren. Hinsichtlich des Tourismus-Aspekts kamen an dieser Stelle die ersten Fragen auf: Sind solche Schilder generell in einem Urwald sinnvoll? Sollten an geeigneten Stellen noch weitere Informations- und Hinweisschilder angebracht werden?

In diesem Zusammenhang erschienen uns zwei Herangehensweisen der Informationsbeschaffung als möglich. Entweder die Touristen informieren sich bereits vor einem Besuch im Urwald über diesen und wollen anschließend vor Ort das Gelesene oder Erzählte selbst erfahren. Oder aber die Touristen möchten erst den Urwald erleben, ohne dabei Vorkenntnisse zu besitzen, und nur bei Bedarf auftretende Fragen im Nachhinein beantwortet wissen. Das oben erwähnte Pärchen berichtete, dass sie vor langer Zeit das erste Mal Urlaub im Reinhardswald gemacht und sich erst im Anschluss bzw. auch erst in den folgenden Urlaubsjahren Informationen dazu geholt hätten. Wir nahmen an, dass der Großteil der Besucher so oder auf ähnlichem Wege zu Informationen von seinem Ausflugsort gelangt. Wir hielten als Ergebnis bei dieser Frage fest, dass es dennoch individuell sehr unterschiedlich sein kann, wie man diesen Wald erlebt. Ein Aspekt, der in dieser Hinsicht auch eine Rolle spielen könnte, ist das Alter und die körperliche Verfassung der Waldbesucher. Familien mit Kindern haben vermutlich eine andere Motivation, den Urwald zu besuchen als ein älteres Ehepaar. Für Kinder steht das Sich-Bewegen auf unwegsamem und unbekanntem Gelände im Vordergrund. Vor allen Dingen Kindern, die in der Stadt leben, dürfte der Kontakt zur Natur viel Freude bereiten, da sie vermutlich Bäume und andere Waldbewohner vorwiegend aus Parks oder dem Fernsehen kennen. Neue Sinnerfahrungen spielen demnach eine große Rolle. Zusammenfassen könnte man diese Aspekte auch unter dem Drang zum Spaßerleben. Es ist für Kinder ein Abenteuer, zwischen 200 – 600 Jahre alten Huteeichen zu spielen. Ein älteres Ehepaar hingegen spaziert höchstwahrscheinlich lieber durch den Urwald, um Ruhe und Entspannung zu erfahren. Würden zu viele Hinweisschilder im Urwald aufgestellt werden, würde dies die Naturbelassenheit und somit auch die individuelle Sinnfreiheit der Besucher beeinträchtigen. Da der Urwald ein Naturschutzgebiet darstellt, in dem auf künstliche Eingriffe des Menschen verzichtet wird, sollte unserer Meinung auch auf Hinweisschilder verzichtet werden. Das Holzschild am Eingang des Urwaldes empfanden wir als völlig ausreichend.

Um bei den unterschiedlichen Besuchern des Urwaldes zu bleiben, fielen uns Personengruppen ein, die schlechten Zugang zu diesen Naturerfahrungen haben. Dazu zählen vor allen Dingen Rollstuhlfahrer oder anderweitig gehbehinderte Personen. Außerdem ist das Mitführen von Kinderwagen äußerst ungünstig. Eine daraus resultierende Frage lautete: Sollte man diesen Personengruppen einen besseren Zugang zum Urwald durch den Bau von befestigten Wegen ermöglichen?

Diese Diskussion kennt man vorwiegend aus der Politik, die stets bemüht ist, diese Personengruppen mit zu berücksichtigen. Das Pärchen war sich bei dieser Frage einig: „Man kann es nie jedem Recht machen! Irgendwo sind diesen Leuten auch Grenzen gesetzt, so leid uns das tut. Aber durch den Bau von befestigten Wegen würde der naturbelassene Waldcharakter über Bord geworfen werden." Die Exkursionsteilnehmer waren derselben Meinung wie das Pärchen und lehnten diesen Spagat zwischen Gleichberechtigung aller Personengruppen und Beeinflussung des Naturschutzgebietes ab.

Im Laufe der Wanderung stellte uns Eva zwei weitere Fragen: Welche Funktionen könnte dieser Wald überhaupt haben? Was meint ihr, wie viele Funktionen es sind? Nach kurzer Bedenkzeit kamen die üblichen Funktionen eines Waldes zu Tage; der Wald mit seinem wirtschaftlichen Nutzen als Rohstofflieferant, als Versorger von Nahrung, Brenn- und Baustoffen, der Wald als Lebensraum für Flora und Fauna. Aber natürlich auch die Schutz- und Erholungsfunktion wurde genannt. Für den Urwald des Reinhardswaldes arbeiteten wir nur zwei Funktionen als elementar wichtig heraus. Zum einen gilt er als Naherholungsgebiet und zum anderen bietet er Lebensraum für zahlreiche Pflanzen- und Tierarten. Wälder in der Nähe großer Ballungszentren haben oftmals 13-15 Funktionen zugleich zu erfüllen. Bei steigenden Bevölkerungszahlen ist der Trend hin zu einer Mehrfunktionalität der Wälder nachvollziehbar.

Im weiteren Verlauf der Wanderung bekamen wir die Aufgabe, auf Spuren des Tourismus zu achten. Vor allen Dingen an toten Eichen, wie bspw. der „Kamineiche", die innen völlig ausgehöhlt ist, fanden wir Abschürfungen an Rinde und Wurzeln, die darauf hinwiesen, dass Personen das Bauminnere betraten. Wir nahmen an, dass Kinder auf diesen hohen Aufforderungscharakter anspringen und sofort das Neue entdecken wollen. Die Stellen um besonders auffallende Bäume waren generell durch wenig Pflanzenbewuchs und größere Flächen mit Abnutzungserscheinungen durch Besucher gekennzeichnet. Abfall oder sonstige Gegenstände, die wald-untypisch sind, fanden wir nicht.

Am Ende der ca. 2 km langen Wanderung berichtete uns Eva von der Domäne Beberbeck. Das ehemalige preußische Hauptgestüt fungiert gegenwärtig als hessische Staatsdomäne, dessen Schloss zu einem Altenheim umfunktioniert wurde. In Planung sei ein Golf-, Ferien-, Freizeit- und Tagungs-Resort, das unter anderem luxuriöse Freizeithotels, Golfanlagen und einen Binnensee beinhalten soll. Die Politik befürworte diesen Eingriff in den denkmalgeschützten Baukomplex, es fehlen aber noch private Investoren. Eva hatte in diesem Zusammenhang folgende Fragen an die Exkursionsteilnehmer:

Welche Konsequenzen hätte das Ferienresort Beberbeck? Welche Vor- und Nachteile seht ihr? Passt das Konzept Sababurg, Tierpark, Urwald, Friedwald zu einem Freizeithotel mit Golfplätzen?

Das Projekt erschien den meisten Exkursionsteilnehmern völlig kontrovers zur gegenwärtig erlebten Natur. Schwer vorstellbar war es für viele, dass Luxushotels in diese idyllische Umgebung gesetzt werden sollen. Die Naturbelassenheit würde durch künstliche Anlegung eines Binnensees und von Golfanlagen schwerwiegend beeinträchtigt. Aus diesen Gründen begegneten alle Exkursionsteilnehmer diesem Projekt mit Skepsis. Aus den weiteren Ausführungen von Herrn Schulzke wurde deutlich, dass nicht nur bei uns erhebliche Zweifel an diesem Projekt existieren. Ob das Projekt wirtschaftlich erfolgreich sein kann und zu einer nachhaltigen Belebung des Tourismussektors in Nordhessen führen wird sei mehr als fragwürdig. Die Naturschutzverbände, wie die Hessische Gesellschaft für Ornithologie und Naturschutz und der Bund für Umwelt und Naturschutz Deutschland, lehnen das Projekt ab, weil sie Eingriffe in die Lebensräume seltener Wildtiere, wie der Wildkatze, und das Verschwinden alter Alleenbäume befürchten.

Im Anschluss an diese Diskussion besuchten wir den nahe gelegenen ersten Friedwald Deutschlands, der 2001 eröffnet wurde. Mittlerweile gebe es bereits 23 Friedwälder in Deutschland. Eva hatte einige Fragen für uns vorbereitet: Was ist ein Friedwald? Wer lässt sich im Friedwald bestatten? Für wen ist es ein Problem? Für wen ist der Friedwald von Nachteil? Dass ein Friedwald eine alternative Art der Bestattung darstellt, bei der an den Wurzeln der einzelnen Bäume des Friedwaldes Urnen niedergelassen werden, wussten einige von uns. Eva erklärte uns allerdings, dass oftmals fälschlicherweise davon ausgegangen würde, dass es einfach nur der Name des Waldes sei und dass dieser nichts mit seiner Funktion zu tun hätte. In der Gruppe sammelten wir Informationen, die wir über den Friedwald kannten. Eva ergänzte ggf. die zusammengetragenen Fakten. Als Ergebnisse kamen unter anderem zu Tage, dass sich meist Menschen dort bestatten lassen, die zu Lebzeiten schon den ausdrücklichen Wunsch nach einer Urnenbestattung im Friedwald hatten. Dabei sucht man sich einen Baum aus, neben dem man sich bestatten lassen will. Meist werden mehrere Urnen an einem Baum niedergelassen (Gemeinschaftsbäume), es existieren aber auch Einzelbestattungen an einem Baum. Das Grab bleibt bis zu 99 Jahre bestehen. Die Urne ist aus einem Material angefertigt, das nach einigen Jahren zerfällt und biologisch abbaubar ist, so dass keine Rückstände von Metallen etc. verbleiben können. Für Menschen, die von ihrer Religion her nicht nach ihrem Tod verbrannt werden dürfen (bspw. Katholiken), kommt eine Bestattung im Friedwald natürlich nicht in Frage. Gründe für diese Art der Bestattung könnten sein, dass sie um ein Vielfaches günstiger ist als traditionelle Bestattungen. Ein weiterer Grund könnte sein, dass die Verstorbenen ihren Angehörigen die oftmals kostenträchtige und aufwändige Grabpflege ersparen möchten. Denn im Friedwald ist es verboten, Grabschmuck und Gestecke oder Ähnliches auszubreiten. Der natürliche Waldbestand soll bewahrt bleiben, der Wald übernimmt die Grabpflege. Es ist also nicht erforderlich, sich in regelmäßigen Abständen um das Grab zu kümmern. Vor Ort trafen wir den zuständigen Friedwald-Beauftragten, der uns einige Fragen zusätzlich beantworten konnte. Bspw. konnte er uns die durchschnittliche Bestattungsanzahl in einem Jahr im Friedwald nennen. Sie beläuft sich auf rund 500 Bestattungen mit einer steigenden Tendenz. Viele Menschen, die ihr 50. Lebensjahr erreicht haben, machen sich bereits Gedanken über den Tod und reservieren sich einen Baum, an dessen Wurzeln sie bestattet werden möchten. Erwähnenswert ist noch, dass Bestattungen im Friedwald relativ frei nach den Wünschen des Verstorbenen bzw. der Angehörigen abgehalten werden können. So kam es bereits vor, dass eine Jazz-Kapelle im Rahmen einer Bestattung spielte. Von Nachteil ist der Friedwald vor allem für Steinmetze und Blumengeschäfte, da Produkte dieser Berufsgruppen im Friedwald verboten sind. Kein Wunder, dass genau diese Berufsgruppen Bedenken der Legitimation dieser Bestattungsform äußerten.

Abschließend gehe ich auf die Methodik dieser Exkursion ein. Mir gefiel gut, dass kein Frontalunterricht bzw. eine Exkursion im traditionellen Sinne von monotonen Berichten und Informationsvermittlung stattfand. An jedem Schauplatz konnten sich die Teilnehmer zunächst ein Bild von der Situation machen und sich auf gestellte Fragen in Ruhe einlassen. Dadurch war ein ständiges Bewusstmachen der Sache gewährleistet und ein Abdriften nahezu unmöglich. Dadurch, dass mit Herrn Schulzke ein Fachmann anwesend war, der unterstützend mitwirkte und durch kleine Anekdoten immer wieder die Stimmung auflockerte, fühlte man sich gut aufgehoben und hatte Spaß am Zuhören und Lernen. Insgesamt war die Exkursion durch den Reinhardswald eine Runde Sache. Mit nur sieben Teilnehmern zwar klein, aber oho!

Das hier vorgestellte Exkursions-Experiment weist die Besonderheit auf, dass die Hintergrundinformationen zum Exkursionsort eine Woche vor der eigentlichen Exkursion unter Verwendung von Filmmaterial und Fotos in einem Seminarraum vermittelt werden. Während der eigentlichen Exkursion finden diese Informationen keinerlei Erwähnung. Vorabinformation und Exkursionserfahrungen werden erst auf der Abschlussveranstaltung zusammengeführt. Mit dieser Vorgehensweise lehnt sich die Exkursion an das „klassische" Vorgehen geographischer Exkursionen an. Hier sollen – und müssen – sich alle Beteiligten aber die Disziplin auferlegen, während der Tour über den Edersee eben nicht das bereits vorab Gehörte zu diskutieren, sondern ausschließlich das, was gerade gesehen wird zum Gesprächsthema zu machen.

Im Folgenden wird die ausführliche Sachinformation vor der eigentlichen Exkursion dokumentiert.

Der Bau der Edertalsperre

Die Edertalsperre wurde in den Jahren 1908 bis 1914 errichtet. Für das „Jahrhundertbauwerk" wurden rund 300.000 Kubikmeter Bruchstein vermauert. Der Bau der Mauer kostete 7,5 Millionen Goldmark. Für den Grunderwerb, den Straßenbau und sonstige Nebenkosten wurden 17,5 Millionen Goldmark aufgewendet. Das Gebiet der Talsperre war sechs Jahre lang eine riesige Baustelle mit mehr als 1.000 Arbeitern. Sie kamen aus der näheren Umgebung, aber auch aus Italien, Serbien, Kroatien, der Tschechei und Polen. Die Firma Philipp Holzmann AG aus Frankfurt erhielt den Auftrag zur Durchführung der gewaltigen Baumaßnahmen.

Die Edertal-Sperrmauer entstand im Zusammenhang mit dem Ausbau eines großräumigen deutschen Binnenwasserstraßennetzes. Ein preußisches Gesetz vom 01.04.1905, die Herstellung und den Ausbau von Wasserstraßen betreffend, war Grundlage für den Bau des Mittellandkanals. Dieser Kanal verbindet das westdeutsche Fluss- und Kanalsystem mit Weser und Elbe und somit die Industriegebiete von Ruhrgebiet und Ostdeutschland.

Zur Aufrechterhaltung des Wasserspiegels im Kanal wird der Weser viel Wasser entnommen. Um diese im Sommer trotzdem schiffbar zu erhalten, baute man Eder- und Diemeltalsperre als große Reservoirs zur Wasserstandsregulierung der Weser. Weitere Aufgaben der Edertalsperre sind der Hochwasserschutz (die Eder war der gefährlichste Hochwasserfluss im Einzugsgebiet der Weser) und die Erzeugung von elektrischem Strom[8]. Bevor der Edersee aufgestaut wurde, rodete man 1000 Morgen Wald, sprengte die Brücke der alten Dörfer, trug die alten Gebäude und Höfe bis auf die Grundmauern ab oder verbrannte sie. Am 15. August 1914 sollte die Sperrmauer eingeweiht werden, neben Kaiser

---

[8] Neben den bereits 1915 und 1927 errichteten Kraftwerken Hemfurth 1 und 2 am Fuß der Staumauer sowie dem Laufwasserkraftwerk Affoldern gibt es heute noch die beiden Pumpspeicherkraftwerke Waldeck 1 und 2 bei Hemfurth (erbaut 1970).

und Gemahlin hatten sich das waldeckische Fürstenpaar und Prominenz aus Kultur, Wirtschaft und Politik angesagt. Doch am 01.08.1914 brach der Erste Weltkrieg aus. So ist die Mauer niemals offiziell eingeweiht worden. Zum Zeitpunkt des Baus war die, ursprünglich als „Waldecker Talsperre" bezeichnete Mauer, die größte Deutschlands, ja Europas.

Beeindruckend sind die Maße der Mauer. Ihre Stärke beträgt an der Sohle 36 Meter und an der Krone 6 Meter. An der Sohle ist die Mauer 270 Meter und an der Krone 400 Meter lang. 47 Meter Höhe misst sie von der Sohle bis zur Mauerkrone.

Der Edersee hat ein Fassungsvermögen von 202,4 Millionen Kubikmetern Wasser. Er ist 27 Kilometer lang und bis zu einem Kilometer breit. Die Oberfläche beträgt 12 Quadratkilometer, die größte Wassertiefe 42 Meter, die Uferlänge 69,4 Kilometer. Die Sperre hat ein Einzugsgebiet von 1443 Quadratkilometern.

Mit nunmehr über 80 Jahren Betriebszeit ist die Edertalsperre die älteste der großen Talsperren. Nach der Zerstörung der Sperrmauer durch englische Bombenangriffe am 17 Mai 1943 wurde der Mauerschaden noch im gleichen Jahr behoben. In den folgenden Jahren wurde die Dichtigkeit der Mauer durch Injektionen mehrfach verbessert.

Umfangreiche Untersuchungen seit 1984 kamen zu dem Ergebnis, dass das Material durch Alterung verwittert und dass durch die Durchströmung eine Veränderung in der Zusammensetzung des Mörtels stattgefunden hat. Man stellte fest, dass der Zustand der „alten Dame" nicht mehr den höheren Anforderungen entsprach, die inzwischen an die Sicherheit von Staumauern gestellt werden, und dass sie nicht imstande sei, ein außergewöhnliches Hochwasserereignis schadlos abzuführen. Der Wasserstand wurde gegenüber dem bisherigen Vollstau um 1,50 Meter gesenkt, was zu erheblichen Beeinträchtigungen im Fremdenverkehr führte. Seit 1990 fanden umfangreiche Instandsetzungsarbeiten an der Sperrmauer statt. Mit 104 riesigen Stahlankern wurde das Bauwerk gegen den Fels im Untergrund gespannt. Das Innenleben der Staumauer wurde ausgebaut, die Mauerkrone wurde teilweise abgesprengt und abschnittsweise erneuert.

Im Mai 1994 endeten dreijährige Sanierungsarbeiten an der Staumauer, die heute die drittgrößte Talsperre ist (nach Bleilochtalsperre in Thüringen und der Schwammenaueltalsperre in der Nordeifel mit den Zuflüssen Saale bzw. Rur), zugleich mit der Feier zum 80-jährigen Bestehen wurde die Edertalsperre im Mai 1994 offiziell eingeweiht.

Wasserkraftwerke am Edersee

Als Meisterwerk der Ingenieurskunst gilt die tief im Berg gelegene Kaverne des Pumpspeicherwerks Waldeck 2. Über einen 830 Meter langen Zufahrtstollen kann man das „Kraftwerk in der Felsenhöhle" erreichen. Die Kaverne von 104 Metern Länge, 54 Metern Höhe und 34 Metern Breite wurde aus dem Berg herausgebrochen. Die Kavernenkraftwerke Hemfurth 1 und 2 liefern 31 000 KW Strom; die Pumpspeicherwerke Waldeck 1 und 2 liefern 580 000 KW Strom.

Untergegangene Dörfer

Dem Edersee-Projekt, der das einst so idyllische Edertal zwischen Herzhausen und Hemfurth überflutete und für viele Menschen neue Existenzmöglichkeiten schuf, mussten Anfang des Jahrhunderts die drei Dörfer Berich, Bringhausen und Asel mit zusammen 700 Einwohnern, die drei Gehöfte Stollmühle, Gut Vornhagen und Bericher Hütte sowie der Niederwerber Hammer und das fruchtbarstes Ackerland Herbshausen weichen, da sie alle im Bereich des künftigen Stausees lagen. Die drei Dörfer wurden abgetragen und versanken in den Fluten des Sees. Die Menschen wurden in den Gemeinden (Neu-)Asel, (Neu-)Berich, (Neu-)Bringhausen und in andere Gegenden des Fürstentums Waldeck angesiedelt oder sie wanderten ab nach Hessen und in die Provinzen Posen.

Noch heute kann man bei niedrigem Wasserstand im Edersee die Reste der alten Siedlungen, das „waldeckische Atlantis", zu Fuß aufsuchen (etwa die Aseler Brücke, Teile der mit Betondecken versehenen alten Friedhöfe, außerdem ein Modell der Talsperre.)

Der Angriff auf die Talsperren am 16./17.05.1943 war Teil der „Schlacht um die Ruhr", die zwischen März und Juni 1943 als Bestandteil der Casablanca-Direktive stattfand und praktisch alle größeren Städte der Region in Schutt und Asche legte. Luftmarschall Arthur Harris, Oberbefehlshaber des Britischen Bomberkommandos und als Vollstrecker des „totalen Krieges" mit dem Beinamen „Bomber Harris" versehen, führte diesen Kampf auf britischer Seite mit großer Härte und Ausdauer.

Als letztmöglicher Zeitpunkt für den Angriff wurde aus mehreren Gründen der 20. Mai 1943 festgelegt. Dann waren die Talsperren maximal mit Wasser gefüllt. Dies war wichtig, da sich die Sprengkraft der neu entwickelten Rotationsbombe reduzierte, je weniger Wasser in den Stauseen war. Zudem herrschte zu diesem Termin Vollmond. Dies ermöglichte eine bessere Identifizierung der Dämme aus der Luft. Letztlich sprachen auch Geheimhaltungsgründe für den möglichst baldigen Angriff. Ein neues Bombergeschwader mit der Nummer 617 unter Wing Commander Guy Gibson wurde zusammengestellt und mit Lancaster - Bombern und der neuen Rotationsbombe ausgestattet.

In der Nacht vom 16. auf den 17. Mai 1943 griffen dann 19 Lancaster - Bomber vom Flugplatz Scampton aus die deutschen Talsperren an. Die Bomber agierten in drei Wellen, im Tiefflug umgingen sie das deutsche Radar. Die erste Formation mit neun Maschinen flog (südlich über Niederlande) in Richtung Möhne-, danach Edertalsperre. Die zweite Formation mit fünf Maschinen überflog die Niederlande zur selben Zeit nördlich; um die deutsche Luftabwehr vom eigentlichen Ziel der Möhnetelsperre abzulenken und dann die Sorpetalsperre anzugreifen. Eine dritte Welle mit fünf Maschinen bildete eine fliegende Reserve und näherte sich den Zielen auf der Südroute. Während der Erddamm der Sorpetalsperre nur leicht beschädigt wurde, war das Hauptziel Möhnetalsperre im fünften Anlauf kurz nach ein Uhr zerstört worden. Danach setzten sich die übriggebliebenen fünf Maschinen der ersten Formation, bestückt mit nur noch drei Bomben zur Edertalsperre in Bewegung.

270

Beim Anflug auf diese Sperrmauer gab es verschiedene Probleme für die Bomberpiloten: Die vielen Windungen des Edersees wie auch der aufsteigende Frühnebel machten die Identifizierung der Sperrmauer schwierig; zudem lag die Mauer versteckt zwischen den Bergen des Waldecker Landes. Noch direkt vor der Mauer liegt eine letzte Biegung des Sees, nämlich die Landzunge des Hammerberges. So mussten die Bomber aus 350 Metern Höhe durch ein Schlucht in steilem Sturzflug und mit 240 Meilen (= 370 km/h) auf die Angriffshöhe von 18 Metern hinuntergehen und nach dem Bombenabwurf sofort schnell an Höhe gewinnen, um nicht am hinter der Mauer gelegenen Michelskopf aufzuschlagen.

Nach mehreren vergeblichen Anflügen verfehlte die erste Bombe ihr Ziel und explodierte am Uferrand. Die zweite Rotationsbombe explodierte mitten auf der Mauerkrone, zerstörte nur die dortige Fahrbahnstraße sowie die beiderseitige Brüstung (die genaue Reihenfolge ist in der Forschung umstritten; so wird auch angeführt, die erste Bombe sei auf die Mauerkrone gefallen, und die zweite sei dann am Uferrand explodiert). Erst die letzte der zu Verfügung stehenden Bomben traf die Mauer kurz vor zwei Uhr an der richtigen Stelle.

In der Mauer klaffte infolge der Detonation ein Loch von ca. 70 Metern Breite und 22 Metern Tiefe, auf dem Grund war das Loch 18 Meter breit. Um die Sprenglücke zogen sich lange Risse durch die Mauer. 8.500 Kubikmeter Wasser stürzte pro Sekunde aus der Bresche in das Edertal. An der Sperre hatte die Welle eine Höhe von neun Metern. 160 Millionen der insgesamt 202 Millionen Kubikmeter des Sees liefen aus. Die Flutwelle führte neunmal mehr Wasser mit sich als das jemals gemessene höchste Hochwasser der Eder vor dem Bau der Sperrmauer. Das Wasser hatte eine so hohe Geschwindigkeit, dass es Felsbrocken mit bis zu sechs Kubikmeter Inhalt aus dem Mauerwerk riss und einen Kolk von 10 Metern Tiefe und 80 Metern Durchmesser ausspülte. Die knapp vier Tonnen schwere Rotationsbombe hatte 30.000 Tonnen Gestein aus der Mauer herausgerissen.

Nach der Katastrophe

Das Seeufer war an fünf Stellen abgebrochen und verrutscht, die Bö-
schungen waren verschwunden. Das Pumpspeicherkraftwerk Waldeck 1
bei Hemfurth war hoch verschlammt und teilweise weggerissen, die
Kraftwerke Hemfurth 1 und 2 am Fuße der Mauer ebenfalls stark beschädigt, ein Teil davon fortgespült. Die 60.000-Volt-Leitungen waren
unterbrochen. Die Ederflussführung hatte sich geändert, alle Straßen-
Eisenbahnbrücken über die Eder bis Fritzlar waren verschwunden, Ei-
senbahndämme (wie in Bergheim) weggebrochen, Straßen unterspült.
Das linke Ufer der Eder zwischen Talsperre und Hemfurth war mitsamt
der Talsperre fortgerissen. Einen Kilometer unterhalb der Sperrmauer
gab es einen Bergrutsch, bei dem die Straße in einer Länge von zwei
Kilometern um zwei Metern absackte.

Der Fischbestand im Edersee und im Fluss war praktisch vernichtet.
Besonders schlimm war das Dorf Affoldern betroffen, wo u.a. das Kraftwerk geflutet und der 3,3 Kilometer lange Damm des Ausgleichsbe-
ckens bis auf einen Rest von 500 fortgespült war. Der Militär - Flugplatz
in Fritzlar stand ebenso unter Wasser wie die Ebene zwischen den Orten Wabern und Felsberg, selbst das 50 Kilometer entfernte Kassel war
überflutet (Unterneustadt, Karlsaue-Park, Tiergarten). Noch in Hanno-
versch-Münden betrug der Aufstau über siebeneinhalb Meter.

Im Edertal waren Lebens- und Futtermittel vernichtet, Gebäude wurden
weggerissen, stark beschädigt oder von der Umwelt abgeschnitten. Die
Flur wurde stark in Mitleidenschaft gezogen, über 90 Hektar Ackerland
überschwemmt; überall war Schlick und Sand; Kiesbänke und Trümmer
türmten sich. Eisenbahnschienen waren spiralförmig in die Luft gedreht,
verendetes Vieh, Leichen und Hausrat hingen in den Bäumen. Oft konnten sich die Menschen auf naheliegende Erhöhungen, auf Bäume oder
Hausdächer retten. Das Vieh hingegen wurde flussabwärts fortgetragen.
Insgesamt starben in den Fluten 47 Menschen, 29 davon aus den wal-
deckischen Dörfern Hemfurth, Affoldern, Bergheim und Giflitz. Allein im
Kreis Waldeck waren 213 Wohnhäuser, Stallungen und Scheunen zerstört oder beschädigt worden.

272

Wiederaufbau nach der Katastrophe

Unmittelbar nach der Katastrophe begann mit äußerster Schnelligkeit und einem großen Aufgebot an Arbeitskräften (Zwangsarbeiter und Kriegsgefangene aus besetzten Gebieten Schätzungen: etwa 1500 bis 2500 Menschen) und Maschinen der Wiederaufbau der Mauer. Bereits nach vier Monaten, noch rechtzeitig vor den Herbstniederschlägen, war die Bombenlücke wieder geschlossen. Zum Schließen der Mauer benutzte man 13.000 Kubikmeter Grauwackersteine. In der Mauer wurden die Steine mit einem Mörtel (bestehend aus Trass, Kalk, Zement, Wesersand und Basaltsplit) und Zementmilch verankert. Da man Risse in den stehengebliebenen Mauerteilen lokalisiert hatte, wurde das Gestein mit 150 Tonnen Zementmilch verpresst. Sodann wurde die wasserdichte Putzschicht wiederhergestellt und der See nach eingehenden Untersuchungen langsam wieder aufgestaut (er erreichte aber erst wieder zwischen Dezember 1947 und Januar 1948 den Vollstau).

Tourismus

Bei der Errichtung der Edertalsperre dachte man nur ganz nebenbei an die wichtigste Rolle, die der See heute im Wirtschaftsleben der Region spielt. Er ist, eingebettet in eine Landschaft von einzigartiger Schönheit, den Naturpark Kellerwald-Edersee, eine touristische Attraktion ohnegleichen, ein Urlaubs- und Ausflugsziel für viele hunderttausend Menschen. Heute dient der Edersee zu Ferien-, Erholungs-, Wassersport- und Fischereizwecken.

Literatur:
Die Nacht, als die Flut kam – Die Bombardierung der Edertalsperre 1943, Das Buch zur Serie der HNA Wartberg Verlag Gudensberg-Gleichen 2003
Grötecke, Johannes: Edertalsperre – Wiederaufbau nach der Zerstörung 1943-1945Jonas Verlag Marburg 1996
Rudolph, Konrad: Flieger über Fulda, Schwalm und Eder – Chronik des Luftkrieges von 1942 bis 1945 im Gebiet des Schwalm-Eder-Kreises, Homberg 1992
Euler, Helmuth: "Als Deutschlands Dämme brachen - Die Wahrheit über die Bombardierung der Möhne-Eder-Sorpe-Staudämme 1943", Motorbuch Verlag Stuttgart, 1975, verschiedene Neuauflagen

Reflexion zur Exkursion „Edertalsperrmauer"

An einem Freitag im Juni fanden sich einige wenige Studenten und ein paar weitere Interessierte in einem Seminarraum der Universität Kassel zusammen, um sich den Vortrag von Hartmut Bick über die Edertalsperrmauer anzuhören.

In gut 1,5 Stunden wurde den Teilnehmern eine „Zeitreise" geboten, die beginnend mit dem Bau der Sperrmauer, über ihre Zerstörung 1943 und deren Folgen, bis hin zum Wiederaufbau und zur gegenwärtigen Funktion aufschlussreiche Informationen zu Tage brachte. Der Fokus lag insbesondere auf der Zerstörung der Sperrmauer im Zweiten Weltkrieg in der Nacht vom 16. auf den 17. Mai 1943. Die Operation britischer Bomber hatte zum Ziel, das Ruhrgebiet von der Wasserversorgung abzuschneiden. Mit der von den Briten erfundenen und getesteten Rollbombe, die nach Abwurf wie ein flacher Stein über das Wasser springt, gelang es dem 617. Geschwader der Royal Air Force unter Führung von Guy Gipsen trotz Nebel und schlechten Lichtverhältnissen, ein 70m breites und 22m tiefes Loch in die unbewachte Sperrmauer zu sprengen. Die 6-9 m hohe Welle, die fortan das Edertal herunter brach, riss 47 Menschen in den Tod und forderte vermutlich noch weit mehr Opfer,

274

wenn man davon ausgeht, dass ca. 3.500 Menschen in umliegenden Gefangenenlagern verweilten, die aber wohl niemand mitzählte.

Der zweite Teil der Exkursion fand dann eine Woche später statt. Wir trafen uns an der Sperrmauer und durften fortan nur noch über das reden, was wir direkt sehen konnten. Schnell wurde klar: Der Vortragsinhalt und das, was wir vor Ort gesehen haben, passten nicht unmittelbar zusammen. Der Vortrag konzentrierte sich hauptsächlich auf das Geschichtliche und die zeitlichen Eckdaten. Vor Ort wurden wir mit der Gegenwart konfrontiert, mit einem Touristik-Gebiet, das die Hinweise auf Geschichtliches fast untergehen ließ (abgesehen von Touristikangeboten und -informationen unmittelbar an der Sperrmauer). Bestes Beispiel für die starke Tourismus-Branche war die Halbinsel Scheid, auf der nach eigenen Aussagen die Betreiberin eines Campingplatzes die einzige Einheimische ist. Unser einstündiger Rundgang auf Scheid ließ Rückschlüsse über das Leben dort zu. Dieses scheint fast ausschließlich in der Zeit von Ostern bis zum Ende des Sommers stattzufinden. Den Rest des Jahres sind die vielen Wohnwagen kaum besetzt. Diese sind derart aufgerüstet, dass man prinzipiell sofort dort einziehen könnte, allerdings legen die Besitzer großen Wert darauf, dass trotz der baulichen Veränderungen ein Camping-Gefühl erhalten bleibt.

Als besonders entspannend empfand ich die Fahrt mit dem „Stern von Waldeck" und dem „Edersee-Star". Jeder Seminarteilnehmer hatte die Gelegenheit, sich sein eigenes Bild von der Umgebung zu machen und wurde nicht durch die Exkursionsleitung auf vorgegebene „Sehenswürdigkeiten" aufmerksam gemacht. Wir konnten uns den Raum selbst erschließen, was ich als sehr angenehm empfand, weil so eine lockere Atmosphäre entstand, in der ungezwungen über die örtlichen Gegebenheiten diskutiert wurde.

Im Folgenden möchte versuchen, einen Bezug zur Exkursion „Vorderer Westen" herzustellen. Dabei ist vor allem festzustellen, dass die Konzeption von Grund auf verschieden war. Die Exkursion „Vorderer Westen" lief nahezu klassisch ab; ein Exkursionsleiter ging vorneweg, viele Exkursionsteilnehmer hinterher. Dabei wurden die zu übermittelnden Informationen während der Exkursion, d.h. während des Aufenthaltes vor Ort, vermittelt. Und zwar auch dann, wenn die äußeren Bedingungen eher schlecht waren und davon auszugehen war, dass die Exkursion ihr Ziel verfehlt.

Die Exkursion „Edertalsperrmauer" verlief zweigeteilt, d.h. die Informationen zum Exkursionsgegenstand wurden fast ausschließlich im theoretischen Vortrag eine Woche vor der eigentlichen Exkursion übermittelt. Es war durch die mediale Unterstützung und den Einsatz technischer Geräte im Seminarraum möglich, einen besseren Zugang zum Exkursionsgegenstand zu bekommen. Gerade Filmbeiträge von Betroffenen oder geschichtliche Aufnahmen, die den Einsatz der Rollbombe visualisierten, konnten sehr schön gezeigt werden und ließen die Exkursionsteilnehmer viel „näher an das Geschehen heran". Bloße Worte des Exkursionsleiters vor Ort hätten wohl nur die Phantasie und die Vorstellungskraft der Exkursionsteilnehmer anregen können. Ein genaues Bild sowie spürbare Emotionen sind bei einer klassischen Führung meiner Meinung nach kaum möglich, es sei denn, man spricht vor Ort mit Zeitzeugen etc.

Die gewählte Herangehensweise an die Exkursion „Ederseesperrmauer" hatte den Vorteil, dass ich schon vor der eigentlichen Exkursion eine vage Vorstellung von dem hatte, was mich erwartet. Die Projektion von der Edertalsperre und dem Edertal im Seminarraum konnte zwar einen Eindruck vermitteln, jedoch war ich vor Ort dann doch überrascht, wie imposant das Bauwerk in der Realität war. Der von Bergen umgebende See, das Leben auf dem Wasser und die allgemeine Ruhe – das Erleben vor Ort wurde zudem nicht mit Informationen überfrachtet: ein deutlicher Gegensatz zur Exkursion „Vorderer Westen".

Vor allem die Höhe des Wasserstandes empfand ich als sehr positiv, da ich den See als Kind nur „halb voll" kannte. Heute weiß ich, dass einen Tag vor unserer Exkursion der See überlief, was sicherlich ein weiterer Anreiz gewesen wäre, weil ich dieses Bild nur aus Zeitungen und dem Vortrag kenne.

Ich denke, dass eine Exkursion dieses Formats sehr viel mehr bei den Teilnehmern bewirkt als eine typische Exkursion, bei der Zuhören und Hinweise auf Dinge, die gesehen werden sollen, charakteristisch sind. Das Gebiet um die Edertalsperre konnte ich durch Verknüpfungen zwischen Geschichtlichem (Vortrag) und Gegenwärtigem (Eindruck vor Ort) gut erschließen.

ABSCHNITT 5:   JETZT GEHT'S AUCH IN DIE
               SCHULE ...

Annegret Luck und Andrea Gerhardt setzen sich zunächst mit der Didaktik des Erdkundeunterrichts und der Stellung von Exkursionen innerhalb des Schulunterrichts näher auseinander. Dabei bleibt teilweise unberücksichtigt, dass sich der sogenannte „außerschulische Lernort" in den letzten Jahren mit eigenständiger Konzeption zu etablieren beginnt. Hier bedarf es künftig der Nachbesserung und Erweiterung!

Daran anschließend wird ein mit Schülerinnen und Schülern durchgeführtes Projekt vorgestellt. Die „Kleingärtnerische Spurensuche" zeichnet sich vor allem durch die konsequent durchgeführte Gruppenarbeit aus. Da für das Vorhaben drei volle Tage zur Verfügung standen und sowohl eine intensive Vorbereitung als auch eine gemeinsame Nachbereitung (Präsentation) stattgefunden hat, konnte zum ersten Mal wirklich erprobt werden, was mit „exkursionistischer Bildung" gemeint sein könnte.

5.1 Annegret Luck / Andrea Gerhardt: Exkursionen mit Schülerinnen und Schülern – Ein kleiner didaktischer Leitfaden

Schulausflüge gelten als ein fester Bestandteil des schulischen Lebens und damit als „pädagogisch wertvoll". Es gilt als allgemein anerkannt, dass Ausflüge deutlich zur Förderung von sozialen Kompetenzen der Schülerinnen und Schülern beitragen. Innerhalb der Gruppe und außerhalb des Unterrichts müssen sie anders zusammenarbeiten; neue Absprachen treffen und eigenverantwortlich handeln. Auch praktische Kompetenzen werden von den Schülerinnen und Schülern gefordert, zum Beispiel, wenn sie gemeinsam planen müssen oder Aufgaben lösen. Zudem bildet ein Ausflug immer auch eine Abwechslung zum „normalen" Unterricht, die stärker erlebnisorientiert funktionieren kann. Der allgemeine Nutzen der Integration von außerschulischen Lernorten in den Schulunterricht steht weitestgehend außer Frage.

Wichtig dabei ist der konstatierte Unterschied zwischen den unterschiedlichen Ebenen von Realität im Schulunterricht und bei einer Exkursion. Im Erdkundeunterricht werden Inhalte meist durch unterschiedliche Medien wie Texte, Bilder, Karten, Filme und Diagramme, stets aber durch Sprache, den Schülern vermittelt. So sind alle Informationen im Unterricht also Informationen aus zweiter Hand; von Lehrern vor- und aufbereitet, bevor sie den Schülern vorgesetzt werden. Eine solche Vor- und Aufbereitung von Unterrichtsmaterialien hat auch durchaus ihre Berechtigung, denn schließlich sollen die Schülerinnen und Schüler nicht einfach *irgendwas*, sondern ganz bestimmte Dinge lernen. Bei einer Exkursion steht hingegen eine direkte Auseinandersetzung mit der dinglichen Umgebung im Vordergrund. Der uns alle unmittelbar umgebende Raum kann auf allen Wegen der sinnlichen Erfahrung wahrgenommen werden; unsere Mitwelt wird nicht nur mit Hilfe des gesehenen und gehörten Unterrichts „verstanden", sondern auch gefühlt, geschmeckt, und gerochen. Diese ganzheitliche Welterfahrung lässt sich nur sehr schlecht (wenn überhaupt) mit Hilfe von Medien im Klassenraum simulieren.

Die Erkenntnisse und Erfahrungen, die durch Exkursionen ermöglicht werden, sind nicht unabhängig von den Voreinstellungen der Schülerinnen und Schüler zu einem bestimmten Themengebiet. Außerdem spielt das Vorwissen der Schülerinnen und Schüler eine große Rolle. Nicht nur erlerntes Wissen aus dem Unterricht und praktisches Vorwissen aus dem Alltag, sondern auch Informationen aus den Massenmedien und der virtuellen Welt im Internet, prägen unseren Blick auf die Welt. Diese Unterschiede im Vorwissen der Schülerinnen und Schülern sind im „normalen" Unterricht meist unsichtbar, kommen aber gerade auf einer Exkursion in besonderer Weise zum Tragen. Hier wird schnell klar, dass alle Teilnehmerinnen und Teilnehmer zu sehr unterschiedlichen Ergebnissen ihrer gemachten Erfahrungen kommen können, obwohl alle am gleichen Ort den gleichen Eindrücken ausgesetzt sind. Eine Exkursion eröffnet damit die Chance, die Perspektive des Einzelnen zu thematisieren und in der Gruppe zu reflektieren.

Die Alltags- und Lebenswelt der Schülerinnen und Schüler kann – und muss – auf Exkursionen sinnvoll mit theoretischem Wissen aus dem Unterricht verknüpft werden. Darüber hinaus können Themenbereiche aus unterschiedlichen Perspektiven betrachtet werden, die über die rein fachlichen Grenzen hinausgehen. Exkursionen sind in dieser Hinsicht geradezu prädestiniert für die didaktische Forderung nach Interdisziplinarität und Fächer übergreifendem Lernen. Durch konkrete Kontakte zu Personen, die in einem Zusammenhang mit dem Exkursionsthema stehen, können diese Perspektiven anschaulich gemacht werden. Durch das Einbeziehen von Betroffenen oder Experten können beispielsweise Auswirkungen großmaßstäblicher Planung auf einer menschlichen Ebene verstehbar werden. Insofern können Exkursionen dazu genutzt werden, wie mit einer Lupe, konkrete Ziele zu fokussieren, die in einem am abstrakten Beispiel orientierten Unterricht vielleicht zu kurz kommen. Ein wichtiges Ziel von „gutem" Unterricht ist doch gerade die Verknüpfung zwischen theoretischem und praktischem Wissen.

Auf Exkursionen bietet sich darüber hinaus eine sehr gute Gelegenheit, die oft zu stark vereinfachten Denkmodelle aus dem Lehrbuch mit der Komplexität der Realität in Beziehung zu setzen. Und auch die Art und Weise des Hinschauens wird thematisiert, indem vielleicht Dinge gefunden werden, die nicht in gelernte Modelle passen. Eine kritische Einstellung – auch und gerade zu Unterrichtsinhalten, ist für die eigene Stellungnahme der Schülerinnen und Schüler von großer Bedeutung und wird sogar (meist als dritte Aufgabe in Klassenarbeiten) von ihnen abverlangt.

Es mag sein, dass das bisher Gesagte wie eine erneute Auflistung hehrer (Bildungs-) Ziele erscheint, die weit entfernt zu sein scheinen von der konkreten Durchführung einer Exkursion. Natürlich kann man nicht alle diese Ziele in *einer* Exkursion verwirklichen. Eine konkrete Anleitung, wie „gute" Exkursionen auszusehen haben, ist schwer herzustellen. Zu viele Faktoren sind bei jedem konkreten Exkursionsvorhaben zu bedenken; es kommt dabei nicht nur auf die Unterrichtseinheit, die Schülergruppe, den aktuellen Lehrplan oder Probleme im konkreten Umfeld der Schule an, sondern auch darauf, ob ich als Leiterin einer Exkursion mir das überhaupt zutraue und bereit bin, in bisher eher ungewohnten Bahnen zu denken. Denn unbestritten ist, dass bei der Planung, Durchführung und Nachbereitung einer Exkursion die oben angesprochenen Dimensionen von ganzheitlichem Lernen Berücksichtigung finden müssen.

Es kann also keine „Musterexkursion" geben, die dann nur noch mit den jeweiligen thematischen Schwerpunkten gefüllt werden müsste. Vielleicht lassen sich aber einige Eckpunkte formulieren, die Exkursionsleitern eine bessere Orientierung ermöglichen.

In seinem Buch *„Geographiedidaktik"* widmet Gisbert Rinschede den Exkursionen als Methode des Geographieunterrichts ein eigenes Kapitel. Den Bereich *„Anwendung fachspezifischer Arbeitsweisen (Fachmethoden) auf Exkursionen"* wollen wir im Folgenden etwas näher diskutieren. Explizit werden von Rinschede beispielsweise folgende „Fach"-methoden benannt:

- das *Beobachten*, von äußeren Erscheinungsformen, Strukturen, Funktionen und Prozessen,

- das *Beschreiben*, als gedankliche Aneignung und Abstraktion durch Verbalisieren von Beobachtungen,

- das *Zählen*, als Methode zur Feststellung verschiedener räumlich relevanter Aktivitäten (wie Nutzung von Verkehrseinrichtungen),

- das *Befragen*, als mit dem Zählen verwandte Methode der quantitativen Informationsbeschaffung (z.B. zu Kaufgewohnheiten oder Freizeitverhalten),

- das *Messen*, zur Feststellung von Längen, Höhen, Flächen, Winkel, Gewichte, Geschwindigkeiten, Häufigkeiten und Intensitäten von Phänomenen und Ereignissen,

- das *Entnehmen von Proben*, (z.B. Bodenproben zur Bestimmung des Kalkgehaltes, der Bodenart etc.), und das *Sammeln von Gegenständen* (z.B. Pflanzen, Tiere, Gesteine, Fossilien),

- das *Protokollieren*, als bestimmte Methode der Dokumentation von Beobachtungen und anderer Arbeitsweisen,

- das *Fotografieren*, als erweiterte Dokumentation von beobachteten geographischen Phänomenen und Prozessen,

- das *Kartieren*, das der Anfertigung von Übersichtsskizzen und der Eintragung von Sachverhalten in vorhandenen Karten dient.

Alle aufgezählten Methoden sind anerkannte wissenschaftliche Arbeitsweisen, die nur solange unproblematisch sind, wie sie auf *Dinge* bezogen sind. Bodenarten, Pflanzen und Steine wehren sich äußerst selten gegen jegliche Form der ihnen zukommenden Aufmerksamkeit. Doch was, wenn sich das Erkenntnisinteresse nicht auf Dinge, sondern auf Menschen bezieht? Sicher lassen sich Menschen auch wie Dinge beobachten, zählen, messen usw. – doch erfahren wir mit solchen Methoden, was wir wissen wollen? Das ist eher unwahrscheinlich. Deshalb ist es wichtig, bei jedem Exkursionsvorhaben das *Wie* mit dem *Was* zu verknüpfen.

Methoden aus der Fachwissenschaft für den schulischen Gebrauch umzuwandeln, ist durchaus möglich, wenn man ihren wissenschaftlichen Ursprung nicht als Rechtfertigung für deren Einsatz nutzt. Denn ob eine Methode sinnvoll ist oder nicht, hängt eher von den Zielen ab, die es zu erforschen oder zu lernen / lehren gilt. So macht es beispielsweise wenig Sinn, von den Schülern Bodenproben zur Bestimmung des Kalkgehaltes nehmen zu lassen, nur damit sie lernen, wie man eine Bodenprobe nimmt. Das Wissen um das Wie ist ohne das Eingebundensein in die inhaltlichen Zusammenhänge bestenfalls ein technisches „Know-How", schlimmstenfalls schlichtweg nutzlos.

Welche Methode wann geeignet ist, sollte also vom Erkenntnisinteresse der Exkursion abhängig gemacht werden. Dabei ist es unter Umständen sinnvoll, wenn es sich nicht zwangsläufig um eine „geographische" Methode handelt. Denn auch die *Person des Beobachters* spielt eine Rolle, die es zu bedenken gilt. Hier rückt das bereits angesprochene Vorwissen der Schülerinnen und Schüler wieder ins Blickfeld. Da es sich bei Schülern eben nicht um ausgebildete Wissenschaftler-/innen handelt, muss die Methodenfrage auch mit der Frage nach den „Persönlichkeiten", welche bestimmte Dinge lernen / erfahren sollen, in Beziehung gesetzt werden. Eine Exkursionsmethode, die beispielsweise den Einzelnen als wahrnehmende, erkennende Person in den Mittelpunkt des Erkenntnisinteresses rückt, entstammt ursprünglich nicht der Geographie, sondern einem künstlerischen Kontext. Ausgehend von dem Konzept des „dérive" der Situationisten, zum Beispiel, kann auch ein „zielloses Umherstreifen" im „Labyrinth des städtischen Raumes" (vgl. Andreotti S.11) wertvolle Ergebnisse liefern. Diese Methode eröffnet die Möglichkeit, eigene Erwartungen und Vorurteile gegenüber einer Stadt oder Kulturraums zu erkennen und sich vielleicht von völlig Unerwartetem überraschen zu lassen. Die gemachten Erfahrungen können für die Bearbeitung im Unterricht sehr fruchtbar gemacht werden – wenn sie zugelassen, ernst genommen und reflektiert werden.

Zum Verhältnis von Exkursion und Unterricht

Exkursionen in der Schule sind im Idealfall an den Unterricht angebunden. Möglichkeiten der Einbettung einer Exkursion im Unterricht werden wieder von Gisbert Rinschede ausführlich angegeben (und sind dort in allen Einzelheiten nachzulesen). Wir wollen im Folgenden die Frage nach dem „didaktischen Ort" also dem Zeitpunkt einer Exkursion im Verlauf einer Unterrichtsreihe, näher betrachten. Rinschede unterscheidet zunächst ganz klassisch zwischen *Motivationsexkursion, Arbeitsexkursion, Sicherungsexkursion* und *Transferexkursion*.

Eine kurze *Motivationsexkursion* in der Einstiegsphase der Unterrichtsreihe soll vor allem Interesse für ein Thema wecken; es kann sich aber auch erst eine Problem- oder Fragestellung aus dieser Exkursion ergeben, die dann später im Unterricht behandelt wird. Eine *Arbeitsexkursion* liegt in der Mitte der Unterrichtsreihe. Nach einer Einführung im Unterricht soll vor Ort einer vorher erarbeiteten Fragestellung „forschend" nachgegangen werden. Die *Sicherungsexkursion* schließt sich an eine abgeschlossene Unterrichtsreihe an und soll erlerntes Wissen veranschaulichen und mit eigenen Erfahrungen „absichern". Einzig die *Transferexkursion* mutet den Schülerinnen und Schülern eine Art Anwendung ihres im Unterricht erworbenen Wissens auf einen anderen Bereich zu.

Es scheint also ganz einfach zu sein: Je nachdem, was zum jeweiligen Zeitpunkt einer Unterrichtsreihe benötigt wird, kann dafür auch eine Exkursion als „Mittel zum Zweck" eingesetzt werden. Ein solches Vorgehen verstellt allerdings den Blick für das wahre Potenzial, das in Exkursionen schlummert. Wird eine Exkursion lediglich als *eine* Unterrichtsmethode unter anderen gesehen, wird dieses Potenzial nicht abgerufen. Bei der Planung eines Exkursionsvorhabens muss natürlich der Zusammenhang zwischen Ziel und *Zeitpunkt* von Exkursionen, also die Frage nach der Einbettung in den Unterricht, bedacht werden. Ein so statisches System, wie oben ausgeführt, kann dabei aber keine große Hilfe sein. Auch eine *„Sicherungsexkursion"* könnte doch beispielsweise neue Fragen aufwerfen, an denen man in weiteren Unterrichtsstunden nicht vorbei kommt, da ja viel mehr von den Schülerinnen und Schülern „erlebt" wird, als nur das Wissen, das sie auf dieser Exkursion gefälligst vertiefen sollten.

Aus unserer Sicht ist es erforderlich, eine Exkursion als *eigene Unterrichtsform* und nicht ausschließlich als eine Unterrichtsmethode zu betrachten. Nur wenn es bei Planung, Durchführung und Nachbereitung einer Exkursion – und sei sie noch so „klein" – ein Bewusstsein für ihre Eigengesetzlichkeit und Besonderheit gibt, kann das in Exkursionen schlummernde Potenzial für ein ganzheitliches Lernen für den Schulunterricht fruchtbar gemacht werden.

Ziele zwischen Wissen – Wirklichkeit – Leben

Werden Exkursionen lediglich als ein Unterrichtsmittel unter anderen eingesetzt, besteht die Gefahr, dass Schülerinnen und Schüler in der Realität nur noch das finden, was sie zuvor im theoretischen Unterricht gelernt haben. Diese Gefahr wächst, wenn die auf Exkursionen gemachten Erfahrungen in der Schule keinen Platz haben oder sie sogar von der Lehrerin / dem Lehrer als „irrelevant" abgetan werden. Tilman Rhode-Jüchtern beschreibt in seinem Buch *„Den Raum lesen lernen"* an einem Beispiel wie stark die Diskrepanz zwischen gelerntem Schulwissen und der Realität sein kann:

„Was für eine Wirklichkeit bezeichnet eigentlich eine Schul-Atlaskarte über die Hauptstadt Kolumbiens mit dem Thema „Wohnqualität, Sozialstruktur", in der ein zentrales Thema der Zukunft der Dritten und der Einen Welt angekündigt wird und in der es (neben einigen Flächennutzungssignaturen) nur 4 Farbklassen gibt: „sehr gut / gehoben, mittel, unterdurchschnittlich / z.T. schlecht, sehr schlecht"? Jeder Reisende mit einer Karte / einem Stadtplan in der Fremde weiß damit vor allem etwas Metrisches und sonst außer Vorerwartungen fast nichts; er wird, wo immer möglich, sich erzählen lassen, wo man übernachten kann, wo es mulmig ist, wo man unbedingt hin muss etc." (Rhode-Jüchtern, S.70)

So gesehen hilft uns also das in der Schule, genauer: Im Erdkundeunterricht erworbene Wissen über die unterschiedlichen Wohnqualitäten innerhalb einer Stadt nicht wirklich weiter, wenn wir uns in dieser Stadt orientieren müssen. Offensichtlich benötigen wir noch anderes Wissen, um unseren Weg zu finden. Rhode-Jüchtern deutet an, woher wir es beziehen: Wir fragen andere Menschen. Wir lassen uns erzählen, wo es „schön" ist (oder auch nicht) – ein ästhetischer Aspekt, der weder von metrischen Kategorien noch von puren Fakten eingefangen werden kann, der aber durchaus unser (Entscheidungs-) Handeln beeinflusst. Der Schulatlas oder die Karte sind, das wird an diesem Beispiel deutlich, nur eines von vielen Erklärungsmodellen für unsere Wirklichkeit.

Die im Unterricht erlernten Inhalte müssen einer Prüfung in der Alltags- und Lebenswelt standhalten können. So betont auch Karl-Wilhelm Grünewälder, dass sich Exkursionserfahrung und theoretisches Wissen ergänzen müssen. Einerseits werden die im Unterricht abstrakt behandelten Inhalte durch ein direktes Erleben „belebt" und so weiterentwickelt, andererseits können die theoretischen Modelle helfen, eine Ordnung in die unter Umständen verwirrende Komplexität der gemachten Erfahrungen zu bringen und die Zusammenhänge besser zu verstehen. Modellvorstellungen können dabei mit „Brillen" verglichen werden, durch die Unterschiedliches sichtbar (und unsichtbar!) wird. Es hängt so aber eben auch von der „Brille" ab, was überhaupt gesehen werden kann.

Der Text „Thirdspace – Die Erweiterung des geographischen Blicks" von Ed Soja mag belegen, dass sich die wissenschaftliche Anthropogeographie bereits seit einiger Zeit mit neuen Raumkonzepten beschäftigt. In seinem Dreieckmodell fügt er der tradierten Gegenüberstellung von wahrgenommenem Raum (perceived space) und mentalem Raum (conceived space) den gelebten Raum (lived space) hinzu. Diese dritte Komponente sollte den oben angedeuteten Dualismus zwischen den ersten beiden Räumen aufbrechen. Durch die Einbindung des gelebten Raums, der sperrig ist und sich nicht glatt einfügen lässt, sollten nicht nur neue Forschungsansätze, sondern auch konkrete Handlungsperspektiven, wie politische Aktionen, möglich werden. Ohne diesem Raumkonzept erschöpfend nachgehen zu können, könnte man doch versuchen, es für die Schule fruchtbar zu machen. Mit Hilfe dieses Konzeptes ließe sich ein tieferes Verständnis für die Zusammenhänge zwischen dem (Alltags-) Leben der Schülerinnen und Schüler, dem in der Schule gelernten Wissen und der auf Exkursionen wahrgenommenen Realität erzeugen.

Eine Geographiedidaktikerin, bei der dieser gelebte Raum als Ausgangspunkt für ihren Unterricht eine Rolle spielt, ist Doris Deninger, die über die Methode der „Spurensuche" nachdenkt. Für sie sind Spuren „Auffälligkeiten im Alltag, denen man Bedeutung beimisst" – also in gewisser Hinsicht auch so etwas wie Stolpersteine. Der herkömmliche Unterricht versucht in seiner Idealform alle möglichen Störungen weitestgehend auszuschalten. Das Leben selbst könnte allerdings als eine einzige große „Störung" verstanden werden – nicht viele unserer Pläne lassen sich so durchführen, wie vorher gedacht. Auf dem Papier gehen alle physikalischen Gleichungen auf, doch „in Wirklichkeit" verhalten sich die Teilchen eben unter bestimmten Umständen wie eine Welle... Die Reflexionsfragen, die Deninger stellt, haben in ihrem Kern eine „Störung", ein Stolpern der Aufmerksamkeit und diese können gewinnbringend für neue Lernprozesse genutzt werden. In der Didaktik wird ein solcher Ansatz auch als „schülerorientiert" bezeichnet, da er deren Hintergrund in das Unterrichtskonzept mit einbezieht. Auch Schmidt-Wulfen argumentiert bei seinen Kriterien für die Themenwahl im Erdkundeunterricht mit diesem Ansatz, wenn er betont:

„Nähe ist, wo eine Erfahrung vorliegt und eine Informationsverdichtung sich mit einer Sinnbedeutsamkeit, mit persönlicher Betroffenheit, verbindet" (Schmidt-Wulfen, S.346).

Literatur

Androetti, Libero (1998): Stadtluft macht frei, Die urbane Politik der Situationisti-
    schen Internationale, in die Situationistische Internationale 1957 – 1972,
    Ausstellungskatalog, Wien Museum Moderner Kunst.
Deninger, Doris (1999): Spurensuche: Auf der Suche nach neuen Perspektiven in
    der Geographie- und Wirtschaftsdidaktik. In: Vielhaber, Chistian (Hrsg.):
    Geographiedidaktik kreuz und Quer. Institut für Geographie, Wien.
Grünewälder, Karl-Wilhelm (1996): Stadterkundung. Umwelt und Erfahrungen mit
    Hilfe des Geographieunterrichts. In: Schulze, Arnold (Hrsg.): 40 Texte zur
    Didaktik der Geographie. Gotha.
Rhode-Jüchtern, Tilman (1996): Den Raum Lesen lernen. München.
Rinschede, Gisbert (2003): Geographiedidaktik. Paderborn.
Schmidt-Wulffen, Wulf (1996): „Schlüsselprobleme" als Grundlage zukünftigen
    Geographieunterrichts. In: Schulze, Arnold (Hrsg.): 40 Texte zur Didaktik
    der Geographie. Gotha.
Soja, Ed (2003): Thirdspace – Die Erweiterung des Geographischen Blicks. In:
    Gebhardt, Hans (Hrsg.): Kulturgeographie. Aktuelle Ansätze und Entwick-
    lungen. Heidelberg.

5.2 ANDREA GERHARDT: DIE „KLEINGÄRTNERISCHE SPURENSUCHE" IM RAHMEN DER PROJEKTTAGE AN DER ALBERT-SCHWEITZER-SCHULE KASSEL

Der Blick über den Gartenzaun - Vorwort

Die Entstehung von Kleingärten, als gestalterisches Element im urbanen Raum, lässt sich auf zwei unterschiedliche Wurzeln zurückführen. Eine dieser Entwicklungslinien geht vom Leipziger Arzt Moritz Schreber (1808-1861) aus, dem Namensgeber für die *Schrebergärten*. „Erfinder" des ersten Schrebervereins in Leipzig, der 1864 am Johannapark eingeweiht wurde, war indes nicht Schreber selbst, sondern der Schuldirektor Ernst Hauschild. Dieser Gartenverein entstand ursprünglich als ein Schulverein in Zusammenarbeit mit Eltern und Schülern und da man ihn nicht „Erziehungsverein" nennen wollte, benannte man ihn zu Ehren des damals bereits verstorbenen Dr. Schreber. Der erste Schreberplatz in Leipzig war zunächst eine einfache Spielwiese, auf der Kinder von Fabrikarbeitern unter Betreuung eines Pädagogen spielen konnten. Erst später kam ein Lehrer auf die Idee, auf dem Gelände „Kinderbeete" anzulegen, die als zusätzliche Beschäftigungsmöglichkeit für die Kinder gedacht waren. Durch die aktive Mitwirkung der Eltern entwickelten sich die Gärten rasch zu Refugien der ganzen Familie. Aus den „Kinderbeeten" wurden so schließlich „Familienbeete", die man später parzellierte und umzäunte. Ab jetzt nannte man sie *Schrebergärten* und 1869 umfasste diese Anlage bereits etwa 100 Parzellen. Neben Zäunen, Lauben und Schuppen entstand nun auch ein Regelwerk in Form einer Vereinssatzung. Bis zum Ende des 19. Jh. entstanden 15 weitere Schrebervereine in Leipzig und die historische Kleingartenanlage *Dr. Schreber* steht heute unter Denkmalschutz. Seit 1996 befindet sich auf diesem Gelände das Deutsche Kleingärtnermuseum.

Neben dieser „pädagogischen" Entwicklungslinie der Kleingärten als „Schulgarten", entstanden verstärkt nach dem Zweiten Weltkrieg überall in Deutschland und Europa sogenannte „Armengärten", die der (Stadt-) Bevölkerung eine breitere Ernährungsgrundlage sichern sollten. Die Entstehung der „Armengärten" geht zurück auf ein ganzes Maßnahmenbündel zur Bekämpfung der Armut, die sich im Zuge der Industrialisierung mit der vor allem in den Städten rapide steigenden Bevölkerung zu Beginn des 19. Jh. entwickelte. Fabrikbesitzer, Stadtverwaltungen und Wohlfahrtsorganisationen verschrieben sich der immer dringlicher werdenden Aufgabe, dem Hunger und der Verarmung entgegenzuwirken. 1826 existierten solche Gärten bereits in 19 Städten und bis Mitte des 19. Jahrhunderts entstanden insbesondere in Berlin die Laubenkolonien des Roten Kreuzes („Rotkreuzgärten") und der Arbeiterbewegung sowie die Gärten der Bahnlandwirtschaft („Eisenbahnergärten") mit der bis heute gültigen Größe von 400 m². Auch wenn die Nutzung städtischer Flächen als Kleingarten häufig mit der herrschenden Wohnungsnot kollidierte, konnte sich die Kleingarten-Bewegung etablieren und weiter durchsetzen.

Die Idee der *Arbeitergärten* ist auch für die im Stadtgebiet von Kassel entstehenden Kleingarten-Kolonien prägend. Dem Konzept der „Armengärten" folgend, sollten die ersten Arbeitergärten vorrangig die wirtschaftliche Not von Arbeitern und Angestellten lindern, die oft am Rande des Existenzminimums in Mietskasernen auf engstem Raum lebten. Daneben hatten die Arbeitergärten, im Sinne einer sozialen Funktion, die Konsolidierung der (Klein-) Familie zum Ziel. So war beispielsweise in der Satzung des Deutschen Roten Kreuzes die Stärkung des Familiensinns ebenso festgelegt, wie die Förderung der gemeinschaftlichen Erholung im Garten. Neben der Verbesserung der Ernährungsgrundlage durch selbst angebautes Gemüse und Ost, sollte die Gartenarbeit darüber hinaus den Familienvater vom Wirtshausbesuch ablenken. Aufgrund dieser familienfreundlichen Ausrichtung wurde eine weitere Erschließung neuer Gärten auch von Frauenvereinen unterstützt, die teilweise die Erschließung des Geländes, die Pachtgebühren und die Installation einer Wasserversorgung finanzierten. Das Bewirtschaften der Arbeitergärten folgte strengen Regularien; so galt bei Festlichkeiten auf dem Gelände z.B. ein strenges Alkoholverbot.

In ganz Deutschland gab es 1911 etwa 30.000 Arbeitergärten und 1921 wurde schließlich der *Reichsverband der Kleingartenvereine Deutsch-*

lands gegründet, um die Interessen der Klein- und Schrebergärtner besser vertreten zu können. Der *Bundesverband Deutscher Gartenfreunde* vertritt heute etwa fünf Millionen Kleingärtner und steht vor der Herausforderung des Bedeutungswandels der Kleingarten-Bewegung. Nicht nur viele langjährige Parzellen-Pächter scheinen mittlerweile in die Jahre gekommen zu sein, sondern auch bestehende Vereinssatzungen und andere rechtliche Grundlagen. Kleingartenvereine gelten heute als „bieder" – um nicht zu sagen „kleinbürgerlich-spießig"[9] – und „überreglementiert"[10]. Dieses Image schreckt vor allem junge Leute als potenzielle Pächter häufig ab, die mit der im Bundeskleingartengesetz festgeschriebenen Nutzung der Parzelle zu gartenbaulichen Zwecken nicht mehr das gleiche verbinden, wie noch die Generation ihrer Großeltern. Obst- und Gemüseanbau treten zunehmend in den Hintergrund und machen einer wachsenden Bedeutung des Kleingartens als Naherholungsgebiet Platz. Zunehmend wird der Kleingarten als Refugium einer neuen Gartenkultur auch Teil einer sich wandelnden Ästhetisierung von Natur.

Das Kleingarten-Grün im dicht besiedelten Stadtraum bedarf offenbar einer neuen Fundamentierung, jenseits vom Aspekt der Selbstversorgung. So wirbt beispielweise die *Bundesarbeitsgemeinschaft modernes Kleingartenwesen* in einer seit 1999 öffentlich geführten Diskussion für eine zeitgemäße Gestaltung des Kleingartenwesens, die nicht nur Rücksicht auf Umwelt und Natur nimmt, sondern auch auf Menschen und ihre Bedürfnisse nach Erholung und Entspannung. So heißt es zum Beispiel in den *Eckwerten zur Zukunft des Kleingartens in Deutschland*: „Der Kleingarten muss vom Image des „Armengartens" befreit und als familienfreundliches Kernelement des privaten Grüns im Innenbereich der Städte und Gemeinden ökologisch und sozial aufgewertet werden."[11] Diese Aufwertung soll vor allem über die Verankerung neuer

---

[9] Vgl. André Christian Wolf: Kleine bunte Gärten. Bürgerengagement und Initiative in Kleingärtnervereinen. In: http://www. planung-neu-denken.de /images/stories/ pnd/dokumente /pndonline1_2008_wolf.pdf

[10] Vgl. Christiane Nienhold: Neue Gartenkunst für Deutschland? in: http://lexitv.de/themen/freizeit/ kleingarten/ gaerten_fuers_volk/2; 20.05.2010.

[11] Vgl. Verband Deutscher Grundstücksnutzer e.V. (VDGN) Bundesarbeitsgemeinschaft für ein modernes Kleingartenwesen November 2005: Eckwerte zur

gesetzlicher Regelungen geschehen (z.B. durch das Verbot des Umwandelns von Kleingartenland in Bauland), aber es wird darüber hinaus auch an den „traditionalistischen" Grundfesten gerüttelt; wie z.B. an der Verpflichtung zum Nutzpflanzenanbau. So heißt es in den *Eckwerten* weiter: „Überwiegend aber dominieren heute die ökologischen und sozialen Funktionen, in Sonderheit als Ort der Erholung, der Begegnung und einer aktiven Freizeitbeschäftigung in und mit der Natur. Die Gewinnung von Gartenbauerzeugnissen sollte der freiwilligen Entscheidung des Kleingärtners vorbehalten bleiben." Diese doch recht deutlich formulierte Absage an die Verpflichtung zum Obst- und Gemüseanbau, ist nicht nur eine einfache Forderung, die Vereinssatzungen zu lockern. Unterstrichen wird damit die Notwendigkeit des Strukturwandels und die überfällige Abkehr von einer Tradition, die häufig genug durch eine längst gängig gewordene veränderte Praxis als inhaltsleer enttarnt wird.

Neben aller Notwendigkeit des Wandels und der neuen rechtlichen Fundamentierung des Kleingartenwesens, ist ein besonderes Merkmal von Kleingartenkolonien sicher in dem sehr konstanten sozialen Gefüge zu finden. So konstatiert Wolf für das Kleingartenwesen in Münster:

„Wer sich einmal für einen Kleingarten entscheidet, gibt ihn nicht so schnell wieder auf. Die sehr niedrige Aufgabequote von Kleingärten mit durchschnittlich zwei aufgegebenen Gärten pro Jahr pro Anlage, die lange Verweildauer und die Zufriedenheit mit dem sozialen Zusammenhalt in den Kleingärtnervereinen legen nahe, dass Kleingartenanlagen ein überaus stabiles Sozialgefüge bieten."[12]

Eine Einschätzung, die sich sicher auch auf Kasseler Verhältnisse übertragen lässt. Diese Stabilität des sozialen Gefüges begünstigt immer auch das Entstehen von Klischees und Vorurteilen[13] und trägt so in nicht

---

Zukunft des Kleingarten in Deutschland. In: http://www.vdgn.de/menue/ problem/ kgarten/kgartenecke.html; 16.07.2010.

[12] Vgl. André Christian Wolf: Kleine bunte Gärten; S.3

[13] Während sich ein Klischee auf ein sprachlich-schablonenhaftes Bild oder ein eingefahrenes Denkschema bezieht und somit (ideal-)typische Eigenschaften zuschreibt (Bsp: Die Deutschen sind pünktlich, ordentlich, strebsam...), ist ein Vorurteil ein vorab wertendes Urteil und meist mit einer abwertenden Konnotation versehen. Vorurteile sind handlungsleitend; d.h. häufig Ausgangspunkt für motiv-

unerheblicher Weise zum bestehenden Image der Kleingärtner bei. Nicht selten handelt es sich bei Kleingärtnern noch immer um „eingeschworene Gemeinschaften", auch wenn die Zahl der Mitglieder mit Migrationshintergrund weiter steigt[14]. Heterogener sozialer Status und kultureller Hintergrund bei den Neu-Pächtern führen häufig zu Spannungen innerhalb der Kleingärtner-Gemeinschaft und vor allem zu Differenzen innerhalb der Auffassungen von „Kleingarten-Kultur".

Die Erforschung von Kleingärten im Rahmen eines schulischen Projekts

Die Durchführung von Projekttagen an den Schulen steht häufig in der Kritik. Unbestritten erfüllen sie derzeit eher die Funktion des „Lücken-Füllens" am Ende des Schuljahrs, wenn die Zeugnisse geschrieben sind, die Klassen- und Abschlussfahrten durchgeführt werden und ohnehin kein richtiger Unterricht mehr stattfindet. Der pädagogisch-didaktische Anspruch an diese schulische Veranstaltung muss sicher dementsprechend herabgesetzt werden. Zur Charakterisierung der Projekttage kann jedoch zumindest festgehalten werden:

„Gelernt wird dort, wo ein Thema am besten zu bearbeiten ist, und das ist oft auch weiter weg vom Schulgelände; (...) Am Ende einer ProWo gibt es einen Präsentationstag, an dem Erlebnisse, Entdeckungen, (...) und viele andere Arbeitsergebnisse vorgestellt werden und alle Schüler, Lehrer und Eltern mitmachen und mitspielen können. (...) Während einer Projektwoche gibt es nicht den sonst üblichen Unterricht, kein 45-Minuten-Raster und keinen Fachunterricht. Die Kinder und Jugendlichen

---

gesteuerte Handlungen. In diesem Sinne sind Vorurteile gewissermaßen ‚hartnäckiger' als Klischees und beruhen wie diese meist auf unreflektierten Einstellungen und unzureichender Kenntnis aller relevanten Eigenschaften eines gewerteten Sachverhaltes oder einer Person.

[14] Vgl. Christina Hein: Familien lieben Kleingärten. In HNA online; Quelle: http://www.hna.de/nachrichten/stadt-kassel/ kassel /familien-lieben–kleingaerte n-804315.html

werden weder nach Jahrgängen, noch nach bestimmten Leistungen in Gruppen sortiert."[15]

Der oben angesprochene Bedeutungswandel von Kleingärten und ihrer Funktion im städtischen Raum inspiriert zu einer näheren Erkundung und die Projekttage der Schule bieten einen idealen Rahmen, um diese Erkundungen mit einer Gruppe Schülerinnen und Schülern durchzuführen. Die Idee zum Projekttagsangebot *„Kleingärtnerische Spurensuche"* entstand vor dem Hintergrund des übergreifenden Themas der Projekttage („Perspektivwechsel") und im Hinblick auf den Anspruch, ein möglichst fächerübergreifendes Angebot für die Schülerinnen und Schüler zu erstellen. Im Zentrum der Idee stand zunächst die Auseinandersetzung mit dem Thema *„Vorurteile und Klischees"* (vgl. Ankündigungstext des Projekts im Anhang), womit sowohl der konstatierte Image- und Bedeutungswandel von Kleingärten und Kleingärtnern aufgenommen werden konnte, als auch genügend Spielraum für die Fragen der Schülerinnen und Schüler blieb, die möglichst eigenständig an ihren eigenen Themen arbeiten sollten.

In der Projektleitung war zunächst die Kooperation mit einer Kollegin geplant, die neben dem Fach Erdkunde auch das Fach Kunst vertritt. Dies hätte sicher eine Schwerpunktsetzung der Schülerarbeiten auch auf die Aspekte der sich wandelnden Ästhetisierung von Natur und der „Garten-Kunst" ermöglicht. Aus organisatorischen Gründen ergab sich aber schließlich die Zusammenarbeit mit Frau Susanne Reith, die nun mit Augenmerk auf das von ihr vertretene Fach Deutsch, einen besonderen Schwerpunkt auf die Narrationen rund um das Thema Kleingärten betreute.

Eine weitere Grundlage für dieses Projekttagsangebot wurde bereits 2008 im Rahmen eines ‚Exkursions-Experimentes' gemeinsam mit der GRUPPE experiment exkursion KASSEL entwickelt. Die in diesem Zusammenhang erarbeiteten Fragebögen fanden in unveränderter Form nun auch für die Gruppe der Schülerinnen und Schüler, resp. ihrer El-

---

[15] Albert Heller und Rüdiger Semmerling (Hrsg.): Das PROWO-Buch. Leben, Lernen, Arbeiten in Projekten und Projektwochen. Königstein Ts: Scriptor 1983, S.47.

294

tern, Anwendung. Neben der Sicherung des organisatorischen Rahmens und der begleitenden Betreuung der Arbeiten der Schülerinnen und Schüler, liegt daher ein Schwerpunkt der vorliegenden Dokumentation auf der Auswertung und Evaluation des Projekts der *„Kleingärtnerischen Spurensuche"*.

In der Vorbereitung des Projekts wurde die Zusammenstellung von Arbeitsmaterialien dadurch erschwert, dass Alter und Anzahl der Teilnehmerinnen und Teilnehmer kaum vorher eingeschätzt werden konnten. Erst kurz vor der Vorbesprechung – eine Woche vor Projekttagsbeginn – war die Zusammensetzung der Schülergruppe bekannt. Aus dem Jahrgang 5 hatten sich schließlich sechs Schüler, aus der 6. Klasse zwei, aus der 7 drei und aus den Jahrgängen 8 und 11 jeweils zwei Schülerinnen und Schüler zusammengefunden. Für alle Beteiligten sicher eine sehr ungewohnte Situation; im Schulalltag ergibt sich kaum ein Arbeitszusammenhang, der so viele Jahrgänge umfasst.

Für die Vorbesprechung wurde schließlich für alle Teilnehmerinnen und Teilnehmer einen Stadtplan von Kassel kopiert, da das Gebiet für unsere „Feldforschung" ja vorab noch nicht feststand und möglichst alle Teilnehmerinnen und Teilnehmer an der Auswahl beteiligt sein sollten. Im Vorfeld wurden von der Projektleitung aus praktischen Gründen Kleingarten-Kolonien favorisiert, die mit einer Buslinie in der Nähe der Schule gut zu erreichen waren. Als weiteres Material für die Vorbesprechung diente ein Zeitungsartikel aus der HNA vom 19.05.2010 (siehe Anhang) mit dem Titel *„Grüne Idylle und Bio-Gemüse. Kleingärten sind in Mode"*. Neben der Frage, wie man als potenzieller Pächter an einen Kleingarten herankommt, lieferte dieser Artikel sowohl einige Hintergrundinformationen zum finanziellen Rahmen und der „Kleingarten-Klientel" als auch bereits Hinweise auf das „Image" von Kleingärten und in diesem Zusammenhang auf bestehende Vorurteile und/oder Klischees.

Während der Vorbesprechung ergab sich, dass keiner der Teilnehmenden selbst kleingärtnerisch aktiv waren. Lediglich die Großeltern einer Schülerin bewirtschafteten einen Kleingarten; alle anderen hatten kaum Erfahrungen oder bestimmte Erwartungen an die Thematik. Da wir uns schon aus organisatorischen Gründen für nur ein Gebiet entscheiden

mussten, wurde schließlich das Gebiet am Kasseler Warteberg vorgeschlagen.

Auf diesem Gelände sind die Kleingartenvereine *Hegelsberg*, *Goldberg*,

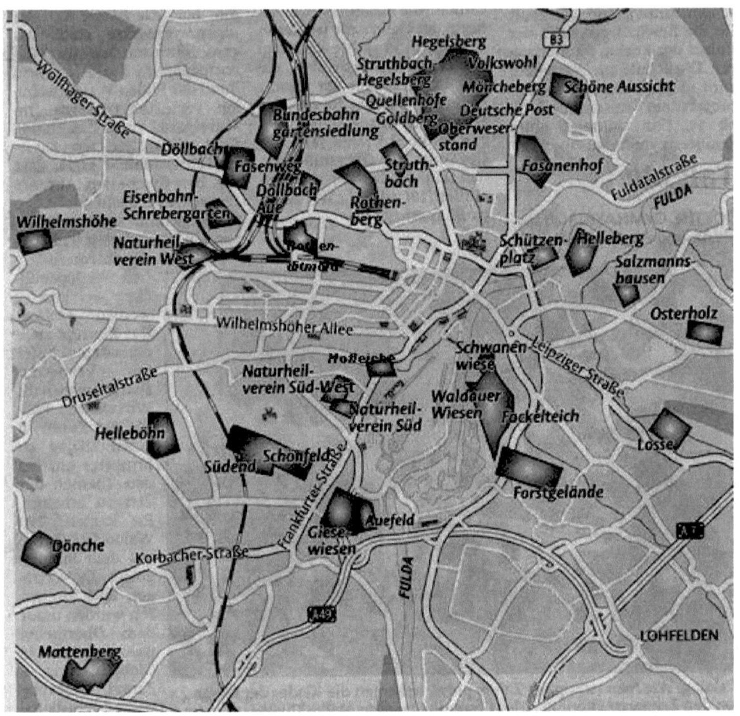

*Struthbach-Hegelsberg, Volkswohl, Möncheberg, Quellenhöfe, Oberwe-
serstand* und *Deutsche Post* ansässig, woraus sich das flächenmäßig
größte zusammenhängende Kleingarten-Gebiet Kassels ergibt (vgl.
nebenstehende Karte[16]). Hinzu kam die verkehrsgünstige Lage des
ausgewählten Gebietes; sowohl mit der Straßenbahn als auch mit dem
Bus war das Gebiet vom Schulgelände aus ohne Umstieg gut zu erreichen.

---

[16] Übersicht über die Kleingartenvereine Kassels. Quelle: www.skv-kassel.de

296

Neben der Frage nach den Motivationen für die Teilnahme am Projekt und den Interessenlagen der teilnehmenden Schülerinnen und Schüler, standen während der Vorbesprechung organisatorische Fragen im Mittelpunkt. Für das Programm der Tage Montag, Dienstag und Mittwoch war jeweils eine Arbeitsphase vor Ort in der Kleingarten-Kolonie vorgesehen. Daneben machte die Projektleitung deutlich, dass es für eine Erkundung „im Gelände" zunächst eine *Leit-* oder *Arbeitsfrage* bedarf und damit in Zusammenhang stehend der Festlegung auf eine *Methodik*. Bevor es also in die „Feldforschung" ging, mussten die Fragen nach dem „Was" und dem „Wie" möglichst eindeutig geklärt werden, um arbeitsfähig sein zu können. Bereits während der Vorbesprechung haben sich sechs Arbeitsgruppen unterschiedlicher Größe zusammengefunden. Die beiden Schüler aus dem Jahrgang 11 bildeten ebenso ein Team wie die Schülerinnen aus der Klasse 8 und der 6. Klasse. Eine Dreiergruppe bildeten die Schüler aus Klasse 7 und die Fünftklässler teilten sich in eine Vierergruppe sowie ein Zweierteam.

Am Montagmorgen teilte die Projektleitung zunächst die vorbereiteten „Feld-Forschungs-Ausweise" für die Teilnehmer/-innen aus (vgl. Muster im Anhang). Die Erstellung solcher Ausweise schien für alle Beteiligten von Vorteil zu sein; schließlich sollten die Arbeitsgruppen am Dienstag und Mittwoch möglichst eigenständig auf dem Gelände der Kleingartenvereine unterwegs sein und die Projektleitung konnte nicht alle fünf Arbeitsgruppen begleiten. Mit der auf dem Ausweis angegebenen Telefonnummer war die Projektleitung, die sich ja während der „Feld-Forschungs-Phase" ebenfalls auf dem Gelände aufhielt, stets erreichbar. Zudem konnten die Schülerinnen und Schüler ihr Anliegen gegenüber den Kleingärtnern in gewisser Weise legitimieren.

Der erste Tag stand ganz im Zeichen der inhaltlichen Arbeit. Leit- und Arbeitsfragen sollten schließlich entwickelt und möglichst bereits erste methodische Festlegungen getroffen werden. Es erwies sich jedoch als nicht ganz unproblematisch, mit der Gruppe strukturiert vorzugehen. Die sehr unterschiedlichen Vorkenntnisse von Schülern des Jahrgans fünf und Schülerinnen der 8. Klasse erwiesen sich schließlich als ständiger ‚Stolperstein' innerhalb der Kommunikation – während die Achtklässlerinnen bereits über ganz andere Dinge diskutierten, musste die Projektleitung mit den jüngeren Schülern weitaus grundsätzlichere Fragen klären. Zwei Jungs aus der siebten Klasse nutzten zudem jede Gelegenheit, durch eher unkooperatives Verhalten aufzufallen. Der erste inhaltliche Punkt bezog sich auf den Aspekt des Spuren-Lesens. Da das „Spuren-Lesen" bereits im Titel des Projektes auftaucht, wurde zunächst in der Gesamtgruppe geklärt, was darunter verstanden wird. Folgende Aspekte wurden schließlich festgehalten:

Eine Spur ist – ganz allgemein – ein Hinweis auf Etwas oder Jemanden (→ Verursacher).

Es lassen sich Vermutungen über den/die Verursacher von Spuren anstellen.

Es kann davon ausgegangen werden, dass bestimmte Dinge mit Absicht so gemacht werden (→ Intention).

Die anfänglichen Vermutungen müssen überprüft werden (z.B. durch nachschauen, zählen, befragen, ...)

Es wurde darüber diskutiert, welche (Vor-)Annahmen bezogen auf die Kleingärten und Kleingärtner wohl welche „Spuren" hinterlassen. Besonders am Aspekt der „Spießigkeit" hielten sich die Schülerinnen und Schüler länger auf. Dieses anfängliche Interesse blieb erhalten; wie aus den Ergebnissen ersichtlich, zieht sich die Frage nach der „Spießigkeit" von Kleingärtnern dann auch folgerichtig durch gleich mehrere Teilprojekte. Um es vorweg zu nehmen: Im Rahmen der Teilprojekte wurden in den nächsten Tagen Spuren gesucht und gefunden: Spuren von ‚*Partys*', von ‚*Spießern*', von ‚*Patriotismus*', von ‚*Sterilität/Überordnung*', Spuren, die auf eine große ‚*Regeltreue/Konformität*' von Kleingärtnern hindeuteten, Spuren, die auf ‚*Kinderfreundlichkeit*' schließen lassen und letztlich Spuren von eigenen Vor-Urteilen, bez. Klischees, indem das ausformulierte „Bild im Kopf" mit der Wirklichkeit verglichen wurde (vgl. Teilprojekt 5).

Die Neugier auf das Kleingarten-Gebiet war groß, das Wetter hervorragend und da kaum jemand von den teilnehmenden Schülerinnen und Schülern, wie bereits erwähnt, bislang nähere Erfahrungen mit Kleingärten machen konnte, entschied die Projektleitung schließlich, die erste gemeinsame Exkursion in das Gebiet der Kleingarten-Anlagen zeitlich um etwa eine Stunde vor zu verlegen. Wenn es darum ging, Fragen zu entwickeln, dann mussten sich zunächst welche stellen können. Hier sollte der Effekt der viel zitierten „Begegnung mit dem Realobjekt"[17] zum Tragen kommen und seine Wirkung entfalten. Des Weiteren ergab sich sogleich die gute Gelegenheit, alle Teilnehmerinnen und Teilnehmer auf geltende Verhaltensregeln vor Ort aufmerksam zu machen.

Satellitenaufnahme vom Gebiet der Kleingarten-Kolonie am Kasseler Warteberg. Quelle: Google Earth.

---

[17] Vgl. Gisbert Rinschede: Geographiedidaktik. Paderborn: Schöningh 2003.

Im Folgenden werden die einzelnen Teilprojekte zusammen mit den wichtigsten Ergebnissen vorgestellt. Leider gab es technische Schwierigkeiten mit den Ergebnissen aus dem GPS-Projekt der beiden Schüler aus dem Jahrgang 11, weshalb auf eine detaillierte Darstellung in diesem Rahmen verzichtet werden muss.

Die Gruppe, welche das **Teilprojekt 1** mit dem Titel *„Spießer & Co II"* bearbeitete, setzte sich aus vier Schülern der 5. Klasse zusammen. Ihre Frage war „Sind alle Kleingärtner Spießer?" und rasch hatte diese Gruppe Merkmale zusammengestellt, die für sie auf „Spießigkeit" von Kleingärtnern hindeuteten. Darunter waren: Sehr ordentliche Gärten, gerade geschnittene Hecken, saubere Blumenbeete, unfreundliche Leute und Gartenzwerge. Mit Protokollkarten und Zählgeräten ausgestattet, machten sich die Schüler auf den Weg.

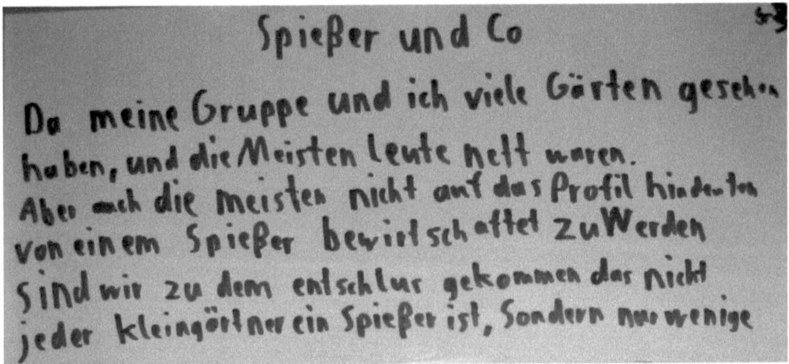

Das Fazit hinsichtlich der empirischen Überprüfung von „Spießigkeit" sei an dieser Stelle vorweg genommen: *„Spießer und Co Da meine Gruppe und ich viele Gärten gesehen haben, und die Meisten Leute nett waren. Aber auch die meisten nicht auf das Profil hindeuten von einem Spießer bewirtschaftet zu werden sind wir zu dem entschlus gekommen das nicht jeder kleingärtner ein Spießer ist, Sondern nur wenige".*

Die Schüler untersuchten in den zwei Tagen die stattliche Anzahl von insgesamt 143 (!) Gärten und beließen es nicht beim Zählen von Gartenzwergen, bez. Gartenfiguren. Sie dehnten ihre Erkundungen auch auf die quantitative Erfassung von Fahnen, sowie auf Spielsachen (Schaukeln, Sandkisten, etc.) aus. Das Vorhandensein von Fahnen interpretierten die Schüler als Zeichen dafür, dass Kleingärtner besonders stolz auf ihr Land seien. Das Vorhandensein von Spielgeräten in den Gärten brachte die Gruppe in einen Zusammenhang mit einer kinderfreundlichen Haltung. Zu den wichtigsten Erkenntnissen gehörte zum einen die Bestätigung der Vorannahme, dass Kleingärtner Gartenzwerge besonders lieben.

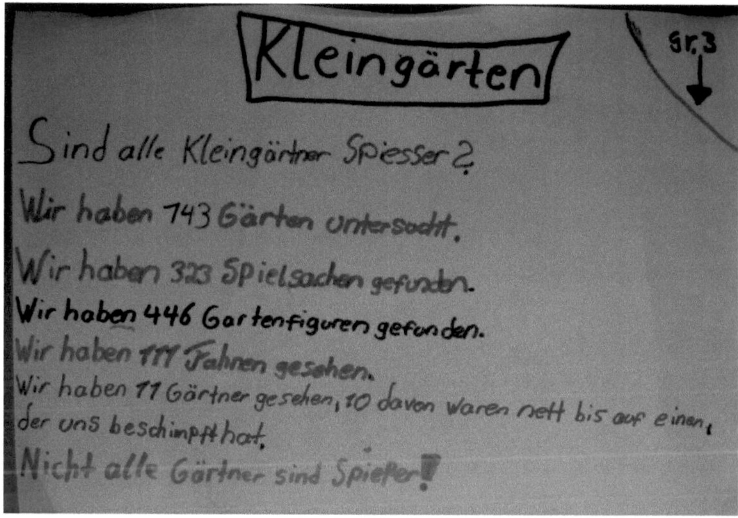

So lautete dann ein Fazit: *„Fast in jeden Gärten gibt es Gartenzwerge"* und *„Nicht nur Spießer haben Gartenzwerge"*. In diesen beiden Aussagen kommt knapp und prägnant zum Ausdruck, dass während der Arbeitsphase der Gruppe eine Entkopplung der Begrifflichkeiten „Spießer" und „Gartenzwerge" stattgefunden hat. Vor allem die Tatsache, dass sich die Kleingärtner, mit denen die Schüler sprachen, stets als freundlich und interessiert erwiesen, beeindruckte die Gruppe nachhaltig. Am zweiten Exkursionstag wurde die Schülergruppe sogar in einen Garten eingeladen, um sich dort genauer umsehen zu können und in einem weiteren Fall bekamen sie Limonade angeboten. Die Gruppe bilanziert: *„Wir haben 11 Gärtner gesehen, 10 davon waren nett, bis auf einen, der uns beschimpft hat"* und unterstreicht *„Nicht alle Gärtner sind Spießer!"*

Die Auswertung der erfassten Fahnen ist ebenfalls interessant und verdient eine nähere Betrachtung. „Mehr als 60% der Fahnen waren Deutschlandfahnen, das heißt, die meisten Kleingärtner sind stolz auf ihr Land. Es gab aber auch 40% andere Fahnen, wie z.B. USA, Italien, Australien, Thüringen, Hessen, Bayern. Es gibt viele Kleingärtner, die eine Fahne in ihrem Kleingarten haben." Dieser Befund steht nicht unbedingt für eine wachsende Heterogenität des sozialen Gefüges. Die angeblich steigende Anzahl Kleingärtner mit Migrationshintergrund schlägt sich ganz offensichtlich nicht in der Praxis des Fahnenaufstellens nieder. Es stellt sich an dieser Stelle die Frage, ob die Kleingärtner mit anderem kulturellen Hintergrund vielleicht gezielt darauf verzichten, eine Fahne ihres Herkunftslandes aufzustellen. Überhaupt wäre die Intention des Fahne-Hissens genauer zu hinterfragen. Zusammenfassend lässt sich festhalten, dass die Arbeitsgruppe im Teilprojekt 1 binnen der zwei Tage im Gelände mit Fleiß und Methode Daten gesammelt hat. Die Schüler haben ihre Voreinstellungen gegenüber Kleingärtnern artikuliert und empirisch überprüft.

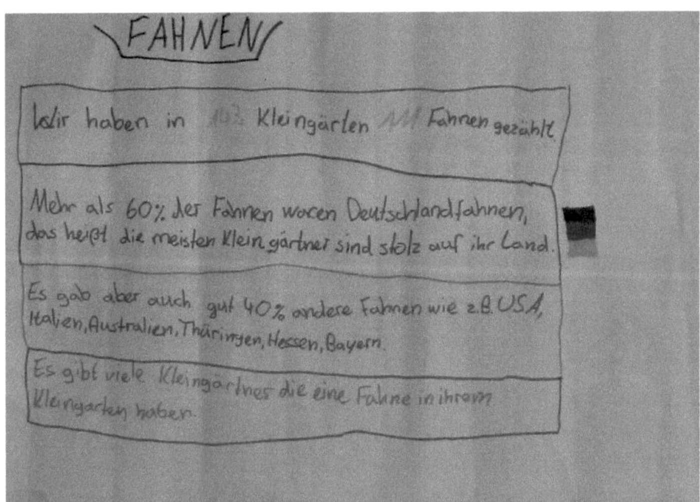

Das Schüler-Team im **Teilprojekt 2** mit dem Titel „Das Schöne an Kleingärten" hat eine völlig andere Vorgehensweise gewählt als die vorherige Gruppe. Sie formulierten für sich die Behauptung „Kleingärten sind toll!" und haben vor Ort etwa 15 Personen befragt, warum sie ihre Gärten so gut finden. Das Team führt aus: „Wir haben viele Kleingärtner befragt und sind so zu unserem Bericht gekommen." Die beiden Schüler dokumentierten die Aussagen der befragten Kleingärtner akribisch auf ihrer Protokollkarte und ergänzten die doppelten Aussagen durch entsprechende Markierungen.

18

---

[18] Das Tolle an Kleingärten ist, dass man draußen ist, alles schön bunt ist und man seine Ruhe hat. Außerdem ist man an der frischen Luft und man kann dort seine Freizeit verbringen. Manchen macht es Spaß, einfach nur inmitten schöner Blumen zu sitzen, anderen macht es mehr Spaß, wilde Partys zu feiern und zu grillen. Viele sitzen aber auch in ihrer kleinen Gartenhütte und schauen Fußball. In den meisten Kleingärten sind Gemüsebeete und viele Blumen. Eine der Frauen, die wir befragt haben, sagte uns, dass sie gerne die Natur genießt und dabei

Leider wurde der Bericht der Schüler nicht durch eine eigene Stellung-nahme ergänzt und es ist auch nicht dokumentiert, ob die Schüler vor Beginn ihrer Feldstudien selbst der Ansicht waren, dass Kleingärten toll sind. Die beiden Fünftklässler hatten ein enormes Mitteilungsbedürfnis und haben sehr viel von ihren Erlebnissen währen der Forschungsphase im Gelände erzählt. Die schriftliche Dokumentation ihrer Untersuchung ist ihnen nicht sehr leicht gefallen.

Ganz anders das Mädchen-Team aus der Jahrgangsstufe 6, welches das **Teilprojekt 3** *„Spießer & Co I"* bearbeitet hat. Die beiden Schülerin-nen haben bereits in der Vorbereitung aktiv an einer Arbeits-Definition für den Begriff „Spießer" mitgearbeitet. Die zusammengestellte Liste bestand aus den Punkten *„- reagieren unfreundlich – Garten mit der Nagelschere zurecht gemacht – fahren Mercedes – wollen nicht, dass man in ihre Gärten guckt – viele Gartenzwerge – mögen keine lauten Partys".* In bemerkenswert eigenständiger Arbeitsweise haben sich die Schülerinnen einen entsprechenden Fragebogen entworfen, wo weitere Merkmale für „Spießigkeit" hinzu kamen wie z.B. das Hören von klassi-scher Musik. Das Ergebnis ihrer Umfrage ist wie folgt ausgefallen:

*„7 von 10 Gärtnern mögen Gartenzwerge
2 von 10 Gärtnern fahren Mercedes
5 von 10 Gärtnern hören gern klassische Musik
4 von 10 Gärtnern haben Kinder unter 18 Jahren
(4 von 10 haben Kinder über 18)"*

Der Status der Elternschaft für die Bewertung des Grades an „Spießig-keit" ist nicht vollständig geklärt. Dennoch steht hinter dem abschließen-den Urteil *„Wir haben ausgewertet, dass 6 von 10 Gärtnern unserer Meinung nach nicht spießig sind"* eine ausgeklügelte Gewichtung der einzelnen Angaben aus dem Fragebogen.

Obst aus ihrem Garten isst. Ein älterer Mann sagte uns, dass er sich in seinen Kleingarten zurückziehen kann und dass er dort Ruhe hat vor lauten Kindern. Manchmal übernachtet er sogar in der kleinen Hütte, die in seinem Kleingarten steht.

Neben der Erhebung mit Hilfe des Fragebogens, waren die beiden Schülerinnen zusätzlich mit der Videokamera unterwegs. Sie haben zwei Interviews aufgezeichnet, die während der Präsentation im Klassenraum über den Beamer an die Wand projiziert wurden. Die Erkenntnisse aus den geführten Interviews sind ebenfalls in die abschließende Bewertung eingeflossen. In den aufgezeichneten Interviews ist zum einen eine Frau um die sechzig Jahre mit deutlich osteuropäischem Akzent zu sehen. Sie erzählt von der Verwüstung ihres Gartens vor einigen Monaten. Die Scheiben der Laube sind eingeschlagen worden und viele Pflanzen wurden herausgerissen. Sie beklagt sich ein wenig, dass die Polizei nichts machen könne und zeigt den Schülerinnen Fotos von der Zerstörung.

Das zweite Interview zeigt einen Mann, ebenfalls um die sechzig Jahre alt. Die Fragen, die die Schülerin stellt, unterscheiden sich erheblich von denen des Fragebogens. So wird unter anderem nach Lieblingspflanzen des Kleingärtners gefragt. Zudem erfährt man, dass der Befragte fast täglich im Garten ist – auch im Winter. Zur kalten Jahreszeit baut er Gemüse im Gewächshaus an. Da die Videos in diesem Rahmen nicht eingebunden werden können, im Folgenden lediglich ein kurzer Eindruck aus dem Interview:

Schülerin: Es gibt ja das Vorurteil, dass Kleingärtner spießig sind – was meinen Sie dazu?

Kleingärtner: Hmm. Na ich würd sagen, ich bins nid!

Schülerin: Verstehen Sie sich gut mit ihren Nachbarn?

Den Schülerinnen hat das Video-Interview ganz offensichtlich viel Freude bereitet und sie waren sehr gut auf die beiden aufgezeichneten Gespräche vorbereitet. Offenbar waren nicht mehr Kleingärtner bereit, sich
beim Interview filmen zu lassen. Die Präsentation der beiden Schülerinnen war von allen Teilprojekten die materialreichste und medieninten-
sivste. Neben einer Folie, auf der die Schülerinnen die Ergebnisse ihrer
Umfrage dokumentiert haben und die mit Hilfe des Overhead-Projektors
an eine Wand des Klassenzimmers projiziert worden ist, liefen die beiden oben bereits erwähnten Videos zunächst über eine eigens einge-
richtete Laptop-Station und später dann über den Beamer. Zusätzlich
fertigten die Schülerinnen ein Plakat, auf dem mit Hilfe von ausgewählten Fotos kurz zusammengefasst wurde, wie ihrer Meinung nach der
idealtypische „Spießer-Garten" und wie dazu im Gegensatz der „Nicht-
Spießer-Garten" aussieht.

Im **Teilprojekt 4** setzten sich drei Schüler aus der 7. Klasse mit der
Frage auseinander, ob Kleingärtner „gesellig" und „regeltreu" sind. Sie
stellten fürs Erste die Behauptung auf, dass man in Kleingärten *„gut
Party machen"* könne und entwarfen dazu folgende Arbeits-Definition:
*„mit vielen Freunden treffen – eventuell grillen – leckere Getränke trin-
ken – laute Musik hören – lustige Sachen machen – sich mit Kumpels
unterhalten".* Die Schüler haben sich viel mit den Kleingärtnern unterhalten; schriftlich fixiert haben sie aber weder ihre Fragen noch einzelne
Antworten. Sie besuchten insgesamt 133 Gärten und zählten *„27 Spuren für Partys"*, wobei nicht vollständig geklärt ist, welche Indizien genau
zusammen kommen mussten, um eine solche Spur zu ergeben. Die
Anwesenheit eines Grills im Garten reichte dafür jedenfalls nicht aus.

306

Die wichtigste Grundlage der gewonnenen Erkenntnisse waren die geführten Gespräche, die sich nicht an einem zuvor fixierten Leitfaden orientierten. Bei dieser Schülergruppe war gut zu beobachten, dass sich ein wenig methodisches Vorgehen unweigerlich in der Qualität der Ergebnisse niederschlägt. Dabei war die Vorbereitung zum zweiten Teil der Befragung durchaus fundiert. In einer durchgeführten Internetrecherche informierte sich die Gruppe über die Vereinsstatuten und die Schüler konnten im Gespräch mit den befragten Kleingärtnern überzeugend darstellen, dass sie genau wussten, was offiziell auf dem Gelände verboten und was erlaubt ist.

Auswertung der Fragebögen und Evaluation der Projektleitung

Die Präsentation der Ergebnisse am letzten Tag der Projekttage beinhaltete eine „Evaluations-Station": Auf einem Tisch waren die beiden Fragebögen (siehe Anhang; I *„Aus ökologischen Gründen..."* und II *„Ich finde Kleingarten-Kolonien prima, weil..."*) ausgelegt. Daneben auch Zettel, auf denen je nur eine Aussage stand (z.B. „Alle Kleingärtner sind Spießbürger") – sie sollten dazu einladen, eigene Stellungnahmen abzugeben. Schließlich lagen noch DIN A3-Bögen aus, auf denen nur das Wort „Kommentar" stand, womit die Möglichkeit der völlig offenen Rückmeldung gegeben war. Um keinen Zweifel zu lassen, wurde noch ein Schild mit der Aufschrift *„Zum Mitmachen"* aufgestellt.

Der Evaluationsbogen I wurde während der Laufzeit des Projekts von den Eltern der teilnehmenden Schülerinnen und Schüler ausgefüllt. Da die Schülerinnen und Schüler aus der fünften und sechsten Klasse noch nicht allzu viel mit diesem Bogen anfangen konnten, erschien die Befragung der Eltern als eine naheliegende Alternative, um die Grundhaltungen und –einstellungen der Teilnehmenden zu hinterfragen. Der Bogen berührt im Wesentlichen zwei Bereiche im Zusammenhang mit der Thematik: Die Frage nach der *Klientel* (oder auch dem „Milieu"); die Frage nach der *Funktion* von Kleingärten. Dem ersten Bereich können die Aussagen 4, 5, 7, 8 und 9 zugeordnet werden. Während die Aussagen 4 und 5 eine allgemeine Einschätzung abfragen, zielen die Aussagen 7 und 8 durch die Abfrage der Bereitschaft zur Übernahme eines Kleingartens darauf ab, ob man sich selbst zur „Kleingarten-Klientel" zählen würde. In der Aussage, ob Kleingärtnern eine Kunst sei (Aussage 9), spiegelt sich eine gewisse Wertschätzung gegenüber gärtnerischem Gestalten als „ästhetischem Handeln". Der zweite Bereich umfasst Aussagen nach der Funktion von Kleingärten und wird durch die Aussagen 1, 2, 3, 6 und 10 repräsentiert. Die Aussagen 1, 2 und 6 hinterfragen die Einschätzungen hinsichtlich der ökologischen Bedeutung, während die Aussagen 3 und 10 auf die Funktion des Kleingartens als (Nah-) Erholungsgebiet abzielen.

Auswertung Evaluation Bogen I // n=20 (10 Eltern; 10 Präsentationstag) // Angaben in Prozent; absolute Häufigkeiten in Klammern.

	stimme zu	stimme nicht zu	weiß nicht
1) Aus ökologischen Gründen sind Kleingärten für jede Stadt wichtig	75 (15)	5 (1)	20 (4)
2) Aus klimatischen Gründen sind Kleingärten für jede Stadt wichtig	65 (13)	10 (2)	25 (5)
3) Für Stadtmenschen sind Kleingärten ein wichtiges Naherholungsgebiet	85 (17)	0 (0)	15 (3)
4) Kleingärten sind was für Rentner	30 (6)	65 (13)	5 (1)
5) Kleingärten sind was für Familien mit Kindern	65 (13)	20 (4)	15 (3)
6) Kleingärten dienen dem Umweltschutz	60 (12)	15 (3)	25 (5)
7) Ich würde einen Kleingarten übernehmen, wenn ich Zeit dazu hätte	40 (8)	45 (9)	15 (3)
8) Ich würde keinen Kleingarten übernehmen, weil mir das zu viel Arbeit wäre	40 (8)	45 (9)	15 (3)
9) Kleingärtnern ist eine Kunst	45 (9)	40 (8)	15 (3)
10) Kleingärten sind ein guter Ersatz für ein Wochenendhaus	60 (12)	25 (5)	15 (3)

Ein Blick in die Ergebnistabelle belegt zunächst eine relativ große Einigkeit hinsichtlich der Bewertung von Kleingarten-Gebieten für die Stadtökologie und als Naherholungsgebiete für „Stadtmenschen". Die Fragen 1, 2 und 6 können für den ökologischen Aspekt zusammen betrachtet werden, auch wenn sie unterschiedliche Gewichtungen ökologischer Relevanz abbilden. Zwischen ökologischen und klimatischen Gründen wird von den Eltern der Schülerinnen und Schüler sowie von den teilnehmenden Besuchern am Präsentations-Tag des Projekts nicht groß differenziert;[19] beides gehört offenbar zu den „natürlichen" Faktoren, die nach dem trivial-ökologischen Paradigma für das Leben in der Stadt eine Rolle spielen sollten. Die Natur „an sich" wird demnach positiv konnotiert, sowie auch ihr generelles Vorhandensein im Stadtgebiet. Hintergrund für dieses Konstrukt ist die vereinfachende mentale Gegenüberstellung von „Natur/Kultur", die zur Orientierung in einer durch Wertepluralismus geprägten Gesellschaft stets gute Dienste zu leisten verspricht.

Auch hinsichtlich der Klientel der Kleingärtner herrscht relative Einigkeit. 65% der Befragten sind der Ansicht, dass Kleingärten nicht nur etwas für Rentner, sondern eher etwas für Familien mit Kindern seien.[20] Dazu passt die Angabe, dass sich etwa die Hälfte der Befragten vorstellen könnte, einen Kleingarten zu übernehmen; wenngleich der zu erwartende Arbeitsaufwand hierbei als Hindernis eingestuft werden kann. „Keine Zeit" und „zuviel Arbeit" sind die häufigsten Aussagen, wenn die Frage gestellt wird, ob man selbst einen Kleingarten übernehmen würde.[21] Auch die Entfernung zur Wohnung spielt bisweilen eine Rolle, ebenso wie der Umstand, dass viele einen eigenen Garten zu Hause haben. Bei

---

[19] Ganz anders als in der Umfrage unter Studierenden von 2008; hier trauten sich die meisten Studierenden kein Urteil über die klimatische und ökologische Bedeutung der Kleingarten-Kolonien für das dicht besiedelte Stadtgebiet zu. Zwar gaben etwa 60% an, dass Kleingärten dem Umweltschutz dienen, nur etwa 50% wollten die ökologische Wichtigkeit bescheinigen und nur etwa 30% gaben an, dass Kleingärten sich günstig auf das Klima auswirken, allerdings zogen sich bei allen drei Fragen etwa ein Drittel bis die Hälfte der Studierenden mit der Angabe „weiß nicht" aus der Affäre.

[20] Zum Vergleich die Einschätzung der Studierenden: Die Hälfte der Befragten stimmte der Aussage zu, dass Kleingärten etwas für Rentner seien; 80% gaben an, dass hier Familien mit Kindern gut aufgehoben sind. Nur ein Drittel der Studierenden konnte sich vorstellen, einen Kleingarten zu übernehmen, wenn sie Zeit dazu hätten und für 80% wäre dies mit zu viel Arbeit verbunden. Da die Studierenden meist weder in die Kategorie „Rentner" oder „junge Familie mit Kind" zählen, kann das Nicht-Übernehmen-Wollen wohl auch auf Milieuunterschiede zurückgeführt werden.

[21] Dies ergab eine qualitative Vorstudie zum studentischen Projekt im Rahmen der *GRUPPE experiment exkursion KASSEL*. Der entsprechende Bericht ist leider nicht veröffentlicht; nähere Informationen erteilt die Autorin gern auf Nachfrage.

der Frage nach der Übernahme eines Kleingartens scheiden sich daher
die Meinungen; der zeitliche Faktor spielt in den Angaben zur Ablehnung einer Übernahme eine leicht stärkere Rolle als der des Arbeitsauf-
wands.

Die Wichtigkeit der Kleingarten-Kolonien als Naherholungsgebiete wird
indes kaum bezweifelt: 85%ige Zustimmung zu Aussage 2 und immerhin noch 60%ige Zustimmung zu Aussage 10. Hinsichtlich der Einschätzung zur Rolle der Naherholung greift ein weiteres paradigmatisches
Gegensatzpaar und zwar „Arbeit/Freizeit"; die Anerkennung von Kleingärten hinsichtlich ihrer „Ausgleichs-Funktion" zum beruflichen Alltag ist
ungebrochen. Dies spiegelt sich auch in den Aussagen des zweiten
Evaluations-Bogens (s.u.).

Evaluation Bogen II // n= 24 (Teilnehmerinnen u Teilnehmer sowie Besucherinnen u Besucher) // Doppelte Aussagen gestrichen

„Ich finde Kleingarten-Kolonien prima, weil ....

... man neue Freunde finden kann; man kann entspannen; Fußball gu-
cken und grillen; dort viel Tiere leben können; sie Spaß machen; man
entspannen kann; man Pflanzen anpflanzt; man Gemüse anpflanzt; sie
Städtern die Möglichkeit bieten, unmittelbar die Natur zu erfahren; sie
Lebensräume (als zusammenhängende Grünflächen) für Flora und
Fauna bieten; sie Gemeinschaft / Gemeinsamkeit fördern können; man
da gut Party machen kann; es für Stadtmenschen mal was anderes ist;
man dort viel machen kann; man z.B. Sachen pflanzen kann; man dort
auch übernachten könnte; man seinen Garten selbst gestalten kann; es
schön ist, sich viele schöne Gärten anzugucken; man sich sein eigenes
kleines Paradies erschaffen kann; sie schön aufgeräumt sind; dort Bäume stehen; Leute, die keinen Garten haben, dort einen mieten können;
die Kinder dort spielen können; es Gärten in der Stadt gibt, wo die Menschen das Stadtleben vergessen können und mal an die frische Luft
können und ihr eigenes Gemüse anbauen; sie für viele Leute ein biss-
chen Natur sind; man arbeiten kann; es Spaß macht; sich Leute um
diese Gärten wie um ihre Kinder oder Haustiere kümmern; man da chil-
len kann; man sein Hobby ausleben kann; es schön ist, draußen zu
arbeiten; es ein guter Zeitvertreib ist."

„Ich finde Kleingarten-Kolonien grässlich, weil ....

... man nur auf Dixi-Klos kacken kann; die Leute so pingelig sind; dort oft kinderlose Leute sind; sie mich irgendwann langweilen würden; es für mich langweilig klingt; es so weit weg ist; es da so langweilig ist, wenn man die Besitzer besucht; sie so viel Platz wegnehmen.“

„Ich habe keine Meinung zu Kleingärten, weil ....

... ich noch nie da war; ich mich nie damit richtig beschäftigt hab; ich eigentlich noch nichts damit zu tun hatte; ich war noch nie in einem; ich mit denen nichts zu tun hab, weil wir selber einen Garten haben.“

Literatur und Quellen

Deutsches Kleingärtnermuseum (http://www.kleingarten-museum.de/) „Die deutsche Kleingärtnerbewegung hat eine fast 200-jährige wechselvolle Geschichte, welche weltweit einzigartig in der Sammlung dokumentiert wird. Die Dauerausstellung „Deutschlands Kleingärtner vom 19. zum 21. Jahrhundert" bietet einen anschaulichen Überblick über diese interessante und spannungsreiche Entwicklung. Das Museum befindet sich an historischer Stätte – im Vereinshaus des weltweit ersten Schrebervereins (gegründet 1864), des heutigen Kleingärtnervereins „Dr. Schreber"."

Verband Deutscher Grundstücksnutzer e.V. (VDGN) Bundesarbeitsgemeinschaft für ein modernes Kleingartenwesen   November 2005: Eckwerte zur Zukunft des Kleingarten in Deutschland. (http://www.vdgn.de/ menue/problem/kgarten/kgartenecke.html)

Kreisverband Kassel der Kleingärtner e.V. (http://www.skv-kassel.de/): „Der Stadt- und Kreisverband Kassel der Kleingärtner e.V. ist der regionale Zusammenschluss der Kleingärtnervereine in der Stadt und dem Landkreis Kassel. Ihm gehören zur Zeit 44 Vereine an. Der Verband ist im Stadtgebiet überwiegend der Generalpächter der Kleingartenanlagen. Er gehört dem Landesverbandes Hessen der Kleingärtner e.V. und dadurch auch dem Bundesverband Deutscher Gartenfreunde e.V. - (BDG e.V.) an. Seine Aufgabe ist es, die Mitgliedsvereine in allen Fragen um das Kleingartenwesen sowie in Pacht- und Rechtsfragen zu unterstützen und zu beraten. Er verwaltet auch ca. 600 Grabelandflächen im Stadtgebiet Kassel. Der Verbandsvorstand, der diese Aufgabe ehrenamtlich wahrnimmt, besteht aus 7 Personen. Hinzu kommen noch 2 Ehrenvorstandsmitglieder. Er unterhält eine Geschäftsstelle in der Frankfurter Straße 120 A in 34121 Kassel."

Christiane Nienhold: Neue Gartenkunst für Deutschland? in: http://lexi-tv.de/themen/freizeit/ kleingarten/ gaerten_fuers_volk/2; 20.05.2010.

Hartwig Stein: Inseln im Häusermeer. Eine Kulturgeschichte des deutschen Kleingartenwesens bis zum Ende des Zweiten Weltkriegs. 2. Korr. Aufl., Lang: Frankfurt a.M. 1998.

Sabine Verk: Laubenleben. Eine Untersuchung zum Gestaltungs-, Gemeinschafts- und Umweltverhalten von Kleingärtnern. Waxmann: Münster/New York 1994.

Peter Warnecke: Laube, Liebe, Hoffnung. Kleingartengeschichte. Verlag W. Wächter: Berlin 2001.

André Christian Wolf: Kleine bunte Gärten. Bürgerengagement und Initiative in Kleingärtnervereinen. In: http://www.planung-neu-denken.de /images/stories/ pnd/dokumente /pndonline1_2008_wolf.pdf.

Albert Heller und Rüdiger Semmerling (Hrsg.): Das PROWO-Buch. Leben, Lernen, Arbeiten in Projekten und Projektwochen. Königstein Ts: Scriptor 1983.

Herbert Gudjons: Didaktik zum Anfassen. Lehrer/in-Persönlichkeit und lebendiger Unterricht. Bad Heil-brunn: Klinkhardt 1998.

Hilbert Meyer: Unterrichtsmethoden II Praxisband. Frankfurt a.M.: Cornelsen 2000.

ANDREA GERHARDT: EIN PLÄDOYER FÜR EINE KONSTRUKTIVISTISCHE EXKURSIONSPRAXIS IN SCHULE UND HOCHSCHULE

In der Geographie haben in den vergangenen Jahren Veränderungen stattgefunden, die den Raum, wie wir ihn bislang kannten, verändert haben. Die Vorstellung, dass unsere *Räume* von jedem einzelnen – aber auch uns allen als Gesellschaft – erst hergestellt werden und nicht einfach von sich aus da sind, scheint sowohl für die Geographie als auch für das Schulfach Erdkunde künftig wichtiger werdende bildungsrelevante Felder erschließen zu können. Die Wissenschaft kann und muss stets aufs Neue Gegebenes hinterfragen. Dennoch ist es auch Sinn und Zweck der Wissenschaft, möglichst sicheres Wissen zu produzieren. Sinn und Zweck des Schulunterrichts ist es, dieses Wissen an die nächste Generation weiter zu reichen und diese zugleich dazu zu befähigen, das erworbene Wissen künftig zu erweitern. Damit scheint die Aufgabenverteilung zwischen Hochschule und Schule zunächst geklärt. In der Universität wird das Wissen gewonnen und in der Schule vermittelt.

Implikationen und Folgen der unterschiedlichen Raumkonzeptionen innerhalb der geographischen Forschung sind vielerorts dargestellt worden und können in der ihnen gebührenden Breite in diesem Rahmen kaum aufgenommen werden. Es ist jedoch bis hierher mehr als deutlich geworden, dass mit unterschiedlichen *Grundannahmen* auch unterschiedliche Erfahrungen und *Erkenntnisse* einhergehen.

Wird beispielsweise angenommen, dass „*der* Raum" eine Art Behälter ist, „in" dem sich die Dinge befinden, die ihn zu dem machen, was er „ist", dann nimmt der Beobachter eine Position ein, die ihm einen Überblick über die Dinge verschafft, die in diesem Behälter-Raum angeordnet sind. Der Beobachter ist damit nicht mehr Teil der Beobachtung. Er hat sich selbst aus der Beobachtung entfernt. Seine Perspektive auf die Dinge ist die Sicht von oben und außen. Die Vorteile einer solchen Betrachtungsweise liegen ebenso klar auf der Hand wie die Nachteile. Während die Illusion einer möglichst objektiven Beobachterperspektive sehr gut aufrechterhalten werden kann, werden bei dieser Form der

Betrachtung aber auch alle betrachteten Elemente zu Gegenständen der Beobachtung degradiert. Aus der distanzierten Perspektive, also von oben und außen betrachtet, werden die beobachteten Dinge gut miteinander *vergleichbar* – sie können einander gegenübergestellt und miteinander in Beziehung gesetzt werden. Auf diese Weise lassen sich leichter Muster und Zusammenhänge erkennen. Andererseits werden die Dinge, auf die herabgeschaut wird, im wahrsten Sinne des Wortes alle *gleich*. Der Beobachter selbst ist in den Vorgang der Beobachtung nur insofern involviert, dass auch er selbst *objektivierbar* ist: Er ist austauschbar durch jeden anderen Beobachter, weil aus der eingenommenen Perspektive jeder andere das gleiche sehen wird, wie man selbst. Das ist der Kern von „Wissenschaftlichkeit", da die Untersuchungsergebnisse auf diese Weise reproduzierbar werden. Diese Erkenntnisweise ist ein großer wissenschaftlicher Fortschritt, weil persönliche Empfindungen und subjektive Eindrücke regelrecht abgeschaltet werden können. Hinzu kommt, dass die Position des Beobachters von *oben* und *außen* auch bedeutet, dass seine Anwesenheit die Beobachtung selbst nicht „verunreinigen" oder stören kann. Wie steht es aber mit unserer Fähigkeit, diese Perspektive tatsächlich einzunehmen und auch für einen längeren Zeitraum durchzuhalten? Es ist kein großes Geheimnis, dass wir uns „in Wirklichkeit" mittendrin befinden und wir manchmal nur schwer zwischen uns und den uns umgebenden Dingen zu unterscheiden in der Lage sind. Die ideale Position des Beobachters können wir in Wirklichkeit gar nicht einnehmen, da wir in Wirklichkeit an unsere Leiblichkeit und an unser Empfindungsvermögen gebunden sind. Vor diesem Hintergrund müssen wir uns die Frage stellen, wo wir selbst aufhören und wo die uns umgebenden Dinge beginnen. In dem Augenblick, wo wir etwas anfassen und wir die Oberfläche als kalt, rau, warm oder weich wahrnehmen: Ist dann das betrachtete Ding nicht schon Teil von uns selbst? Dieser Gedanke führt direkt zu der Erkenntnis, dass wir immer auch etwas über uns selbst in Erfahrung bringen müssen, wenn wir die Dinge „da draußen" erforschen wollen. Wo beginnt und wo endet das, was unser Denken und Fühlen beeinflusst? Können wir tatsächlich immer und überall genau sagen, wo wir uns selbst gerade befinden – zum Beispiel, wenn wir telefonieren, ein Buch lesen oder im Kino sitzen?

Die Grenzen des Raumes verflüssigen sich nicht zuletzt im Zuge von immer billiger werdenden Mobilfunktarifen, immer engmaschigerer Netzabdeckung, der steigenden Anzahl von Life-Reportagen und Doku-

Soaps im Fernsehen und stetig wachsenden Sozialen Netzwerken. Umgekehrt lässt sich unsere Eingebundenheit in die Gegebenheiten *vor Ort* nur sehr schlecht untersuchen, wenn wir lediglich die oben beschriebene Beobachterperspektive einnehmen. Wenn grundsätzlich angenommen wird, dass wir selbst nur eines der betrachteten Objekte sind, das sich mit anderen Dingen gemeinsam „in" einem Raum befindet, dann können leibliche Befindlichkeiten und situatives körperliches Ausgesetztsein für den Erkenntnisprozess in Bezug auf Räumlichkeit nur schwerlich fruchtbar gemacht werden. Es ist also leicht zu sehen, dass die Grundannahme, die Dinge und wir selbst befänden uns gemeinsam „in" einem gegebenen Raum, nur ganz bestimmte Ergebnisse hervorbringt und daher auch nur sehr eingeschränkte Erkenntnisse liefern kann.

Im Zuge wissenschaftlichen Arbeitens an den Hochschulen und der wissenschaftspropädeutischen Funktion des Schulunterrichts können wir uns von der bewährten Trennung von (wahrnehmendem) Subjekt und (wahrzunehmendem) Objekt kaum lösen. Die Vorteile sind zu offensichtlich; die damit verbundenen Möglichkeiten der Rationalisierung von beobachteten Prozessen zu verführerisch. Der Raum erscheint in dieser Perspektive häufig als eine Art drittes Element – ein Hintergrund, eine Folie, eine Kulisse oder Bühne; er taucht als „Rahmenbedingung" auf oder firmiert unter dem Label „zu berücksichtigende äußere Einflüsse." Subjekt und Objekt benötigen einen *Ort* – Der Raum ist die Stätte der Begegnung, das Terrain der zu beobachtenden Bewegungen, das umkämpfte Territorium und sowohl nutzbare „natürliche" Ressource als auch gefährdete, zu schützende Umwelt. Wir haben erkannt, dass menschliches Handeln für das Artensterben und den Klimawandel verantwortlich gemacht werden kann und wir wissen, dass der übermäßige Konsum in den Industrienationen ausbeuterische Abhängigkeitsverhältnisse in den Entwicklungsländern mit sich bringt. Die Untersuchungen zu Wanderungsbewegungen (Migration) und die Analysen zu wirtschaftlichem Entscheidungshandeln (Standortfaktoren) liefern wichtige Daten, die als Grundlage für politische Entscheidungen benötigt werden und haben damit ihre unbestrittene Berechtigung als Untersuchungsgegenstand – in Schule *und* Hochschule.

Erst spät kommen wir auf den Gedanken, dass ein Wissen um räumliche Arrangements und Zusammenstellungen auch etwas mit Selbsterkenntnis zu tun haben könnte. Dabei geht es nicht um eine esoterische Erfahrung, sondern schlicht um die Tatsache, dass ernst genommen werden muss, wie sehr das Angeschaute von der Art und Weise der Anschauung abhängt. Das, was Gesehen werden kann, hängt von dem ab, was überhaupt erkannt werden kann. Das ist natürlich keine neue Erkenntnis; diese Aussage ist in dieser Form geradezu trivial (oder sollte es mittlerweile zumindest sein). Die Folgen einer solchen Grundannahme sind allerdings nicht trivial, sondern in konkreter, angewandter Form äußerst komplex und voraussetzungsvoll. Den so formulierten Ansprüchen kann – so scheint es – kaum genüge getan werden, denn wenn unter „Raum" eine Art von Zusammenstellung verstanden werden soll, müssen vielfältige Konstellationen in den Erkenntnisprozess einfließen, die zur vorgefundenen Art und Weise der Zusammenstellung geführt haben *könnten*. Von sicherem Faktenwissen und unanzweifelbaren Daten sind wir in diesem Fall sehr weit entfernt. Tatsächlich können Geographen dann kein „sicheres" Wissen mehr produzieren. Klar wird dann auch, warum eine Geographie dieser Ausrichtung eindeutig eine Sozialwissenschaft ist – und sein muss.

Wenn angenommen wird, dass das, was wir als „Raum" ansehen, sozial konstruiert ist, müssen wir uns auf die Suche nach den Konstruktionsbedingungen begeben, um etwas über diesen Gegenstand in Erfahrung bringen zu können. Wenn wir selbst (als Individuum oder Gruppe) an dieser Konstruktion beteiligt sind, müssen wir dabei auch etwas über uns selbst in Erfahrung bringen. Wenn die Art und Weise unserer Betrachtung – also die Methode, mit der wir schauen – an der Konstruktion beteiligt ist, müssen wir auch darüber etwas in Erfahrung bringen. Das Mittel für diese Form der Erkenntnis steht uns zur Verfügung: Reflexion. Es ist eine Herausforderung, auf diese unterschiedlichen Ebenen einzugehen und sie in unseren Erkenntnisprozess mit einzubeziehen.

Sicher ist weiterhin, dass wir in dieser Form der Betrachtung nicht mehr der allwissende Beobachter sind, der von *außen* und *oben* auf die Dinge schaut, sondern wesentlicher Teil des Erkenntnisprozesses selbst. Indem wir über unsere Reaktionen auf bestimmte Situationen, unsere Wahrnehmungen und Vorurteile nachdenken, können wir der Frage auf die Spur kommen, warum die Dinge gerade so und nicht anders sind. Unsere eigenen, uns nur halbbewussten Vor-Einstel-lungen geben uns erste entscheidende Hinweise.

Halbbewusstes und für selbstverständlich Hingenommenes ist von uns nur schwer in den Blick zu bekommen. Es erfordert eine Verschiebung der Perspektive und des Standpunktes, die wir in dieser Form nicht gelernt haben. Selbstverständlichkeiten zu hinterfragen ist nicht unge-fährlich; schließlich bilden sie im wahrsten Sinne des Wortes den „siche-ren Boden" auf dem wir uns bewegen. Sie geben uns Sicherheit und Gewissheit. Im Schulunterricht und im Seminarraum haben wir gelernt, durch gedankliche Experimente auch ungewöhnliche Szenarien durch-zuspielen, da uns Klassenzimmer und Seminarraum einen sicheren pädagogisch-didaktischen Rahmen bieten, in dem wir dieses Wagnis eingehen können. Mit der Wirklichkeit hat der Unterricht – wie wir alle wissen – nicht viel zu tun. Die in den Schulbüchern abgebildeten Model-le überleben kaum die ebenfalls idealtypischen Beispiele und schon gar nicht einen Vergleich mit der Realität, wie sie uns und den Lernenden im Alltag und den Medien begegnen. Schulbücher müssen vereinfachen und Unterricht muss komplexe Inhalte didaktisch reduzieren, um we-sentliche Zusammenhänge sichtbar zu machen. Damit können wir den Vorhang auf die in Wirklichkeit „unsichere", weil verwirrend-komplexe Welt um uns herum ein Stück weit zur Seite schieben. Im Schulunter-richt und im Uni-Seminar bekommen wir also einen „abgesicherten" Ausblick auf die Abgründe, die um uns herum lauern. Das dort erworbe-ne Wissen „ver-sichert" uns dabei gleichzeitig gegen ein Fehlgehen, Umwege und Sackgassen. Wir bekommen den „richtigen" Weg gezeigt. Zu oft kommt dabei allerdings die Klärung der Frage, was das alles nun tatsächlich mit uns selbst zu tun hat, deutlich zu kurz.

Exkursionen werden in diesem Zusammenhang gern als ein „Praxis-Anker" betrachtet und verwendet. Sie sollen die Anschaulichkeit ansons-ten bloß theoretisch vermittelter Inhalte erhöhen, abstrakte Zusammen-hänge erfahrbar machen und erworbene Wissensbestände festigen. Der generelle pädagogische Nutzen von Exkursionen wird in der Regel kaum bestritten, wenngleich die Hinweise auf die praktische Undurch-führbarkeit zumeist überwiegen. Der didaktische Mehrwert von Exkursi-onen muss sich, meiner Ansicht nach, erst noch beweisen. Er wird davon abhängen, ob es gelingen kann, bestimmte Elemente und Inhalte so zu isolieren, dass sie unterscheidbar werden und sich somit in greifbare Ergebnisse transformieren lassen können.

Vielleicht ist eine tiefe Einsicht in eine erhöhte Komplexität der Zusammenhänge genau der Mehrwert, den Exkursionen gegenüber den starken Reduktionen und Vereinfachungen im Klassen- und Seminarraum bieten können. Es müssen allerdings Mittel und Wege gefunden werden, diese Erfahrungen zu nutzen und sie in Erkenntnisse zu überführen. Die vielfältigen, sinnlichen Eindrücke auf einer Exkursion dürfen nicht zur Überwältigung führen – jedenfalls nicht ungeplant und unkontrolliert, wenn die Unternehmung noch als eine Exkursion gelten soll. Aus diesem Grund muss der inhaltlichen Vorbereitung, auch einer sehr kleinen Exkursion, eine erhöhte Aufmerksamkeit zuteil werden. Eigens thematisiert werden müssen dann auch und gerade die Konstruktionsbedingungen der zu erkundenden räumlichen Zusammenstellungen. Darüber hinaus sollte der Reflexionsphase sehr viel Zeit und Muße eingeräumt werden. Gemeinsam mit einer erhöhten Aufmerksamkeit gegenüber der Vielschichtigkeit gemachter Erfahrungen, deren Eigenwert für den Erkenntnisprozess und dem Bewusstsein, dass das tatsächliche „Vor-Ort-Sein" eine Qualität in sich trägt, die nicht simuliert werden kann, bilden Exkursionen einen wichtigen Baustein in unserem Wissen über die Konstruiertheit von Raum.

Exkursion ja – aber wie?

Lehrerinnen und Lehrer, Eltern und selbst Schülerinnen und Schüler – jede/-r hat sich wohl schon einmal die Frage gestellt, worin der Sinn von Exkursionen im Erdkundeunterricht eigentlich besteht. Zugegeben: Die Berichte aus der Praxis ermutigen nicht gerade zur Fortsetzung dieser besonderen Unterrichtsform. Die Kinder erzählen zu Hause, dass sie bloß stundenlang durch die Gegend gelaufen sind, die Eltern fragen sich, warum *dafür* mal wieder Unterricht ausfallen musste, die Schulleitung fragt sich, ob Schülerausflüge angesichts der vielen unkalkulierbaren Risiken überhaupt noch zu verantworten sind, und Lehrerinnen und Lehrer scheuen – nicht selten zu recht – den erheblichen organisatorischen Aufwand ...

Zunächst jedoch gibt es aus pädagogischer Sicht eine Reihe von Aspekten, die beim Thema Exkursion bedacht werden sollten. So kann eine Exkursion deutlich zur Förderung von sozialen Kompetenzen der Schülerinnen und Schülern beitragen. Innerhalb der Gruppe und außerhalb des Unterrichts müssen sie anders zusammen arbeiten; neue Absprachen treffen und eigenverantwortlich handeln. Auch praktische Kompetenzen werden von den Schülerinnen und Schülern gefordert, zum Beispiel bezüglich der eventuell gemeinsamen Planung und Organisation der Exkursion. Pädagogisch ist eine solche Unternehmung also meist sehr sinnvoll. Hinzu kommt, dass ein „Ausflug" den Schülerinnen und Schülern meist länger im Gedächtnis bleibt und sie sich sehr häufig gern daran zurückerinnern, auch wenn sie die Schule bereits verlassen haben. Alle diese pädagogischen Vorteile gelten selbstverständlich auch für die Uni-Seminare – Studentinnen und Studenten sind ebenso wie Schülerinnen und Schüler noch sehr auf den Zusammenhalt in der sozialen Bezugsgruppe angewiesen.

Der didaktische Mehrwert erscheint mir, anders als der pädagogische, längst nicht ausgemacht. Der Schulunterricht in der gegenwärtigen Form ist für den hier vorgestellten Ansatz denkbar ungeeignet. Was kann ich in 45 Minuten – vielleicht 90, wenn ich eine Doppelstunde Erdkunde in der Klasse habe – mit einer 29-Personen starken Schülergruppe schon ausrichten? In der Regel kommen die Schülerinnen und Schüler aus einer Chemie- oder Mathestunde, benötigen mindestens fünf Minuten, um sich für den Erdkundeunterricht einzurichten und sind häufig gedanklich bereits bei der noch zu schreibenden Englischarbeit oder der folgenden Deutschstunde, für die sie die Hausaufgaben nicht gemacht haben. Und zwischendrin geht es jetzt im Erdkundeunterricht um das Thema *„Massentourismus in den Alpen – Fluch oder Segen?"*. Wenn ich sogenannten schülerorientierten Unterricht mache, dann ist mir schon eingefallen, die Schülerinnen und Schüler zu fragen, wer denn schon mal Urlaub in den Bergen gemacht hat. Weil die kleine Anne unbedingt auch noch eine Geschichte erzählen muss und weil Niels wirklich dauernd stört, ist die Stunde schon vorbei, noch bevor überhaupt geklärt werden konnte, was mit „Massentourismus" überhaupt gemeint sein könnte. Bleiben im Schulalltag also nur die guten alten Wandertage, sowie die mittlerweile an den meisten Schulen regelmäßig stattfindenden Projekttage übrig. Diese Gelegenheiten sollten sich die Kolleginnen und Kollegen an den Schulen nicht entgehen lassen! Selbst wenn auch am Wandertag vielleicht noch der pädagogische Mehrwert im Vordergrund stehen sollte, so lässt sich eine ganztägige Unternehmung auch mit jüngeren Gruppen schon thematisch füllen. Die inhaltlichen Aspekte treten mit zunehmendem Alter der Schülerinnen und Schüler immer weiter in den Vordergrund. Gemäß dieser Annahme ist die Arbeit mit Studierenden also weit stärker von den zu vermittelnden Inhalten geprägt als die mit Schulkindern.

Es erscheint uns zunächst sinnvoll, eine Exkursion generell in drei gleich zu gewichtende Abschnitte zu unterteilen: Die Vorbereitung, die Durchführung und die Nachbereitung. Diese Einteilung ist zugegeben nicht sehr originell und auch nicht neu. Neu ist, dass alle drei Teile in der Planung möglichst das gleiche Gewicht – und damit das gleiche Maß an gedanklicher Aufmerksamkeit erhalten müssen. Im Folgenden haben wir – in Zusammenarbeit mit Geographiestudierenden – eine „Checkliste" zusammengestellt, die unseres Erachtens als Orientierungshilfe für Planung, Durchführung und Nachbereitung eines Exkursionsvorhabens mit Schülerinnen und Schülern dienen kann. Sicherlich ist sie nicht vollständig und in Teilen äußerst „unkonkret." Ihre Stärke liegt allerdings darin, dass den oben angesprochenen Besonderheiten Rechnung getragen wird.

CHECKLISTE EXKURSION

Wichtige Vorüberlegungen.

- Was will ich mit der Exkursion erreichen? - Will ich Subjekt, Objekt oder Erfahrungsmodalitäten erforschen? - Den (eigenen) Erwartungshorizont/ Erkenntnisziele ermitteln - Wie ist die Exkursion inhaltlich in das Curriculum eingebettet (dient sie zur Einführung, Vertiefung, Nachbereitung eines im Unterricht behandelten Themas)? - Welchen ‚Mehrwert' hat eine Exkursion im Vergleich zum gewöhnlichen Unterricht? - Wie viel Verantwortung bin ich bereit zu übernehmen? - Wie hoch dürfen die Belastungen für alle Beteiligten sein?

1. Überlegungen für die Vorbereitung der Exkursion

- Kann ich alle Schüler/innen für Exkursionen motivieren? Falls nicht: wie kann ich es schaffen? - Können die Schüler/innen das, was ich will das sie können? - Wie viel Vorwissen will ich vermitteln? - Klare, verständliche Aufgabenstellung, klare Zielsetzung formulieren - Vorschläge/Interessen der Schüler/innen einbeziehen - Vorexkursion machen, um die örtlichen Gegebenheiten besser einschätzen zu können; Reiseziele, -wege und Verkehrsmittel ausloten - Termine vereinbaren (Experten vor Ort) - ‚Plan B' bereithalten! (wichtig: eine echte Alternative vorbereiten; Plan B sollte nicht zu dicht an Plan A liegen!) - Antrag an die Schulleitung - Brief an die Eltern; Elternabend - sinnvolle (Arbeits-)Gruppengrößen bilden - mögliche Formen der Nachbereitung/Reflexion vorbereiten

Was brauchen Schüler/innen, was braucht man selbst als Lehrer/in, was braucht die Schule / Eltern?

- Lust, auf Entdeckungsreise zu gehen; Offenheit für Fremdes; Neugier; Kreativität; Spontanität - Schüler: Informationen (über Exkursionsziel und mögliche Gefahrenquellen), Motivation, Packliste, Uhren - Lehrer/-in: Infos über Schüler/innen (Allergien?), Unterschrift der Eltern (Einverständniserklärung), Teilnehmerliste, Notfallplan, Erste-Hilfe-Tasche,

Plan B, Schreibmaterial, Fotoapparat, Videokamera - Schule: Infos über Ziele, (Vor-)Untersuchungen, Genehmigungen

2. Überlegungen für die Durchführung

- Nicht zu viel Programm! - Terminplan; Termine genau festlegen (Treffpunkte, Abfahrtszeiten) - Treffen mit Expert/innen vor Ort gut vorbereiten (bedenken, ob und in welcher Weise diese für ihren Aufwand entschädigt werden können/müssen) - Telefonliste (der Schüler/innen); wichtige Notrufnummern - Festlegen von Verhaltensregeln - Wie werden die Gruppen zusammengesetzt (Geschlecht, Charaktere)? - Material sammeln, Fotos machen, Skizzen anfertigen - situative Wendigkeit / Methodenwechsel (Vorträge, selbstständiges Arbeiten, Pausen) - Zwischen-Nachbereitungen durchführen

Was darf man auf keinen Fall vergessen?

- Sensibilität für die Wahrnehmung der Gruppendynamik - Absprachen/ Koordination mit anderen Aufsichts- oder Begleitpersonen - Distanz zu Schüler/innen wahren (Lehrerrolle-Schülerrolle!) - Die Schüler: durchzählen der Schüler/innen; nie weiterfahren /-gehen, ohne sich zu vergewissern, dass alle da sind! – Handyladegerät – Medikamente - Bargeld / EC-Karte - Pausen

Welche Unterlagen / Materialien müssen mitgenommen werden?

- Krankenversicherungskarte, Pass / Ausweis - Karten, Reiseführer, Arbeitsblätter, Kompass - Tickets, Eintrittskarten, Buchungsbestätigungen – Plastiktüten - Taschenmesser

Für welche Eventualitäten muss man vorbereitet sein?

- Fragen von Schüler/innen - schlechtes Wetter/Wetterumschwünge - Krankheitsfälle, Unfälle, Verschwinden von Schüler/innen - schlechte Unterkunft - dass die Schüler alles doof finden und meutern/ keine Lust haben, sich zu beteiligen - das zu Beobachtende ist weg! - Schüler/innen reagieren anders als vorher gedacht

322

3. Überlegungen für die Nachbereitung

- Genügend Zeit für die Nachbereitung nehmen! - Ist das zuvor gesteckte Ziel erreicht worden? - Wie kann ich erbrachte Leistungen bewerten? - Wie werte ich die gesammelten Eindrücke sinnvoll aus? Was ist wichtig? - Das gesammelte Material der Schüler/innen muss in die Auswertung/Nachbereitung einfließen (damit die Schüler/innen nicht das Gefühl bekommen, dass ihre Notizen wertlos sind) - Die Ergebnisse ‚fassbar' machen - Tagebücher schreiben lassen - Diashow - Elternnachmittag mit ‚Präsentation'

Welche Spuren soll die Exkursion hinterlassen?

- keine Narben, Schrammen, Knochenbrüche - schöne Erinnerungen; gute Erlebnisse - Verständnis darüber, wozu Theorie nötig ist - nicht geklärte Dinge - Verbesserung der Klassengemeinschaft - andere Sichtweisen, Denkanstöße, Perspektivenwechsel/ Beitrag zur Persönlichkeitsentwicklung - besseres, tieferes Verständnis - alle sollten etwas gelernt haben!

4. Sonstiges

Immer daran denken: Während die einen mit ihrer auf der Exkursion neu erworbenen Paranoia fertig werden müssen, werden die anderen mit dem Versuch beschäftigt sein, diese erst einmal zu erwerben, um mitreden zu können. Also: Immer die Ruhe bewahren!

ANDREA GERHARDT / ULRICH KIRSCH: UND
DANN WAR DA NOCH DAS DUPLO-
EXPERIMENT

Immer wieder sind wir gefragt worden, was unsere Art und Weise, Exkursionen in Kassel durchzuführen, von exkursionistischen Unternehmungen anderer „Anbieter" unterscheidet. Anfangs brachte uns diese Frage regelmäßig in Erklärungsnot. Eines Tages jedoch kam unsere „Kreativwerkstatt" auf die Idee, eine Exkursion durch eine DUPLO - Skulptur zu veranschaulichen.

Bei der Besprechung dieses spielerischen Experimentes mit den DUPLO - Steinen sind wir dann darauf gestoßen, dass die Erkundung von Orten gut mit Hilfe des Baustein-Prinzips veranschaulicht werden kann. Dabei ist es zunächst unerheblich, ob diese Erkundung im Rahmen einer touristischen Führung, einer „klassischen" (geographischen) Exkursion oder eines Exkursions-Experimentes der GRUPPE stattfindet. All diese exkursionistischen Unternehmungen setzen sich aus den gleichen vier Kernbereichen zusammen.

Nach einigen Versuchen haben wir vier Kategorien ausgemacht, deren unterschiedliche Gewichtung und Zusammensetzung besonders die **Form** der jeweiligen Erkundung illustrieren kann. Dadurch können wir – auf einen Blick – sichtbar machen, auf welche Weise Erkundungen konkret stattfinden (können), wie diese aufgebaut sind und welche inhaltlichen Schwerpunkte bearbeitet werden ....

... wir experimentier(t)en.

Die DUPLO - Modelle sind für uns didaktisch wertvolle Hilfsmittel, durch die wir unser eigenes Exkursionieren in eine anschauliche dreidimensionale Form übersetzen können. Schon der Schritt der Konstruktion dieser Modelle ist ein wichtiger didaktischer Prozess, der uns dabei hilft, unsere eigene Vorgehensweise zu reflektieren. Die fertigen Modelle bieten indes eine sehr gute Diskussionsgrundlage, um sich mit der Begegnung mit Orten fruchtbar und auf eine kreative Art und Weise auseinandersetzen zu können. So können die DUPLO - Steine auch für Lernende „fortgeschrittenen" Alters erstaunliche Anreize bieten.

Wir haben den von uns identifizierten Kategorien „exkursionistischer Praxis" die vier Standardfarben der DUPLO - Steine zugeordnet.

ROT = „HISTORIE"

Die roten Steine stehen bei uns symbolisch für historische Fakten, rund um den zu erkundenden Ort. Hier sind Informationen „gespeichert", die auf die historische Entwicklung, geschichtlichen Hintergründe und Repräsentationsformen der betreffenden Orte verweisen. Aber auch Inwertsetzungen und Bedeutungszuweisungen spielen hier eine Rolle. Diese Informationen werden auf exkursionistischen Unternehmungen stets „abgerufen", um den jeweiligen Kontext besser verstehen zu können. Hier vereinen sich die Bezüge zwischen aktuellem und vergangenem menschlichen Wirken. Die Geschichte eines Ortes ist oftmals dabei von besonderer Bedeutung.

Die „klassischen" Medien, die in diesem Bereich Verwendung finden, sind beispielsweise Reiseführer und Geschichtsbücher. Informationen aus diesem Bereich werden von uns mit den roten Steinen verknüpft und werden – abhängig von ihrer Gewichtung und Bedeutung bei der jeweiligen Exkursion – in das jeweilige DUPLO - Modell der Exkursion eingearbeitet.

GRÜN = „ORT"

Die grünen Steine stehen in unserem Experiment für die Beschreibung der geographischen Lage des Ortes, den wir für eine Erkundung ausgewählt haben. Symbolisch stehen die grünen Steine also für Informationen über das räumliche Umfeld und die verkehrstechnischen Anbindungen. So werden von uns auf den grünen Steinen beispielsweise Daten aus Karten und Fahrplänen aufgebracht.

BLAU = „EXZELLENZ"

Die blauen Steine verwenden wir für die Darstellung der „Besonderheit"
und der Einzigartigkeit des Ortes. Denn es muss stets etwas „Besonderes" vorhanden sein, um einen Ort zu bereisen; etwas, das es wert
macht, sich Zeit für dessen Erkundung zu nehmen. Symbolisch stehen
die blauen Steine in unseren Modellen auch für den „Kampf um Superla-
tive". In touristischer Perspektive sind das die Aspekte eines Ortes (oder
einer ganzen Region), die vermarktet werden können. Auf klassischen
(geographischen) Exkursionen werden Orte oft aufgrund ihrer exempla-
rischen Qualität für eine Erkundung ausgewählt.

GELB = „METHODIK"

Die gelben Steine stehen schließlich in unseren Modellen symbolisch für
unterschiedliche Zugriffsweisen und Handlungsvorschläge. Mit den
gelben Bausteinen verknüpfen wir Informationen über methodische
Vorgehensweisen und Fokussierungen der Wahrnehmung. Die gelben
Steine stehen in unseren Modellen daher sowohl für „Handlungsvor-
schläge", als auch für unterschiedliche Perspektiven der Exkursionisten.
Hier werden Informationen hinterlegt, die angeben, was wir an diesem
Ort tun können (oder sollen).

Modellbeispiel einer „touristischen Exkursion"

Für eine allgemein „touristische Zugangsweise" zu einem Ort haben wir
in unserer „Kreativwerkstatt" ein entsprechendes Modell erstellt.

Die Grundlage der „touristischen Zugangsweise" zu Orten, bildet die
„Besonderheit" des Ortes (blaue Steine). Diese sind beispielsweise mit
„Das muss man gesehen haben..." und *„sehenswert!" „hervorragend"*
usw. etikettiert. Mit Hilfe dieser Auszeichnung wird sofort ersichtlich,
dass es keiner weiteren Rechtfertigung bedarf, um diesen Ort zu besuchen.

Bei einer „touristischen Führung" werden von der Reiseleitung sowohl die historischen Hintergründe erläutert und erklärt (rote Steine), als auch auf die geographische Lage eingegangen (grüne Steine). Um den Ort für Besucher erschließbar und somit in gewissem Sinne „verstehbar" zu machen, ist der Einbezug der topographischen und historischen Kontexte notwendig. Deshalb sind die roten und grünen „Blöcke" auch auf dem blauen Teil des Modells platziert.

Als „touristisches Sahnehäubchen" werden den Besuchern und Besucherinnen von der Reiseleitung schließlich Handlungsvorschläge gemacht (gelbe Steine), die sich bei der touristischen Zugangsweise zu Orten meist auf Sätze reduzieren lassen, die mit *„Besuchen Sie anschließend noch....," „Genießen Sie den Ausblick,"* oder *„Wenn Sie essen gehen möchten..."* beginnen, beschränken.

Modellbeispiel einer „erkundenden Zugangsweise"

Das oben entstandene Modell muss umgebaut werden, wenn wir uns einem Ort „erkundend" nähern. Bei einer solchen Zugangsweise liegt dem besuchten Ort nicht mehr unbedingt dessen „Besonderheit" zugrunde. Den blauen Steinen ist im neuen Modell nun ein „Fundament" unterlegt, das sich aus unterschiedlichen Formen der Zugangsmöglichkeiten und Perspektiven auf den Ort (gelbe Steine), historischen Hintergrundinformationen (rote Steine) und topographischen „Lagen" (grüne Steine) zusammensetzt.

Auch die modellhafte Darstellung der Sozialform muss nun umgebaut werden: Während die „typische" touristische Führung sich dadurch darstellen lässt, dass eine Person vorne steht, auf die „Dinge" zeigt und sie einer (geschlossenen) Zuhörergruppe erklärt, legt die „erkundende" Exkursion wert auf das, was von den Exkursionisten selbst erkannt wird. Durch die „erkundende" Zugriffsweise auf einen Ort rückt eine ganzheitliche Wahrnehmung des Ortes ins Zentrum der Aufmerksamkeit. Der Ort verliert dadurch seine „Objekthaftigkeit" und durch direktes Erleben können ganz individuelle Erfahrungen gemacht werden.

Modell 1: Eine „touristische" Exkursion zum Herkules

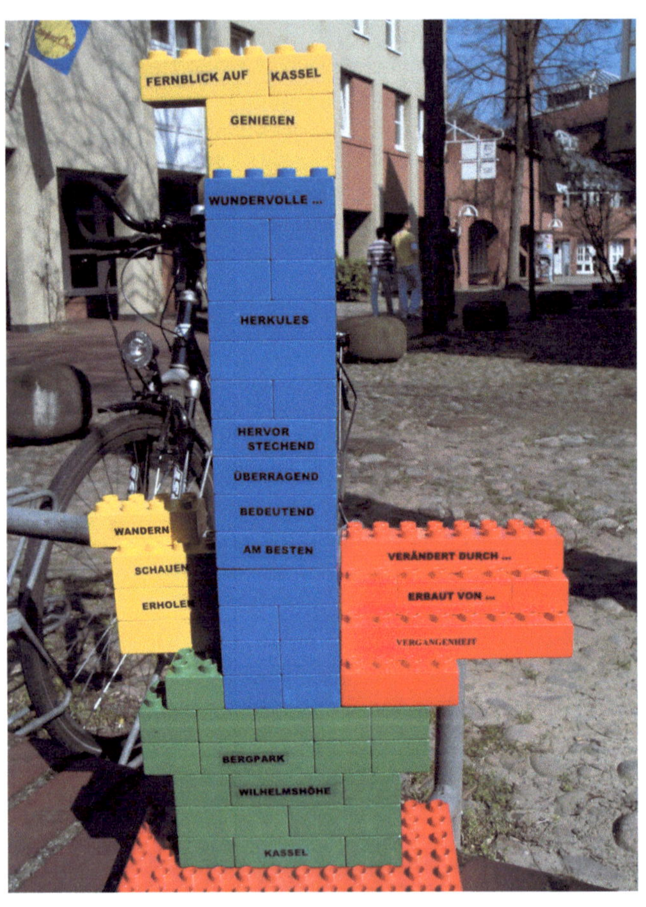

Modell 2: Eine „entdeckende" Exkursion zum Herkules

Anhand dieser beiden Modelle wird deutlich, wie wir eine Exkursion zu einem konkreten Ort in DUPLO „übersetzen". Im ersten Modell ist der „blaue Monolith", der symbolisch für den Herkules steht, dominant und zentrales Motiv für den Besuch dieses Ortes (Der Herkules ist DAS Wahrzeichen Kassels). Er ruht sicher auf dem topographischen Fundament aus grünen Steinen, die mit „Kassel," „Wilhelmshöhe" und „Bergpark" etikettiert sind und damit genau angeben, wo diese Sehenswürdigkeit zu finden ist. Beim Spazierengehen im Bergpark (gelbe Steine), kann sich der Besucher zudem mittels angebrachter Informationstafeln über die (Bau-)Geschichte des Herkules informieren (rote Steine). Oben auf dem Herkules angekommen, kann der Besucher schließlich den „Fernblick auf Kassel" genießen...

Das zweite Modell kommt zustande, wenn der Herkules als Sehenswürdigkeit in den Hintergrund rückt und wenn das zentrale Motiv für einen Besuch des Bergparks eher eine „entdeckende" Exkursion ist. Der „blaue Monolith" hat an Dominanz verloren, weil hier die Umgebung (grüne Steine) mehr wahrgenommen wird und das gesamte „räumliche Ensemble" mit ins Zentrum der Aufmerksamkeit rückt. Die historischen Informationen werden eher sporadisch wahrgenommen; weshalb in der Darstellung auch keine „roten Blöcke" mehr auftauchen, sondern dieser Bereich Lücken aufweist.

Erst in einer solchen Form der Erkundung können Fragen gestellt werden, die sich beispielsweise damit beschäftigen, warum der Herkules überhaupt ein so „besonderer Ort" ist. Dieses Hinterfragen der Besonderheit wird im Modell dadurch symbolisch dargestellt, dass der „blaue Monolith" nun durch die roten, gelben und grünen Steine gewissermaßen „eingerahmt" ist.

Die Gegenüberstellung dieser beiden Modelle bietet noch eine Vielzahl weiterer Ansätze für Diskussionen über „exkursionistische Praktiken" und die Erkundung von Orten. Ein großer Vorteil der DUPLO - Modelle ist, dass sie während einer Diskussion „mitwachsen" können – d.h. die ursprünglichen Modelle können leicht im Verlauf einer Diskussion umgebaut, erweitert und ergänzt werden.

Unsere „DUPLO – Exkursionsdidaktik" steckt noch in den Kinderschuhen. Dennoch ist ihr Potenzial schon jetzt deutlich erkennbar und wir werden weiter daran arbeiten.

... laden wir Sie hiermit herzlich ein, die folgenden Seiten zum Festhalten Ihrer ganz persönlichen Erlebnisse zu nutzen.
Schreiben Sie das letzte Kapitel des Buches selbst – dies ist ganz im Sinne der Arbeit der GRUPPE experiment exkursion KASSEL ...

Mein Besuch in Kassel /
Mein Besuch der documenta

Datum:

Kassel war für mich ....

Aus Kassel nehme ich mit ....

Ich komme wieder mal hierher, weil ....

Besonders gefallen hat mir .....

Meinen Freunden werde ich erzählen ....